基因见证
——在 DNA 分析技术中的科学、法律与争议

杰伊·D. 阿伦森 著
刘赵昆 主译
刘 方 校译

南开大学出版社
NANKAI UNIVERSITY PRESS
天津

基因见证——在 DNA 分析技术中的科学、法律与争议

Aronson, Jay D. *Genetic Witness：Science, Law, and Controversy in the Making of DNA Profiling*. New Brunswick：Rutgers University Press, 2007. Copyright ©2007 by Jay D. Aronson. Simplified Chinese translation rights arranged with Rutgers University Press, New Brunswick, New Jersey, United States of America.

版权所有，翻印必究。
天津市版权局著作权登记号：图字 02-2023-188 号

图书在版编目(CIP)数据

基因见证：在 DNA 分析技术中的科学、法律与争议／(美)杰伊·D. 阿伦森著；刘赵昆主译；刘方校译. -- 天津：南开大学出版社，2025.5
书名原文：GENETIC WITNESS：SCIENCE, LAW, AND CONTROVERSY IN THE MAKING OF DNA PROFILING
ISBN 978-7-310-06595-0

Ⅰ.①基… Ⅱ.①杰… ②刘… ③刘… Ⅲ.①脱氧核糖核酸－法医学鉴定 Ⅳ.①D919.4

中国国家版本馆 CIP 数据核字(2024)第 030657 号

版权所有　侵权必究

基因见证——在 DNA 分析技术中的科学、法律与争议
JIYIN JIANZHENG——ZAI DNA FENXI JISHU ZHONG DE KEXUE,FALÜ YU ZHENGYI

南开大学出版社出版发行
出版人：王　康
地址：天津市南开区卫津路 94 号　邮政编码：300071
营销部电话：(022)23508339　营销部传真：(022)23508542
https://nkup.nankai.edu.cn

天津创先河普业印刷有限公司印刷　全国各地新华书店经销
2025 年 5 月第 1 版　2025 年 5 月第 1 次印刷
210×148 毫米　32 开本　11 印张　2 插页　292 千字
定价：58.00 元

如遇图书印装质量问题，请与本社营销部联系调换，电话：(022)23508339

书名：基因见证

副标题：在 DNA 分析技术中的科学、法律与争议

作者：杰伊·D. 阿伦森

职位：卡耐基梅隆大学历史系教授

出版商：罗格斯大学出版社 2007 年

书号：978-0-8135-4187-7（硬皮）978-0-8135-4188-4（软皮）

参译人员（按汉语拼音排序）

高文慧、刘梦函、宋阳阳、张洋、张敏慧

献给亲爱的塔玛拉和艾拉

致　谢

当我回忆起从构思到完成这项研究的过程时，我发现我那时面临着一项艰巨的任务：感谢那些在本书的成书过程中不可或缺的机构，以及我的朋友、家庭、同事们也在我的整个过程中提供了不同程度的帮助。

我认为约翰·比蒂（John Beatty）和希拉·扎萨诺夫（Sheila Jasanoff）是一个青年学者能找到的最好的导师。约翰是我见到的最和善的人，也是最优秀的教师。在过去几年中，他不仅要求我尽自己所能做一位最优秀的历史学家，更要做一个好人；特别是后一点，我对他的教导感激不尽。至于希拉，一言以蔽之，在这本书的每一页上都有她的存在，尽管有时不是那么显而易见。她的研究、教学、与本人不计其数的长谈，乃至她在哈佛大学肯尼迪政府学院内创建的那个令人兴奋的科技与社会研究的团体，都成为这本书所需的知识源泉。

在明尼阿波利斯，我需要感谢那些在两年的课程中一直为我提供支持的研究生院的同学们。在那里，对我最重要的人当属芭芭拉·伊斯特沃德（Barbara Eastwold），她不仅帮我解决了那些无穷无尽的好似与学术无关的难题；而且在每一次和她见面后，我都感到这一天格外神清气爽。这本书绝大部分完成于马萨诸塞州的剑桥，在那里，我的工作得益于与肯尼迪政府学院的那个充满活力的科技与社会研究团队的互动。特别值得我感激的是曾和我探讨或争论许多有趣问题的考什克·桑德·拉扬（Kaushik Sunder Rajan）、珍妮·雷尔顿（Jenny Reardon）和戴维·维尼科夫（David Winickoff）。在我开展此项研究前不久，史蒂夫·希加特纳（Steve Hilgartner）给我上了如何在口述历史中做采访的第一课，即使在七十余次采访过后，他给我的建议仍然非常有帮助。

迈克·林奇（Mike Lynch）和西蒙·科尔（Simon Cole）也在多方面为这部作品的成型提供了巨大的帮助。接下来我要感谢的是迪克·勒文汀（Dick Lewontin）。当我刚到剑桥时，他给我提供了办公室，又在我写书时成为我在分子生物学和群体遗传学方面的导师，还是第一个通读我博士论文初稿的人。那些了解迪克的人一定能预料到，他对我作品的批评建议超过每一个读过我作品的人。他的意见显著地提升了我的思考能力，而且，他也促使我认真地对待作品中有关科学部分的论述（作品中可能出现的任何科学错误完全是我个人的原因）。最后，我还要感谢在写书过程中以及我的学术生涯各阶段帮助过我的人，特别是卡洛琳·艾克（Caroline Acker）、普妮娜·阿比尔-埃姆（Pnina Abir-Am）、珍妮弗·亚历山大（Jennifer Alexander）、迈克尔·迪特里希（Michael Dietrich）、格雷格·吉布森（Greg Gibson）、戴维·霍恩谢尔（David Hounshell）、杰伊·卡丹（Jay Kadane）、萨莉·科恩斯泰德（Sally Kohlstedt）、亚瑟·诺堡（Arthur Norberg）、马克·佩林（Mark Perlin）、乔伊斯·赛策尔（Joyce Seltzer）、阿兰·夏皮罗（Alan Shapiro）、乔尔·塔尔（Joel Tarr）、乔·特奥尔（Joe Trotter）和苏珊·沃尔夫（Susan Wolf）。

我很高兴与罗格斯大学出版社共同完成这项研究工作。奥德拉·沃尔夫（Audra Wolfe）帮助我在字里行间完善叙事方式。多琳·瓦伦丁（Doreen Valentine）通过不懈地努力使我的文字变得简洁连贯。她们是一个作者能遇到的最出色的编辑。莫妮卡·菲利普斯（Monica Phillips）和玛丽琳·坎贝尔（Marilyn Campbell）在把本人的初稿润色成书时也做了优异的工作。

对于历史学家来说，研究当今的科学是一项巨大的挑战，更不用说是着眼于法律系统中的科学。本书叙事中出现的几乎所有的人物都仍在世，有的还正处于他们事业的巅峰期。因此，我必须首先向那六十多位受访者道谢，他们在百忙之中抽出时间对我讲述他们在DNA分析技术发展中起到的作用。这里特别要感激加州大学伯克利校区的乔治·森萨博（George Sensabaugh）和加州大学尔湾校区的威廉·汤普森（William Thompson），他们每天抽出数小时帮助我理解在 DNA 分析技术史研究中的多种对历史事件的解释。

在研究中，我需要克服的最严峻的挑战就是与研究相关的海量资料以及获得这些有趣资料的方法。因此，我必须向我在收集资料过程中给予我帮助的机构和个人表示感谢。其中，对本研究最重要的资料是康纳尔大学图书馆稀有书籍与手稿珍藏部门中的"O. J. 辛普森案及 DNA 分析档案"卷宗。该卷宗包含纽约州人民诉卡斯特罗案（*People of the New York State v. Castro*）中有关弗莱（Frye）标准之听证会的全部文字记录。它还涵盖了另外的一些会议记录、采访记录和重要文件等。这些文件均可在"O. J. 辛普森案及 DNA 分析档案"卷宗（卷宗号 53/12/3037）中查询到。对于将资料收集在一起的那些有远见的学者们（特别是希拉·扎萨诺夫、史蒂夫·希加特纳和布鲁斯·勒文斯坦［Bruce Lewenstein］），我的感激总是微不足道的。

化学历史传承基金会（Chemical Heritage Foundation）的亚瑟·戴姆里奇（Arthur Daemmrich）为作者提供了生命密码（Lifecodes）公司和细胞标记（Cellmark）公司的宣传资料（包括小册子、传单、服务价目表、广告等）和实验方法。在 20 世纪 90 年代中期，当戴姆里奇作为一名研究生完成他有关法医学 DNA 分析中的商业问题的项目时，他收集到了这些资料。最近，他将这些资料捐赠给了康纳尔大学的"O. J. 辛普森案及 DNA 分析档案"卷宗，并帮助整理这些文件。欲使用这些资料的人请与康纳尔大学的稀有书籍与手稿珍藏部门工作人员联系。

亨内平县地区检察官办公室则向我开放了 1989 年明尼苏达州诉托马斯·施瓦茨案（*State of Minnesota v. Thomas Schwarz*, 1989, SIP No. 89903565/C.A. No. 88-3195）和 1990 年明尼苏达州诉拉里·李·乔贝案（*State of Minnesota v. Larry Lee Jobe*, 1990, SIP No. 88903565/C.A. No. 88-3301,亨内平县地区法院）的卷宗。

哈佛大学的理查德·C.勒文汀从他的个人收藏中向我提供了多种资料。这些资料包括有关群体遗传学的争论以及美利坚合众国（以后简称合众国）诉李等人案（*United States v. Yee et al.*）。

美国国家科学院档案馆和国家科学研究委员会生命科学分部下属的生物学委员会档案馆（位于华盛顿市的国家科学院图书馆）允许我参考两份已公开的国家科学委员会针对法医学 DNA 分析的报告。这都要归功于档案管理员珍妮丝·高德布鲁姆（Janice Goldblum）的协助。

在代托纳海滩市的佛罗里达检察官办公室，凯莉·尼兰（Kellie Nielan）同意作者查阅 1989 年托米·李·安德鲁斯诉佛罗里达州（Case No. 87-2166，佛罗里达第五区上诉法院）案卷中的"被告方回应总结"及"法庭之友（由安德烈·莫恩森斯[Andre Moennsens]撰写）"这两份文件。

加州大学尔湾校区的威廉·C.汤普森则从他的私人藏品中拿出了有关联邦调查局（FBI）和加利福尼亚刑侦实验室主任协会的一些资料，同时，还有一些法庭记录或其他文件。

冷泉港实验室班伯里中心的扬·维特考斯基（Jan Witkowski）提供了有关在班伯里举行的"DNA 技术与法医科学"会议信息、纽约州法医 DNA 分析事务委员会记录以及在纽约诉卫斯理·巴雷案（分别为 1988 年的 *People of New York v. George Wesley* 和 *People of New York v. Cameron Bailey*，译者注）中有关弗莱标准的听证会记录。目前，这些资料被保存在冷泉港实验室的档案馆中。存放它们的文件盒中包括了扬·维特考斯基有关 DNA 指纹分析和"DNA 技术与法医科学"的班伯里会议的材料。目前，档案馆尚未给这些资料编目。

毫不夸张地说，如果没有来自家庭的爱和支持，这本书将永远不会存在。这里要特别提到卡伦、理查德·海尔曼、艾米·海尔曼、茉莉·鲍姆，以及我已经去世的祖母诺玛·海尔曼。我今天所取得的成就，加上我未来将取得的成就，都来自他们的慷慨、同情和善良。杜波维茨和费曼两家人不仅对我坦诚相待，还邀请我到他们的家庭中去（世界范围内）。他们欢迎我的热情超出了我最大胆的想象。杜比和简对我如同己出，向我展示了他们的热情、爱护、鼓励。格兰妮·巴博斯（又名玛丽恩·费曼）一直用她的活力、对本人研究的兴趣、对生活的热爱来激励我。

最后，我将把这本书奉献给我生命中最重要的两个人。塔玛拉让我的生活变得完整，使我找到了真爱。她是我最好的朋友，又时常促使我换一个角度对这个世界做更深刻的思考，并且让我生命中的每一刻都变得非常重要。她对我的意义还有很多很多。我对她的爱超过了我对生命本身的热爱。对于艾拉，你不仅仅是我在这个世界上见到过的最聪明孩子，你还是我获得激励、快乐、惊喜的永恒源泉。你一直在告诉我，爱是可以多么地深沉。

目 录

第一章 序 言	1
第二章 科技"商品"	10
第三章 法庭上的DNA	42
第四章 挑战DNA	76
第五章 公共科技服务	130
第六章 DNA战争	176
第七章 华盛顿争论	215
第八章 DNA战争结束	256
第九章 历史的遗产	300
参考文献	313

第一章 序 言

近一个世纪以来，执法部门一直在寻找法医调查工作中的灵丹妙药。这种灵丹妙药是一种万无一失的技术，它可以毫无差错地根据犯罪现场留下的蛛丝马迹锁定暴力犯罪的嫌疑人，**并且**能作为跟踪和监视犯罪分子或有犯罪倾向人的工具。历史上，有很多技术成为它的潜在选项，如指纹技术、人体测量学（对身体部位的系统测量）、声纹。然而，所有这些技术都被发现具有技术和操作上的局限性。

1984年，最新的一种符合这种灵丹妙药定义的技术是由英国遗传学家亚列克·杰佛里斯（Alec Jeffreys）发明的，即法医DNA分析。这个技术被法官和检察官誉为"自指纹技术问世以来在打击犯罪技术上的最大进步"，众多媒体报道称该技术将对执法带来革命性变化。[1]在很多方面，此言不虚。在过去的二十年中，DNA证据已被用于解决无数的暴力犯罪，使成千上万的强奸犯和谋杀犯锒铛入狱，并促使更多的人俯首认罪。联邦调查局（FBI）在美国全国范围内的DNA信息索引中包含超过四百万条犯罪分子的DNA记录。自1994年信息索引建立以来，已经有45400条犯罪现场的DNA序列在FBI的数据库中被发现。[2]

如今，DNA分析已被广泛认为是有史以来最好的法医鉴定方法。尽管辩护律师巴里·谢克（Barry Scheck）和彼得·诺福德（Peter Neufeld）曾对DNA分析的准确性和可靠性发起最令人瞩目的三次挑战（*People v. Castro, United States v. Yee, et al., People v. Orenthal James Simpson*），但他们现在也把DNA检测称为"在阐述事实方面的黄金准则。"[3]据前司法部长约翰·阿什克罗夫特（John Ashcroft）称，DNA分析是一台"辨别真相机器"。[4]

执法机构、政界人士和检察官都相信DNA证据是打击暴力犯罪的最重要武器之一。有43个州要求所有被判重罪的人都要将DNA样本提交到中央DNA数据库，而所有50个州都参加了FBI的国家DNA信息索引的建立。如果前州长乔治·帕塔基（George Pataki）和纽约市市长迈克尔·彭博（Michael Bloomberg）的想法成真的话，纽约州将很快成为美国第一个从所有因轻罪或重罪而定罪的人（包括少年犯）中收集DNA的州[5]。该计划反映了一种基本的信念，即犯罪分子DNA信息索引的存在既有助于调查当前的犯罪行为，又可以对未来的犯罪行为起到威慑作用。对安全和正义事业来说，纽约州的计划既重要又显示着进步主义的理念。该计划的进步主义特性表现在，即使没有任何州有类似的立法，与此计划相关的政客们已经认为纽约州在开发对抗犯罪的新技术方面处于落后水平。如彭博市长所说，DNA证据"是自一个世纪前指纹识别问世以来最强大、最精确的消灭犯罪的手段。在尖端调查技术方面，纽约应该是领先的，而不是落后的。一旦我们落后了，就必然会出现这种情况：本该被关进监狱的罪犯仍在谋杀和强奸民众。"[6]

同时，"清白专案"项目在全国范围迅速出现，这是由辩护律师和热心的年轻法学学生建立的。他们基于这样一种观点，即在定罪后通过DNA测试仍可以得出确凿的证据，证明被错误定罪的人是无辜的。通过DNA鉴定，这类项目已使近200人从监狱中重获自由，其中大多数是穷人和少数族裔。在几乎所有的案例中，基因证据都挑战了其他形式的证据，包括错误的目击者证词、虚假的供词、监狱告密者的说辞以及显微镜下的毛发对比。冤案中定罪后的昭雪也暴露了我们刑事司法系统的一些偏见和缺点：种族主义、仅由定罪来衡量检方成功与否的做法，还有为贫困被告指定辩护律师的低报酬和不称职现象。社会活动家甚至利用DNA证据对美国刑事司法系统进行了根本性的批评。他们声称，DNA证据"为错误定罪打开了一扇窗口，以便我们可以研究其原因并提出补救措施，尽可能减少更多无辜者被定罪的机会"。[7]

如今，随着越来越多的遗传标记与特定的种族和民族群体（许多科学家更喜欢称其为"生物地理起源"）联系在一起，执法人员梦想着有一天能够仅基于犯罪现场遗留的遗传物质推测罪犯的外貌。由于这些基因标记对性状的决定只能是概率性的，而且很难通过复杂的遗传物质来确定人体外表特征，所以这些基因标记很少用于法医鉴定。尽管如此，一家坐落在佛罗里达名叫"DNA 印迹基因组"（DNAPrint Genomics）的生物科技公司已经宣称它可以提供两种基因检测方法为执法人员达到这个目标（用 DNA 推测外貌）。其中一种为"DNA 目击者"（DNAWitness），它可以给研究者提供某人的遗传物质中来自"撒哈拉以南非洲、美洲原住民、东亚和欧洲的四个可能群体中遗传物质的百分比"。第二种叫"视网膜组"（Retinome），公司声称可以通过 DNA 推测眼球颜色。[8]

DNA 鉴定的范围已远远超出了刑事司法系统，可以满足广泛的鉴定需求。例如，纽约市医学检查官办公室使用 DNA 分析来识别 2001 年 9 月 11 日恐怖袭击受害者的遗体，通常将一小块焦尸与该人牙刷中的唾液相匹配。DNA 在识别 1996 年 7 月环球航空 800 号航班失事中遇难者高度破碎残骸中起着至关重要的作用，它也被用于识别遭受恐怖袭击和内战地区人权危机和种族灭绝的受害者。由于进行了 DNA 分析，我们现在知道（直到最近）被埋葬在无名战士墓中的越战军人是迈克尔·布拉西（Michael J.Blassie）。[9]由于 DNA 分析技术和 DNA 数据库的建立，美国国防部官员相信"无名战士"将很快成为遥远的回忆。

DNA 分析来源于学术科学，并与生命密码联系在一起。它的魅力是如此巨大，以至于出现了很多这样的故事：陪审团因他们从电视节目和媒体上"了解"到它是现有最好的法医学技术，所以不愿意在没有使用 DNA 分析的情况下给被告定罪。法医科学家、律师和新闻工作者将这种现象称为"CSI 效应"（CSI 即 Crime Scene Investigation，是一系列犯罪现场调查的纪录片，译者注）。DNA分析的广泛应用正在损害另一项技术（曾经作为法医学黄金准则的指纹比对）的可信度。[10]DNA是促使科学家、律师、法官和公众第一次质问指纹技术的科学基础，这导致科技哲学家迈克尔·林奇（Michael Lynch）宣称这两种技术已经发生了"可信度倒置"。2002年，一位联邦法官曾在合众国诉耶拉·普拉扎（*United States v. Llera Plaza*）案中限制了指纹证据的采用，虽然他在10周以后改变了看法，[11]许多分析人士甚至开始提出，DNA分析应该作为其他法医学方法，如指纹分析、子弹铅含量分析和工具痕迹分析等新的工作模式。[12]

DNA分析的确是寻找指导法医学改革方法的合适起点，但它提供的改革方式不会是本书读者们下意识想到的那样。DNA分析的历史表明，鉴定技术的局限性只有在实际应用时才会显现出来，并且只会受到那些有兴趣指出其缺点的人士的挑战。DNA分析技术在刚问世时是一项有严重问题的技术，它很容易出错，也没有受到不参与其开发的科学家同行的审查。由于缺乏有力的质量控制和保证措施，这项技术几乎没有预防错误的方法。此外，对测试结果的解释更多的是基于假设而非经验性的证据。

一组专注于DNA技术的辩护律师利用美国法律体系提供的机制，即专业证人、证据发掘、交叉质询，将这些不足之处公诸于众。由于辩方律师的挑战，科学家们被迫回到实验室和专业学会去开发更可靠的实验方法和步骤、更佳的质量控制机制以及更有效和全面的同行评审制度。他们将这些改进带回法庭，接受辩护律师及他们背后专家们的审查。尽管这一过程充满争议、低效和人身攻击，但最终结果是这种新技术的匹配概率和分子生物学过程更多地得到了经验性的证据和同行评审的支撑，而不是仅靠假设或保密操作。

我们今天所知的DNA分析是英美法律制度在十年时间里与科学技术相互作用的产物。因此，如果DNA分析的发展过程要作为其他法医科学家的工作模式，我们必须承认，一项技术从学术实验室到法医实验室再到法庭,没有一条线性的、纯理性的路径可循。DNA分析技术发展的特点是科学家将技术观点与法律、社会和政治主张交织在一起。同时,律师、政治家和法官要具备大量的科学和专业知识才能做出的决定。这项技术本身、做"好科研"的标准以及在司法界证明该技术的可信性时所需的相关技术,在这个过程中被明显改变了。换句话说,在刑事司法系统中开发这项技术所需的努力,与使这项技术为社会造福所需的努力几乎相同。

我们也不可能找到一个单一的解决有关DNA分析争论的方法。对于很多亲历者和媒体人,这个争论被称为"DNA战争"。关于DNA证据在法律和科学上的争论逐渐停息要归功于一系列因素的组合:FBI牵头、司法判决、联邦立法、两位参加围绕DNA证据争论的人士——前辩方证人埃里克·兰德尔(Eric Lander)和FBI的布鲁斯·布多尔(Bruce Budowle)、精明的公关策略、基于限制性片段长度多态性(RFLP, restriction fragment length polymorphism)的DNA分析技术的改进以及一种全新的DNA分析方法的出现,即短串联重复(Short Tandem Repeat)分析,简称STR。

最后,我们必须认识到对抗制司法程序在改进DNA分析技术上起到的积极作用。和这种观点形成鲜明对比的是,大多数评论家把有关DNA分析的争议解释为"文化冲突"。[13]根据这一范式,对抗性互动被视为在法律体系中成功吸收知识和技术的阻碍。不仅科学和法律上的证据标准不同,它们的规范、价值观、最终目的也不同。科学研究由追求终极真理和进步的精神主导;而法律可以被描述为只寻求有用的真理(对做出决定来说已经够用)、社会控制、解决争端方面的途径。最后,根据文化冲突模型,科学讨论被对抗过程所劫持。律师们用肮脏的伎俩来挑战提供不利于当事人证据的科学技术;习惯于寻求共识的科学家们被迫以受控辩双方各自雇佣的专业证人身份互相打击对手;法官和陪审团则因为受到错综复杂且不一定符合科学的证词左右而感到困惑或做出错误的判定。

不可否认的是，这些现象都发生在 DNA 分析技术的发展过程中。然而，当一个人抛开刺耳的法庭判决和可疑的法庭策略时，他就会清楚地发现对抗制程序是纠正将 DNA 分析技术从实验室转移到法庭时出现问题的一种手段。因此，可以从这段历史中吸取的一个主要教训是：努力遏制法律制度中的对抗主义（控辩双方针对特定证据的争论，译者注）的做法可能不符合法律决策或科学进步的最佳利益。

虽然科学和法律的相互作用确实提高了 DNA 分析的准确性和可靠性，但这本书所讲述的事件并不完全是正面的。尽管这项技术目前比 1987 年首次采用时要完善，但它在法庭上受到质疑时出现的许多问题仍没有得到解决。最重要的是，最初由生命密码（Lifecodes）公司、细胞标记（Cellmark）公司以及检察官们声称的 DNA 证据不会出错的特性，尽管明显是荒谬的，却依旧在法庭和社会上继续存在。人们普遍不愿意承认，尽管在过去 20 年里对这项技术进行了种种改进，但 DNA 证据仍然存在出现严重错误的可能性。由此导致的结果是，现在仍没有有效的方法来计算 DNA 检测中的错误率，也没有明确的标准来解释由混合有诸多个体的生物样本产生的复杂结果，最重要的是，现在没有一个统一的方法来检测全国数十个 DNA 实验室的操作水平。[14]尽管法医学界的大多数成员愿意承认实验室内和数据解释时偶尔有错误发生，但他们认为这些问题微不足道，不值得引入昂贵的监测系统。

法医界已经对 DNA 检测中深层次问题的发现感到尴尬。虽然有些是简单的文字错误，但其他的却暴露出大规模的欺诈和不可饶恕的无能。这些事件中最臭名昭著的当属休斯敦警察局的刑侦实验室，它的雇员时常在实验室伪造 DNA 和其他法医证据，并在法庭上谎报结果，导致该实验室在 2002 年被迫关闭。现在仍在进行的对休斯敦警察局所经手案件的调查，已经发现在 43 起涉及 DNA 案件中"（警局）工作的可靠性、刑侦实验室分析结果的准确性以及分析员报告结果的正确性都非常令人怀疑"。[15]休斯敦事件毫无疑问是最引人注目的，但其他实验室也未能幸免，均有严重问题。这其中包括 FBI，一名分析师两年多来一直在伪造她工作的质量控制部分。在另一起事件中，弗吉尼亚州公共刑侦实验室总部的 DNA 检测被发现有严重的步骤和数据解释问题。虽然这些案例将在结论中详细探讨，就目前来说，最重要一点是我们要认识到 DNA 分析绝非是许多科学家和律师声称的绝对可靠、万无一失的技术。

更值得我们警醒的是，这些错误没有一个是由法医科学家自己发现的，也没有一个是由多层的质量控制和保障机制检出的，尽管公众曾被告知这些机制可以确保真实可靠的结果。相反，他们是被记者、有着强烈坚定信念的律师、推动公民自由的社会活动家找出的。因此，前述的问题可能只代表 DNA 技术中错误的冰山一角，甚至暗示了这个被认为是法医学中新的黄金标准技术也会存在系统性失灵。这个标准仍具有可能造成严重后果的潜在漏洞，那这些是怎么发生的呢？正如我将要论述的，这个问题的答案可以在这项技术跌宕起伏的历史中发现。

注释

1. *New York v. Wesley [and Bailey]*, 140 Misc.2d 306 (1988); Ricki Lewis, "DNA Fingerprints: Witness for the Prosecution," *Discover*, June 1988, 44–52; Jean L. Marx, "DNA Fingerprinting Takes the Witness Stand," *Science* 240 (1988): 1616–1618; Debra Cassens Moss, "DNA—The New Fingerprints," *ABA Journal* 74 (May 1988): 66–70.

2. U.S. Federal Bureau of Investigation, *Combined DNA Index System*, "Measuring Success," http://www.fbi.gov/hq/lab/codis/success.htm, 15 April 2007.

3. Barry Scheck, Peter J. Neufeld, and Jim Dwyer, *Actual Innocence: Five Days to Execution and Other Dispatches from the Wrongly*

Convicted (New York: Doubleday, 2000), 122.
4. Attorney General John Ashcroft, "Attorney General Ashcroft Announces DNA Initiatives," U.S. Department of Justice, 4 March 2002, http://www.usdoj.gov/archive/ag/speeches/2002/030402news conferncednainitiative.htm.
5. Diane Cardwell, "New York State Draws Nearer to Collecting DNA in All Crimes, Big and Small," *New York Times*, 4 May 2006.
6. 同上。
7. The Innocence Project, "About the Innocence Project," Benjamin N. Cardozo School of Law, Yeshiva University, http://www.innocenceproject.org/about/index.php.
8. 更多有关 DNAPrint 基因组的信息请参见 DNA Print Genomics, "Forensics,"
   http://www.dnaprint.com/welcome/productsandservices/forensics/.
9. 更多信息请参见 Arlington National Cemetery, "The Vietnam Unknown Controversy," http://www.arlingtoncemetery.com/vietnam.htm.
10. Michael Lynch, "God's Signature: DNA Profiling, the New Gold Standard in Forensic Science," *Endeavour* 42, no. 2 (2003): 93–97.
11. Simon Cole, "Grandfathering Evidence: Fingerprint Admissibility Rulings from Jennings to Llera Plaza and Back Again," *American Criminal Law Review* 41 (2004): 1189–1276.
12. Michael Saks and Jonathan Koehler, "The Coming Paradigm Shift in Forensic Identification Science," *Science* 309, no. 5736 (2005): 892–895.
13. 有关"文化冲突"的最新论断请参见 Marcia Angell, *Science on Trial: The Clash of Medical Evidence and the Law in the Breast Implant Case* (New York: W. W. Norton, 1996); Steven Goldberg,

Culture Clash: Law and Science in America (New York: New York University Press, 1994); and Lee Loevinger, "Law and Science as Rival Systems," University of Florida Law Review 19 (1967): 530–551.
14. 西蒙·科尔认为在指纹鉴定界也有类似的现象。见 Simon Cole, "More Than Zero: Accounting for Error in Latent Finger-print Identification," *Journal of Criminal Law and Criminology* 95, no. 3 (2005): 985–1078.
15. Office of the Independent Investigator for the Houston Police Department Crime Laboratory and Property Room, "Independent Investigator Issues Fifth Report on Hous-ton Police Department Crime Lab," 11 May 2006, http://www.hpdlabinvestigation.org/pressrelease/060511pressrelease.pdf.

第二章 科技"商品"

英国莱斯特大学的遗传学家亚历克·杰弗里斯于 1984 年发明了第一种实用的 DNA 分析方法。该技术于 1985 年在英国法律体系中首次亮相后,迅速传播到了美国。美国 DNA 分析市场立刻就出现了激烈的竞争,两家生物技术公司,即生命密码公司(Lifecodes Corporation)和细胞标记公司(Cellmark Diagnostics),在几个月内相继提出了各自的技术路线。这两个公司均为大型公开上市的跨国化工集团,年营业额超过 200 亿美元。它们都希望从 20 世纪 80 年代飞速发展的生物技术中获利。[1]两家公司为使它们的 DNA 分析技术中所用的遗传标记严格保密,因而迅速申请了专利。他们这一做法与很多科学家认定的以开放性为基础的科学实践理念背道而驰。由私营公司来提供法医证据是执法界的一项新事物。在此之前,法医技术均来自于官方的刑侦实验室,特别是 FBI。

尽管两家公司最初都是针对亲子鉴定市场,但执法机构很快就寻求它们的帮助以解决棘手的刑事案件。即便当时 DNA 分析仍然是一项全新的且未经检验的技术,两个公司都毫不费力地就使法官相信,DNA 证据是可以被引入法庭的。辩方律师偶尔会对这项技术的准确性和可靠性发起一些软弱无力的质疑,但他们对遗传学和分子生物学有限的理解使他们根本不是私营公司和检察官组织起来的豪华专家团队的对手。截至 1988 年底,DNA 分析已经出现在近 200 起案件的证据中,且从未受到挑战。

第一次 实验

当 15 岁的安德鲁·萨尔巴(Andrew Sarbah)的飞机降落在伦敦

希思罗机场时,他正憧憬着通过移民海关进入英国。尽管他几乎不讲英语,但毕竟他还是回到了自己出生的城市。安德鲁出生在伦敦的一个加纳裔的家庭。当他父母离异后,他在4岁的时候随父亲回到了加纳。11年后,他准备返回英国与他的母亲和几个兄弟姐妹住在一起。[2]他带着一本最新的加纳护照,上面显示他出生在伦敦,另外还有一本英国护照,上面有他小时候的照片。但在移民处,他的噩梦开始了,当局拒绝了他作为英国公民进入英国的申请。据媒体报道,有人怀疑安德鲁的英国护照已被篡改,试图入境的年轻人实际上是他的一个堂兄弟。不过,安德鲁仍被允许"临时入境",直到他的移民身份被调查清楚为止。

萨尔巴一家得到了一位伦敦的移民律师谢奥娜·约克（Sheona York）的法律协助。约克很快开始收集照片和证词来支持安德鲁的说法。萨尔巴一家也接受了血清学检测,结果显示安德鲁是克莉丝汀·萨尔巴（安德鲁的母亲,译者注）的儿子的可能性有98%。否则,只还有一种符合科学的解释是安德鲁是由他的父亲和克莉丝汀的一个姐妹所生。虽然证词和血清学证据很吻合,但是英国内政部仍坚持安德鲁的护照已经被篡改。这对萨尔巴家是个不好的信号。尽管有压倒性的证据支持他们,但是安德鲁能用于说服内政部的证据已经所剩无几。

就在约克提起最后一次上诉后,一位同事向她展示了《卫报》上的一篇文章,其中描述了一种用来揭示家庭关系的遗传学新技术。[3]文章称,"科学家们发现了一种通过基因识别人的方法——它是一种基因'指纹',非常精确,甚至可以告诉你谁是你的父亲"。这项测试由杰弗里斯开发,它强大到能够"区分每一个人,甚至是表亲间婚姻所生的孩子"。[4]约克干脆放手一搏,联系了杰弗里斯并询问他是否已经准备好在一个真实的案例中试验一下他的新技术。[5]尽管杰弗里斯预计"可能一切都会乱套,或这项技术不会成功、或也得不到任何证据",但他还是同意分析一下萨尔巴家提交的生物样本。

DNA分析原理

为了理解杰弗里斯的新鉴定工具，首先有必要回顾遗传学和分子生物学方面的一些知识。杰弗里斯的方法是基于这样一个基本前提：除了同卵双胞胎，没有两个人的基因构成完全相同。尽管所有人类都有一组几乎相同的组成我们基因组的30亿个"字母"，但我们每个人也都携带着大量的突变（即我们基因物质的变化），这些突变使我们每个人的DNA图谱都是独一无二的。事实上，任意两个人在大约每一千个位点上都会有一个不同的字母。其中一些突变对个体有害甚至致命（一些得到充分研究的遗传病有：镰状细胞贫血、亨廷顿病、泰萨二氏病、囊性纤维化等），而另一些突变要么没有影响，要么给拥有这种变化的个体带来一些小的好处。

高等生物是由大量的细胞组成（人体大约有一万亿个细胞），所有这些细胞都是从一个受精卵中产生的。遗传物质，即DNA，以染色体的形式存在于细胞的最里面，也就是细胞核中。人类受精卵有23对染色体，在受孕时，一组染色体来自母方，另一组来自父方。在整个生命的胚胎发育和细胞分裂过程中，这些染色体被多次完全复制。这个过程致使一个人的所有细胞，无论是头发、皮肤、血液、精液还是肌肉，都包含完全相同的DNA序列。

从化学上讲，DNA是具有四种不同类型核苷酸的重复聚合物：腺嘌呤（通常缩写为"A"），胞嘧啶（C），鸟嘌呤（G）和胸腺嘧啶（T）。在正常情况下，DNA由两条链组成，这两条链根据一条简单的规则通过在每条链的核苷酸之间形成的键连接在一起：胞嘧啶与鸟嘌呤配对，腺嘌呤与胸腺嘧啶配对。例如：

ATTCGGAACT
TAAGCCTTGA

每个配对的二元组（A-T或C-G）都称为碱基对，简称bp，这是DNA的度量单位。上面的DNA部分是一个10bp的片段。（长DNA片段以一千碱基为单位进行测量,称为千碱基对。因此,一个 7470 bp 长的片段将写为 7.47 kb。)

我们的 DNA 具有许多功能。通常称为"基因"的部分包含用于产生蛋白质并将其组装成细胞、器官和身体部位的密码。基因组的其他部分则对于染色体的结构完整性是必需的。还有另外的部分没有明确的功能,通常被称为"垃圾 DNA",这里可以发现大部分用于 DNA 分析的碱基序列具有多态性。[6]在基因组的这些非编码区域中,有一些 DNA 短序列,有时被称为"小卫星"或"核心序列",它们不断重复。尽管科学家们不理解为什么会出现这些重复,但他们发现,基因组中某些位置的重复序列的数量在人与人之间是高度可变的。因此,它们被称为"可变数目串联重复序列"或 VNTR。每个长度不同的片段称为"等位基因"。该术语在遗传学中被广泛使用,是指在基因组中特定物理位置或"基因座"上不同的序列。在发生 VNTR 的任何给定基因座(即位置)上,可以存在数十个等位基因,每个等位基因具有不同数量的重复单元,因此就有不同的长度。根据是否存在某个特定的等位基因,一个人的身份就可以通过 DNA 分析辨别(见图 1)。

亚历克·杰弗里斯和"DNA 指纹识别"

当杰弗里斯和他的一群学生在研究哺乳动物珠蛋白基因的进化时,无意中发现了 DNA 指纹技术。在比较各种海洋动物的珠蛋白时,他们注意到几乎所有被测物种中都有一个特定的 33bp 序列,该序列具有不同的重复模式。经进一步研究,这些序列似乎存在于大多数哺乳动物的基因组中。另外,在每个动物个体中,这种重复模式似乎都是不同的。这个发现让人为之一振。杰弗里斯和他的同事推断,这些重复的"小卫星"可能会作为标记,可以精确定位与特定性状有关的基因——对于 20 世纪 80 年代的人类医学遗传学来说,犹如基督教的圣杯(基督徒们曾经最想得到的耶稣的遗物,译者注)。换句话说,如果一种特定的长度多态性(一个技术名词,简单来说,指代基因密码的不同种类）在大多数具有某种特征或疾病的个体中出现，这个标记在基因组中的位置可能与影响特定生理结果的基因非常接近。

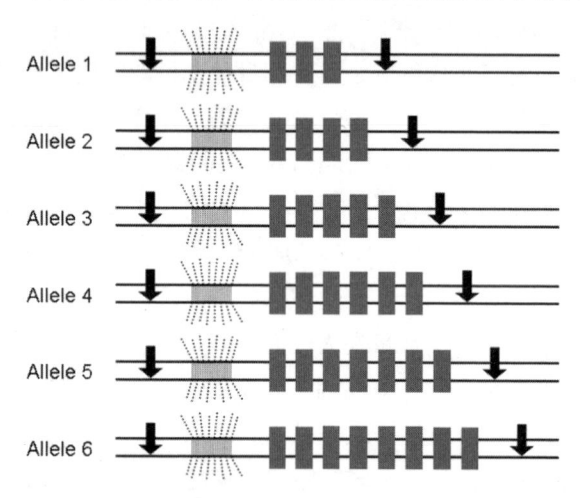

图1. 在该 VNTR 区域中，有六个不同长度的多态性 DNA 片段，每个片段有不同的 DNA 序列重复数。箭头表示限制性位点，某一种特定的限制酶可在此高精度切割 DNA。请注意，在一个特定的等位基因中串联重复的序列越多，该片段被限制酶切割后的长度就越长。在此图中，探针在片段的左端与 DNA 结合。在 DNA 分析技术的早期，探针用放射性磷元素（磷-32）标记，这意味着它们发出的辐射量很少且只能在分析过程的靠后的阶段看到。该插图由苏珊·海勒·西蒙（Susan Heller Simon）所制。

因此，杰弗里斯和他的同事决定设计一个实验，在人体中寻找这些长度多态性位点。为了做到这一点，他们利用了强力的分子生物学工具"限制性内切酶"。限制性内切酶是从自然界细菌中提取的，它在特定的核苷酸序列上切割 DNA，通常有 4 或 6 个碱基长，这个序列则被称为"限制性位点"。[7]每种限制性内切酶识别特定核苷酸序列的特异性非常强。这些限制性位点遍布整个基因组，包括编码基因和大多数 VNTR 所在的非编码区。由于 VNTR 存在于很多酶切位点之间，所以内切酶适用于这个实验。通过切割不同个体的 DNA，产生的片段大小将根据每个切割位点之间的重复数而有所不同。为了观测含有这些重复元素的片段,杰弗里斯使用了一种称为"探针"的特殊分子。探针本质上是一小段单链 DNA,与目标 VNTR 序列互补。换句话说,如果这个 VNTR 的序列是 ACTTGCAAAA,那么它的探针应该是:TGAACGTTTT。

使用限制性内切酶和探针来发现 VNTRs 是一个统称为"DNA 印迹杂交"(Southern blotting)的大型多步骤实验的一部分。[8]因为它的程序和本书中描述的法医 DNA 分析中使用的步骤相同,所以我将在这里详细描述。DNA 印迹杂交开始于获取血液或组织样本(步骤 1)和从中提取 DNA(步骤 2)。然后将 DNA 用特定的限制性内切酶处理。由于限制性内切酶位点之间串联重复的数目不同,限制性内切酶将其切割成不同大小的片段(步骤 3)。然后使用称为"电泳"的技术分离这些限制性片段(步骤 4)。实质上,切割后的 DNA 被加入到一种称为琼脂糖凝胶状物质里,然后被置于电场中。因为这些碎片的大小和电荷不同(由于多态性),它们以不同的速度穿过凝胶。因此,最小的碎片走得最远,最大的碎片走得最近。到目前为止,DNA 仍保持原来的双链形式。因此,它必须"变性",即转化为单链 DNA,这样探针才能与其互补序列结合。在第 5 步,通过相当原始的虹吸系统,DNA 从凝胶转移到一块尼龙膜上。一旦转移完成,单链 DNA 就固定在膜上。

第 6 步,通过变性来制备探针,这样它就可以与目标结合。由于 DNA 在其双链形式中最稳定,探针对其互补序列有很高的亲和力并且容易与之结合。第 7 步,将尼龙膜放入含有各种化学物质、盐和大量刚刚制备好的探针分子的"杂交溶液"中。在溶液中静置一段时间后,取出尼龙膜,洗掉多余的杂交溶液,只留下在单个限制性片段中与特定 DNA 序列结合的探针(步骤 8—9)。由于探针是在 20 世纪 80 年代到 90 年代使用放射性磷元素(DNA 的主要成分)制成,因此可以通过将 X 射线胶片暴露在尼龙膜上(第 10 步)来观察重复的 DNA 序列片段。这个过程最终可以得到一个"放射自显影图"(通常缩写为"autorad"),它包含许多黑带,通常被描述为与条形码类似。这些带代表不同大小的片段,因为它们包含不同数量的 DNA 重复单元。

1984 年 9 月初的一个星期一早晨,杰弗里斯和一个研究生来到实验室查看自显影图,他们对所看到的感到震惊。这些探针在人类基因组中发现了几个小卫星 DNA,令人惊讶的是,这些小卫星似乎在个体间都是独特分布的(即每个个体有不同的模式),并且在家族成员间遗传时符合孟德尔规律。在 1985 年初《自然》杂志发表这一发现之后,[9]他们计算出了 20 个"无亲缘关系的英国白人"中各种小卫星片段出现的频率。同年晚些时候在《自然》杂志发表该研究的第二篇论文中,他们得出结论,两个人拥有相同 DNA 指纹的概率小于 330 亿分之一。[10]

在这两篇论文中,作者都没有明确指出这是一种仍在发展中的技术,在用于法医案件之前还需要完善。他们承认小 DNA 片段很难精确地显示和测量,并指出在大约 0.4% 的人群中,这些 DNA 高度可变区会突变出新的小卫星 DNA 序列。然而,杰弗里斯和他的论文合著者们认为这些问题不足以阻止该技术在实际情况中的应用。在实际中应用似乎是杰弗里斯要达到的主要目标之一。事实上,他对这项技术名称的谨慎选择是基于传统指纹技术长期以来的可信度。[11]几个月后,杰弗里斯和其他人才公开讨论这项技术的局限性。但此时,下一代基因鉴定技术的开发工作已经在顺利进行中。

DNA 分析进入移民法庭

在萨尔巴一家向移民法庭提出最后上诉的当天,亚历克·杰弗里斯带来了他 1984 年《自然》杂志论文的原稿和证据,据说这些证据支持安德鲁是克里斯蒂娜之子的说法。移民法庭庭长因为担心有可能必须对这一全新的、未经检验的科学信息进行评估,所以他选择了完全相信萨尔巴家提供的其他证据,要求内政部撤案。后者不情愿地这样做了。 DNA 证据取得了世界上第一个重大胜利,尽管 DNA 检测并不是法官做出决定的原因。

英国新闻界立刻被萨尔巴案所吸引。大多数主流媒体都刊登了有关 DNA 指纹分析的报导，称赞其为一种新的消除政治化移民判决的方法。在这些媒体中，只有《自然》报道说，说服内政部撤销此案的是 DNA 证据的存在，而不是证据的力度或有效性。[12]这一事实很快被围绕这一新形式科学证据的炒作淹没。例如，《卫报》的头条新闻宣称，"基因检测结束移民纠纷，让母子团聚"。另一则报道称，虽然内政部当局不相信萨尔巴，但"杰弗里斯博士的方法证明了男孩是正确的"。[13]

随着 DNA 指纹技术进入移民法律界和移民社区，在解决移民纠纷时提供帮助的请求如洪水一般淹没了杰弗里斯和他在莱斯特（Leicester）的同事们——那里坐落着世界上唯一拥有此项技术的实验室。杰弗里斯回忆说："那太疯狂了，简直不可能。""我们根本无法应付。它持续了整整两年。我再也不想回到那两年。我们接到了数以千计的咨询——一个又一个文档盒的咨询请求。"[14]与此同时，杰弗里斯的实验室也开始进行亲子鉴定，到 1986 年初，治安法庭已将 DNA 证据视为准确有效的证据。[15]杰弗里斯处理了多少案件（每个案件涉及几个人）还没有确切的统计数字，但他估计大约有 200 起。

回应对 DNA 指纹识别的需求，特别是在移民问题领域的需求，杰弗里斯和李斯特研究所（资助他的研究）一致认为，帝国化学工业公司（ICI）（英国最大的化学公司和世界上最大的跨国公司之一）应该获得许可证以开发该技术的商业潜力。1987 年夏，ICI 开设了一家 DNA 检测实验室，向任何愿意为每一个检测样本支付 105 英镑费用的人提供 DNA 检测。在 1989 年的《血液检验条例修正案》中，DNA 分析被官方确认为移民案件中确定亲子关系的法定方法。然而，这次官方的确认并非是值得特别兴奋的事件：内政部早就开始在法医案件中使用这一技术，且该技术已被许多法院接受。

血案

第一次利用DNA指纹的刑事调查也发生在英国。此案臭名昭著，美国犯罪小说作家约瑟夫·温博（Joseph Wambaugh）后来基于此案写了一本畅销读物《血案》。故事开始于1983年11月，一名路人在莱斯特郡（Leicestershire）纳伯勒（Naborough）村附近一条偏僻的小路上发现了15岁的莉迪亚·曼恩（Lydia Mann）的尸体。这起奸杀案在这个宁静祥和的地区掀起恐惧的漩涡，警方展开了一项大规模调查。尽管受到关注，案件还是没有解决。近三年后的1986年7月，邻村恩德比（Enderby）也发生了类似的罪行。这一次，15岁的道恩·阿什沃思（Dawn Ashworth）在类似地点被发现时一丝不挂且被勒死。

如同曼恩案一样，警方展开了大规模调查。然而这一次，他们有了一个嫌疑人——一个17岁的男孩，他在当地一家精神病院的厨房工作。显然，他对发生在医院附近的那起谋杀案感到非常躁动和不安，有人向警方揭发了他对这起犯罪令人费解的关注。经过审讯，这个智商很低的年轻厨房搬运工供认了杀害阿什沃思的罪行。为了确保迅速定罪，莱斯特郡的警察请求杰弗里斯将厨房搬运工的DNA样本与曼恩案中收集的DNA样本进行比较。

杰弗里斯于1986年9月同意进行这项分析。他成功地从3年前犯罪现场收集的精子中提取了DNA，但没有足够的遗传物质来进行他在亲子鉴定和移民案件中使用的多位点DNA指纹检测。不过，杰弗里斯一直在开发能够检测单个基因座的探针，这种方法只需要微量的DNA。令他大吃一惊的是，这个新技术显示的结果是：杀害曼恩凶手的DNA图谱与厨房搬运工的DNA图谱不符。这对警察来说是个挫折，他们一度不知所措，然后给了杰弗里斯第二个犯罪现场采集的DNA样本。结果又是令人震惊的：两起凶杀案的DNA完全相同，但DNA图谱仍与厨房搬运工不符。[16]警察可以排除最初的嫌疑人，但要追踪一个连环杀手。

接到消息的警察官员对 DNA 分析结果感到震惊，但他们只能全盘接受这个结论，因为他们觉得自己别无选择。内政部法医科学服务局（Forensic Sciences Service）确认了杰弗里斯的结论，该局位于奥尔德马斯顿（Aldermaston），当时正在高速发展。在审判前几天，警方撤销了对这位厨房搬运工的所有指控。他被释放了，这是第一个被 DNA 证据证明无罪的犯罪嫌疑人。

由于案件没有任何线索，社会上要求找到这名身负两条人命案犯的压力也越来越大，莱斯特郡警方调查人员迈出了前所未有的一步：他们要求所有生活在犯罪现场附近的 17 岁至 34 岁男子自愿提供血液和唾液样本。他们希望这样做可以排除一些人的嫌疑。尽管最初使用传统的血液标记物法检测这些样本，但所有无法通过这种方法排除嫌疑的人都将接受 DNA 检测。根据温博对这次基因搜捕的描述，很明显，警方调查人员对这项技术的可靠性深表怀疑，但他们觉得别无选择。三年的传统调查工作没有得到任何关于这次案件的有价值信息。

因此，莱斯特郡警方着手开展一项大规模的行动，从 4582 名年轻男子身上采集样本。与此同时，内政部加快速度完成位于剑桥郡亨廷顿的第一个 DNA 分析实验室的建设工作，使它能及时开展 DNA 测试。

当实验室开始运作后，内政部着手对 500 多名无法通过标准血型法排除的人进行 DNA 分析。令调查人员和法医科学家大为懊恼的是，没有一个样本与杀害曼恩和阿什沃思的凶手的 DNA 图谱相同。调查似乎又进入了一个死胡同。但是事情在九月中旬发生了惊人的转折，警察接到了在莱斯特的一家面包店工作的一名妇女的电话。她向他们举报，她的同事伊恩·凯利（Ian Kelly），在午饭时间一杯酒下肚后，无意泄露出他在"血案"事件中欺骗了警察，其实他是替同在面包店工作的一个蛋糕装饰师提供样本。警察逮捕了凯利。经过审讯，他很快向警方陈述了整个事实。蛋糕装饰师科林·皮奇福克（Colin Pitchfork）对凯利说，他为了帮助一个被判犯有不雅暴露罪的朋友脱罪，已经把自己的血样给了他的朋友。凯利不情愿地答应为皮奇福克提供掩护，在1987年1月以皮奇福克的名字提供了自己的血液样本。

根据这一信息，皮奇福克在家中被捕，并迅速供认了两起谋杀案。随后的DNA测试显示，他的DNA图谱与凶手的图谱完全相同。皮奇福克于1988年1月认罪，因谋杀罪被判处两次无期徒刑，并因强奸罪和猥亵罪被判处额外的刑期。这起案件被誉为DNA分析在法医调查中的首次重大成功。法官在宣判时对皮奇福克说："如果不是基因指纹鉴定，你可能仍然逍遥法外。"这句话在全世界产生了很大的影响，并被广泛转载。[17]

在皮奇福克被定罪后，DNA指纹技术迅速在英国的法医学界传播开来，在解决亲子关系或移民纠纷的案件中被认可和接受。在就谁拥有使用这项技术权利（ICI拥有许可证，但内政部声称这项技术是一项公益服务）争论了一段时间之后，内政部和ICI同意分割DNA检测市场，以便ICI负责所有移民案件，内政部负责所有法医刑事案件。因此，在英国，法医科学服务局将是DNA分析的主要开发者，确保法医证据在此后只能来自公共实验室。

细胞标记公司跨过大西洋

为了在世界范围内扩大DNA检测市场，ICI热衷于在其他国家建立检测实验室，特别是在美国，其潜在市场达到每年"数十万次"的DNA检测。[18]1987年10月，美洲ICI通过一个叫美国细胞标记公司的业务部门提供DNA指纹的鉴定服务。该公司最初的业务计划瞄准亲子鉴定市场，一来是为了建立其在美国的声誉，二来是为了建立美国人口基因数据库。他们希望使家庭法领域的律师相信，他们的结果可以准确辨认出每个人的父亲；通过这些证据，他们就可以更容易地争取到庭外和解。

尽管亲子关系是细胞标记公司最初的重点，但在开业不久，该公司也开始接手法医调查案件。[19]据一份报告称，细胞标记公司在运营的第一个月收到了大约 12 份法医样本。然而，直到 1988 年初，细胞标记公司只提供多位点检测，但这种检测对法医案件来说并不理想，因为它通常需要比一般法医样本更多的 DNA。此外，因为多位点探针产生如此多位置相近的条带，所以除非被检测者的身份相对明确（比如在亲子关系测试中，子女的 DNA 图谱只可能是父母的组合），否则测试结果很难解释。虽然该公司很快就推出一套用于法医调查的单位点探针，但它已经在犯罪调查的市场上处于竞争劣势。

当 ICI 进入美国法医市场时，它确信让 DNA 指纹鉴定方法被接受是困难的，这是因为当地极严格的证据采信标准和高度对抗制体系下的法庭。为了在证据采信问题上获得第一手经验，ICI 聘请丹尼尔·加纳（Daniel Garner）为他们的美国实验室主任。加纳在 20 世纪 80 年代作为美国烟酒枪炮管理局（Bureau of Alcohol, Tobacco, and Firearms）的法医实验室的负责人，在法医学方面积累了丰富的经验。

几乎在加纳到达细胞标记新的实验室那一刻，他就开始准备将 DNA 指纹技术引入法庭。为了协助完成这项任务，细胞标记公司聘请了另外两名拥有博士学位的科学家，并在全国建立了顾问网络。在最近的一次采访中，加纳说，验证过程的第一阶段是重复在英国进行的许多实验，并制定额外的质量控制措施。[20]他还广泛咨询了全国各地学术领域的生物学家和法医学家，以了解应做哪些额外的验证工作，以及可能会出现哪些问题。

与 ICI 早期的科技团队同样重要的是它的管理、业务开发和营销团队。如果细胞标记公司要想在 DNA 指纹技术上赚大钱，就必须尽早成为该领域的市场领导者。这一需求的主要原因是，该公司的大部分业务将以先前的案例为基础。当某个公司的技术被某一特定司法管辖区的法院采纳（且在上诉法院一级维持原判）时，检察官就会希望使用这一技术。因为他们不必再举行一个关于证据可采信性的听证会（对科学技术或知识体系的准确性和可靠性进行的正式法庭调查），也不用担心证据在审判中不被采纳。因此，获得市场份额至关重要。这一事实在公司与执法和检察部门建立联系的努力中表现得很明显。通过邮件通讯、出版名为《基准》(Benchmark)的时事通讯、在主要的法律期刊上登广告、在学术会议上发言以及电话推销，细胞标记公司试图使潜在的消费者确信，他们的技术已经很强大并可以在法医市场上随时投入使用。在1988年中期的一封营销邮件中，细胞标记公司负责DNA指纹识别的产品经理安娜·乌奇曼（Anna Uchman）强调了这种技术提供"准确"的身份鉴定和展示犯罪现场样本与嫌疑人之间"决定性"联系的能力。乌奇曼还指出，DNA指纹技术将加快警方的调查，并加强法庭上其他形式的证据。她在信中总结道："由于结果的确定性，DNA指纹（DNA Fingerprinting^{SM}）技术正迅速成为亲子鉴定和法医鉴定的首选检测手段。"[21]

大约在同一时间，细胞标记公司推出了其第一个与法医市场直接相关的广告活动。它的开场标语为"DNA指纹技术将罪犯与犯罪联系起来"，并展示了由双螺旋连接的手铐图像。细胞标记公司的广告称：

警察局、检察官、辩护律师们。他们都在接受一种新的检测技术，该技术是可以确定嫌疑人身份的**DNA指纹技术**。通过**DNA指纹分析**，你知道谁留下了证据，谁没有。所有这些都是通过检查嫌疑人独一无二的遗传物质得到的。(黑体字部分在原文中均为大写字母，译者注，下同。)

现在罪犯留下的确凿证据比以往任何时候都多。因为**DNA指纹技术**能把他们留下的更多东西变成证据。一个毛囊、一滴血或精液、一点皮肤。如果它们含有DNA，这可能就是定罪和无罪释放的区别。

只要一个测试就能得到结论！仅此而已。即使样品来自于混在一起的污渍或多个来源。因为DNA是如此稳定，你可以从几个月甚至几年前的样本中得到很好的结果……

DNA指纹是目前最强大的身份检测服务。这个非凡的技术突破已经被广为验证,并被科学界所接受。[22]

在所有这些营销工具中,细胞标记公司不遗余力地劝说潜在客户,DNA 指纹技术(到 1988 年涉及使用单点和多位点探针的双重分析)能产生决定性的结果,并且该技术被执法部门、法律界以及公众熟知和接受。该公司还强调,DNA 指纹分析的结果将为新旧犯罪现场样本提供"独一无二"的基因鉴定。该公司完全没有警告潜在客户 DNA 分型操作在法医调查中固有的困难。他们把这项技术描绘成一个黑匣子,在黑匣子的一端输入即使是极少量、已存放多年且可能受到污染的取自犯罪现场的证据,另一端也能输出高度精确的个人身份辨认结果。

DNA 分析市场中的竞争:生命密码公司

虽然细胞标记公司有一个具有说服力的营销宣传策略和成熟的技术,但他们并没有支配美国身份鉴定市场。尽管亚历克·杰弗里斯和他在内政部与细胞标记公司的合作者被大众媒体认定为 DNA 分析技术的发明者和开发者,但从历史角度看,这一说法并不准确。杰弗里斯确实发明了一种特定类型的 DNA 分析方法,即 DNA "指纹";但在欧洲和美国,同时也有许多人致力于开发用于法医鉴定的标记系统。其中最成功的是一家名为生命密码的美国公司。生命密码公司于 1982 年以阿克塔根(Actagen)的名称开始运营,最初由三名来自纽约市斯隆凯特林(Sloan-Kettering)癌症研究所的医学科研人员以及一家名为国家蒸馏及化学品集团(National Distillers and Chemicals Corporation)的大型化学品股份公司合资成立。该公司当时开展了一项重大的扩张和重组活动,希望利用生物技术在医学研究和诊断方面有最新发展。[23]

阿克塔根公司最初的研究并未明确地专注于身份鉴定,而是试图利用 DNA 重组技术和遗传标记来帮助诊断癌症和传染病。[24]他们还做了大量的细胞遗传学工作。阿克塔根公司缺乏一个明确的重点,一方面是由于他们的母公司慷慨资助，另一方面是由于不确定哪些研究途径最终会成功，哪些会失败。然而，到了1986年，公司管理层清楚地认识到身份测试是公司最有前途的研究方向之一。大约在这个时候，国家蒸馏厂进行了重组，并更名为量子化学品公司（Quantum Chemical Corporation）。量子公司迅速回购了阿克塔根公司一半股份，并将公司更名为生命密码，以更好地反映它的主要研究。

生命密码公司的创始人向他们的赞助者提出的中心思想之一是在医学研究、身份测试和诊断中使用限制性片段长度多态性（RFLPs）的可能性。其基本思想与杰弗里斯和遗传学界其他许多研究人员所采用的相同：寻找包含可变DNA序列的基因组片段，并找出一种快速、简便的方法来定位个体中的多变序列。这些序列的各种变体可以作为标记，将特定的基因特征与疾病、身体特征、行为甚至个人身份联系起来。

为了寻求这种基因技术，该公司聘请了一些分子生物学家、遗传学家及技术人员。生命密码公司的第一个主要雇员迈克尔·贝尔德（Michael Baird）被请来指导公司的实验室。他在芝加哥大学获得博士学位，主要从事经典遗传学分析工作。从1979年到1982年，他在哥伦比亚大学人类遗传学和医学系做博士后工作，他大部分的分子生物学知识是在那里学习的。贝尔德在生命密码公司DNA分析系统的开发中起到了至关重要的作用，并成为该公司在早期涉及DNA证据的法庭案件中的主要专家证人。他于1993年被任命为实验室业务副总裁。贝尔德加入生命密码公司后不久，公司聘请伊万·巴拉兹（Ivan Balazs）担任研发总监。巴拉兹在阿尔伯特·爱因斯坦医学院获得博士学位，受雇于生命密码公司之前在斯隆凯特林研究所做研究工作。贝尔德和巴拉兹将继续组建一个团队，团队还包括群体遗传学家凯文·麦克厄弗雷什（Kevin McElfresh）。这个团队在20世纪80年代和90年代法医DNA分析方法的发展中发挥关键作用。然而，有趣的是，负责开发"生命密码"系统的博士研究人员中，没有一个曾有过法医案件或执法方面的经验。

单点探针（SLP）与多点探针（MLP）

如前所述，生命密码公司的科学家和杰弗里斯采用的方法有许多相似之处，特别是在分子生物学技术方面。其主要的区别在于，杰弗里斯最初的 DNA 指纹法使用的探针与个体基因组 DNA 中的多个位点结合，而生命密码公司的方法依赖于只与基因组中一个位点结合的高度特异性探针。因此，在生命密码公司的方法中，每个探针只产生两个或三个条带（见图2），而不是如超市条形码那样复杂的条带排列。尽管一个探针不足以解析一个人的身份（因为一个给定的基因座中不同重复数的序列不超过几十种），但使用几个这样的单基因座探针可以建立一个在理论上毫无疑问的用于鉴定某个人身份的 DNA 图谱。

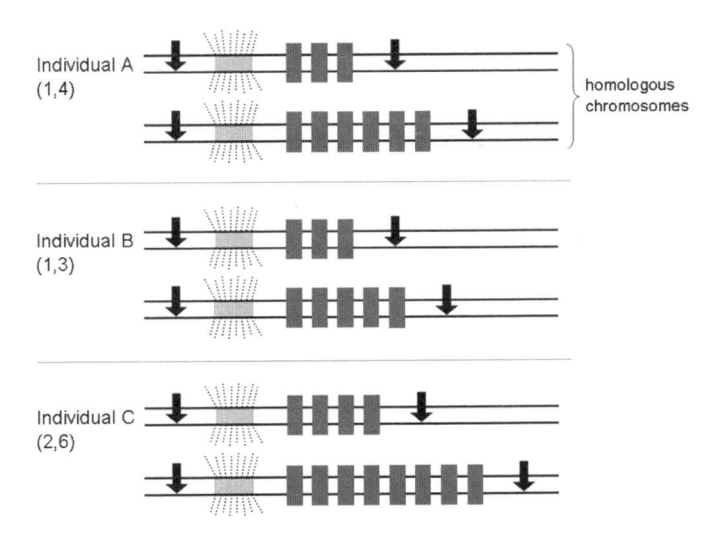

图2a 个体从母亲和父亲各得到一套染色体（Y 染色体除外，Y 染色体只能通过父系遗传）。因此，基因组中几乎每个基因座都有两个拷贝。在这里，个体 A 在这个位点有等位基因 1 和 4；个体 B 有等位基因 1 和 3；而个体 C 有等位基因 2 和 6。许多人可以在一个特定的基因座上拥有同样等位基因（或基因型），但很少有人在许多基因座上拥有相同等位基因。

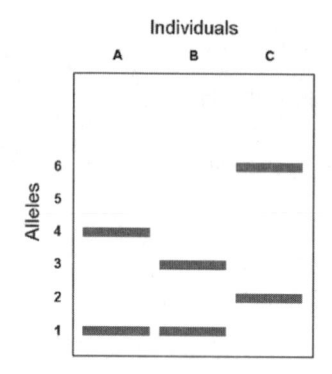

图2b 个体A、B和C的DNA图谱的放射自显影图。由于DNA小片段通过凝胶的速度比大片段快，等位基因1在电泳过程中移动的距离最长，而等位基因6移动的距离最短。该插图由苏珊·海勒·西蒙所制。

与杰弗里斯的多位点探针（MLP）技术相比，这种单位点探针（SLP）技术在法医学应用中具有一些优势。其中最重要的是，SLP技术比MLP技术更敏感。这意味着与MLP相比，SLP试验可以在少得多的生物材料样品上进行。此外，SLP结果更容易测量、观察和向非专业人士解释，因为它们最多由几个条带组成。在检测混合生物样本时，这一特性非常有价值（这在强奸和谋杀等暴力犯罪中非常常见）。事实上，混合样本MLP测试的结果通常无法解释。因此，哪种技术更好，既取决于它对科学工作的适用性，又与为司法体系开发出适销对路的产品相关。正如巴拉兹在2002年2月的一次采访中所说，生命密码公司的科学家非常了解杰弗里斯的工作，但他们相信他们正在开发的技术"从遗传学角度看更可靠……将提供一个强有力的身份证明，足以满足法律界人士举证时所需"。[25]根据贝尔德的说法：

> 我真的认为杰弗里斯的方法是靠复杂的条带排布吸引了所有人的眼球。我们的图谱中，每一个探针只有两到三个条带。他的图谱则是每个探针有好几打（每打为12个，译者注）条带。我想当人们看到它时，他们会说"啊哈，我们得

到了指纹,这是独一无二的,鉴定成功,案件结束"。但我们在胰岛素基因周围的区域也看到了类似的结果,如果在杂交或洗涤的步骤不那么严格时,你也会得到类似这样的几打条带。问题是,要将群体遗传学原理应用于这些条带的分析,我们可不知道该怎么做。群体遗传学原理是一次只研究一个基因,比如用哈迪-温伯格等式进行计算,或者是将从独立基因座中得到的结果组合起来。我们熟悉的所有其他基因检测,无论是亲子鉴定还是法医学实验,都采用了这种方法。所以,我们感觉我们需要一种技术符合我们已有的研究方法。而且,如果设计一种新的算法和操作方法来适应这个新的系统,我们觉得不是一个好办法。[26]

SLP 技术大大简化了 DNA 图谱的检测,使生命密码公司在法医市场上具有竞争优势,直到细胞标记公司在美国开张几个月后推出类似技术。然而,SLP 技术给 DNA 分析增加了新的复杂性,因为检测结果只能用群体遗传学原理和统计技术来解释。两个 DNA 图谱之间的匹配可能意味着以下三种情况之一:它们来自同一个人;在 DNA 图谱分析过程中的某个点出现了错误,例如污染或样本混淆,匹配结果实际上是错误的;出现了巧合或"随机"事件,两个人恰好拥有相同的 DNA 图谱。

因为关于 DNA 分析错误率的数据非常少,因此过去和现在几乎不可能计算两个样本之间匹配错误的概率,这点会在结论中更详细地讨论。在大多数情况下,律师和科学家主要关心的是计算两个图谱之间随机匹配的概率。虽然这在很大程度上超出了本书的范围,但需要注意的是,随机匹配的概率仅描述了从特定人群中随机选择的两个图谱相匹配的可能性。它不会说明由于操作错误导致匹配错误的可能性,或是说明嫌疑人无罪或有罪的可能性。如果犯罪嫌疑人和犯罪现场样本随机匹配的概率是十万分之一,这并不意味着犯罪嫌疑人有罪的概

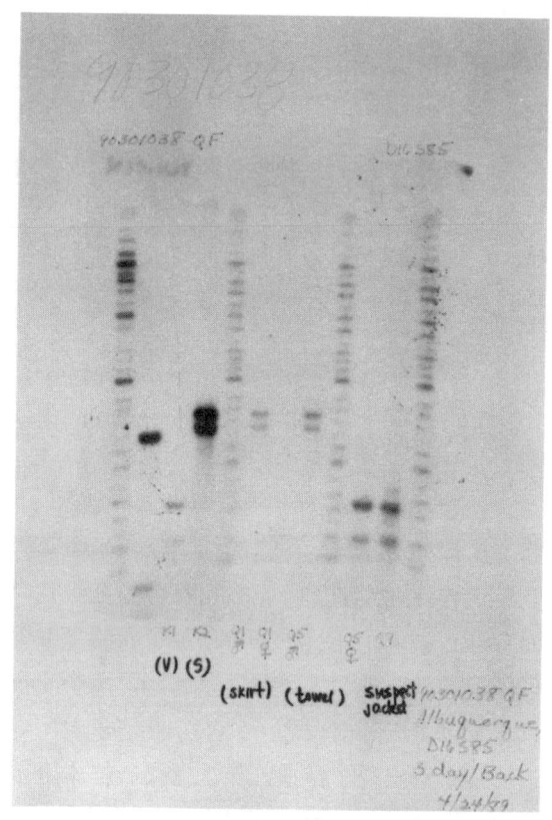

图 2c　FBI 在调查新墨西哥州诉杰伊·安德森（*State of New Mexico v. Jay Anderson*）案时使用的放射性自显影图。这是该州首例 DNA 证据用于提起诉讼的案件。这种质量的放射自显影在当时很典型。凝胶有些扭曲，导致相邻样品 Q5-♂ 和 Q7 中的条带之间有轻微的错位。第一、第五、第九和第十二泳道包含 DNA 分子量阶梯。第二泳道包含已知的对照样本。K1 道上是受害者的 DNA。K2 道上是被告安德森的 DNA。Q1-♂ 道上的图谱来自于受害者裙子上发现的精液污点，而 Q1-♀ 泳道上表示从她裙子上找到的女性细胞中制作 DNA 图谱的失败尝试。Q5-♂ 泳道包含来自犯罪现场毛巾上的精液污点中提取的 DNA 图谱，而 Q5-♀ 包含在同一条毛巾上发现的女性细胞的 DNA 图谱。Q7 泳道上有安德森夹克上血迹的 DNA 图谱。安德森的图谱显示出与裙子和毛巾上发现的精液污渍中男性部分的条带相对应，而受害者的条带似乎与毛巾上和安德森夹克上血液的女性 DNA 图谱相对应。请注意，Q7 泳道中有一个微弱的第三条带。图片由威廉·C·汤普森（William C. Thompson）惠赠。

率是无罪概率的十万倍。即使嫌犯和证据的 DNA 图谱完全吻合，嫌犯的 DNA 完全有可能仅仅是出现在犯罪现场，却与在那里犯下的罪行无关。例如，调查人员发现一名男子与强奸现场的 DNA 证据完全吻合，这一事实并不自动意味着他犯了罪，毕竟，他可能是受害者的男朋友或丈夫。所谓随机匹配的概率等于无罪概率的说法，现在被广泛地描述为"检察官的谬论"。

需要指出的是，这个谬论有个推论，即"辩护律师谬论"。它指的是如果嫌疑人和犯罪现场 DNA 随机匹配的概率是十万分之一，而犯罪发生在一个有一百万人口的城市，那么肯定有十个人有相同的图谱。按照这个错误的逻辑，辩护律师的谬论得出结论是，只有百分之十的可能性，他或她的客户是有罪的。如果能证明其他九名男子都有相同的机会进入犯罪现场（即绝对没有其他证据表明嫌疑人与犯罪有关），这种说法可能是合理的，但这种情况在实践中很少发生。

假设错误匹配不是问题，科学家必须在剩下的两种可能性中做出选择。要做到这一点，他们需要知道 DNA 图谱中的许多等位基因在适当的参考人群中有多常见或罕见，以及基因之间的关联在给定人群中是否比随机关联更频繁。只有回答了这两个问题，科学家才能说出两个图谱来自同一个人或仅是随机匹配的可能性有多大。虽然法医实验室和检察官最初认为这些程序简单明了，但在 1990 年之后，它们将成为争议的主要来源。

因为在一定程度上，等位基因出现的频率由于种族或民族的不同而有所差异，因此计算随机匹配概率的第一步是选定用于计算的人群。在过去和现在，如果无辜的嫌疑人和实际罪犯的 DNA 图谱相同，而该图谱在他们自己的种族或民族人群中很常见，却在用于该案中计算等位基因频率的人群中很罕见（反之亦然），这样就有错误计算无辜的嫌疑人和证据 DNA 之间随机匹配概率的危险。法医实验室最初开发用于检测的等位基因频率数据库时，是基于美国的主要种族或民族群体：白人、黑人和拉丁裔。当法医学家和群体遗传学家开展了对更多特定民族或地域的研究后，数据库的选择才变得相对直接明了。如果一起强奸案发生在艾奥瓦州的一个白人为主的社区中，要是想计算从受害者身上采集的精液样本和嫌疑犯之间随机匹配的概率时，白人群体的数据库无疑会被选中。相似的是，如果一起谋杀案发生在哈林区（Harlem，纽约市的一个区，美国著名的非裔社区，译者注），那么法医实验室将选取黑人的数据库。如果一起袭击案发生在墨西哥裔美国人占主要人口的洛杉矶东部，拉丁裔的等位基因频率数据库将被选用。在更复杂的情况里，比如一个人是多族裔混血，或一个案件发生在高度民族混居的区域，法医实验室将基于多种族数据库并选取最保守的结果。

然而，许多人口遗传学家认为，美国种族结构分类的人口中，很可能存在相当程度的亚结构。换言之，在艾奥瓦州以白人为主的社区中，可能会有挪威、爱尔兰和德国后裔的小圈子，他们倾向于与自己民族的人结婚，而不是与家乡的任何白种人随机结合。各种等位基因的频率，或它们的遗传模式，可能会受到这种婚配行为的影响。

为了用一个简单的、基于独立事件假设的概率法则（通常称为"乘积法则"）来计算任意一个群体中随机匹配的概率，法医学家首先必须确定所讨论的等位基因在该群体中是独立遗传的。尽管下面将更详细地解释乘积规则，但现在我们必须知道它主要用于计算一系列独立事件同时发生的概率。乘积法则只不过是将每个事件的概率相乘。

然而在事件不独立的情况下，必须考虑"条件概率"。条件概率是指某一事件发生的概率取决于另一事件发生的概率。例如，如果一个人想估计同时拥有金发、蓝眼睛和白皙皮肤的欧洲人的比例，这个人理论上可以对欧洲人口的一部分进行调查，找出每个特征的百分比，然后使用乘积法则将所有这些数字相乘。为了说明这一点，我们假设，根据调查，每一种特征都出现在十分之一的人身上。利用乘积法则（$1/10 \times 1/10 \times 1/10$），我们可以得出每1000个欧洲人中就有1人同时拥有金发、蓝眼睛和白皙皮肤。然而，经验告诉我们，这个答案有些错误：金发、蓝眼睛和白皙的皮肤不是随机出现的特征。他在有金发的人群中拥有蓝眼睛的条件概率要比单纯拥有蓝眼睛的条件概率高。这种情况之所以存在,是因为北欧血统的人已经被确定与这些特征相关。因此,几乎可以肯定的是,千分之一是低估了同时拥有这三种特质的欧洲人的真实比例。

在不用考虑条件概率使用乘积法则时,有两种独立性必须先被确定:等位基因在一个特定基因座的遗传和基因座本身的遗传。不幸的是,我们不可能亲眼检查哪些等位基因是连锁遗传的(因为肉眼不可见),所以,我们必须使用其他技术。确定一个基因座内等位基因独立性的最简单方法是使用哈迪-温伯格原理。它是一种群体遗传学模型,它对群体做出了某些假设。当这些假设得到满足时,就可以得出关于基因型预期频率(基因图谱的术语)的结论。这一原理说明,基于随机交配的条件,以及一系列重要的假设——无世代重叠现象且群体足够大时,特定基因座的等位基因会随机组合。因此,在随机交配的情况下,等位基因频率和基因型频率之间的关系特别简单。比如,在一个基因座内的两个等位基因,[27]C 和 c,或称"大 C"和"小 c",它们在群体中的概率是 p 和 q(p+q=1),那么预期的纯合基因型(即相同等位基因的两个拷贝)CC 的频率为 p^2,杂合基因型(即每个等位基因的一个拷贝)Cc 为 2pq(使用因子 2 是因为雌配子可以携带 C,雄配子可以携带 c,或者相反),而 cc 的频率为 q^2。如果某一特定位点的等位基因是随机遗传的,那么这个群体就被称为处于"哈迪-温伯格平衡",通常缩写为"HWE"。如果某一特定位点的等位基因的特定组合存在偏差,那么这个群体就被称为处于"哈迪-温伯格不平衡"。遗传学家已经在许多情况下验证了这一原理,并发现对于一个等位基因相对另一个等位基因没有优劣之分的遗传系统来说,这一原理非常准确。重要的是要认识到,一个群体的成员在婚配时,从一些特点上看是随机的,如血型,但对身高、肤色或其他可见标记来说就不是这样。

如上所述,一旦确定了某一特定基因座内等位基因的独立性,就必须对我们用来创建遗传图谱的基因座进行同样的操作。也就是说，有必要找出一个位点等位基因的遗传与另一个位点等位基因的遗传之间是否存在某种联系。在遗传学中，"连锁"一词用来描述不同基因座的等位基因在配子（精子或卵子）形成过程中的关联程度。卵子和精子是通过减数分裂过程产生的，在减数分裂过程中，有两条染色体的细胞分裂成两半。在这一过程中，每一条染色体的两半之间经常会发生遗传物质的交换。关于连锁，最重要的是要记住，如果等位基因A1（位于A位点）和等位基因B1（位于B位点）彼此关联（在同一配子中发现）的频率符合人们预期的随机组合的频率，则它们被称为连锁平衡。如果它们是非随机关联的，则称为连锁不平衡。为了使用简单的统计来计算两个图谱之间随机匹配的概率，图谱中的等位基因必须相互独立（即随机关联）。如果等位基因A1和B1非随机地相互关联，这使得拥有A1的个体更有可能也有B1，因此，A1、B1的DNA图谱在一个连锁不平衡的群体中出现的频率将比人们期望的随机组合的频率更高。如果不同基因座的等位基因之间是随机关联的，则称群体处于"连锁平衡"，通常缩写为"LE"。如果不同基因座的等位基因是非随机遗传的，则称群体处于"连锁不平衡"状态。至少在最初，DNA分析中使用的基因座被认为是连锁平衡的，因为它们位于不同的染色体上，尽管这一假设已在卡斯特罗案中被辩方质疑。下一章会详述这起案件。

假如符合HWE和LE，乘积规则可用于计算两份图谱之间随机匹配的概率。如上所述，乘积规则指出，为了确定一组事件都一起发生的概率，只需将它们各自的发生概率相乘即可。比如说，如果两份图谱在三个拥有多等位基因的基因座处匹配，匹配的等位基因在相关群体中出现的频率为：

基因座A，等位基因A1：10%；等位基因A2：15%
基因座B，等位基因B1：5%；等位基因B2：1%
基因座C，等位基因C1：15%；等位基因C2：3%

那么可以计算出此图谱的随机匹配概率为2(0.10)(0.15)×2(0.05)(0.01)×2(0.15)(0.03)＝(0.03)(0.001)(0.009)＝0.00000027,大约是三百七十万分之一。重要的是,乘积规则的使用要求等位基因以随机方式遗传。如果所有这些看起来令人困惑,那么要记住的唯一重要事情是,为了轻松计算两个图谱之间随机匹配的概率,至关重要的是要知道这些图谱的组成部分是否是独立继承的。如果 HWE 的假设适用,那么事件发生就是独立的。

法医实验室最初对 HWE 进行了一个简单的测试,即计算 HWE 下预期的纯合子频率,然后将其与观察到的频率进行比较。这个实验是基于"华伦德原则(Wahlund's Princple)",该原则认定在含有不同亚群的群体中,纯合子率比随机交配群体中的纯合子率要高。因此,如果观察到的频率与随机交配条件下的预期频率相似,则认为在计算该种群随机交配的概率时使用乘积规则是合适的。最初,生命密码公司和细胞标记公司均宣称他们的种族/民族数据库符合 HWE,并且可以直接套用乘积法则。除了这个计算之外,法医实验室还基于两个主要假设来评估 HWE:第一,数据库的来源(通常是血库捐献者)是给定种族的代表性样本;第二,种族内的个体随机交配。

虽然这些假设最初没有受到辩方挑战,但辩护律师聘请的遗传学家最终开始质疑这些假设。在长时间的法律斗争过后,辩方专家们才从人口数据库中获得了原始数据并发现,与私营实验室的说法相反,它们的数据库中存在"过剩"的纯合子(拥有两个相同等位基因拷贝的个体)。换句话说,纯合子的数量要比根据哈迪-温伯格原则推测出的要多。在辩方眼里,这就是数据库,即目标人群,不符合 HWE 的证据。法医科学家和检方专家为他们的数据库辩护说,纯合子的"过剩"是表面上的,不是真实的。它并不代表人类群体的实际情况,而是 DNA 印迹杂交技术局限性造成的结果。具体来说,非常小的 DNA 片段通常会从凝胶的末端脱落,大小相似的片段往往会"结合"成一个无法区分的片段。正如我们将在第 6 章中看到的那样,辩方专家们最终会声称,通过估算与 HWE 的偏离程度来检测人口的亚结构在科学上是站不住脚的,因为在太多的情况下,亚结构产生的影响不足以使用这种方法进行检测。相反,他们认为揭示亚群体的唯一方法是对大量亚群体的等位基因频率进行大规模的实证研究。

生命密码公司的早期开发工作

杰弗里斯在学术环境中几乎是偶然地发明了 DNA 指纹技术,与他不同的是,生命密码公司基本上在最初开发鉴定技术时就以商业化为目标。从 1983 年到 1985 年,该公司花费了大量的时间和资源来开发 SLP 技术,明确为将它应用于法医 DNA 分析。这一过程的第一步是选择一组基因标记系统,它们检测的基因必须有足够的多样性,以便在这些系统一起使用时,可以产生独一无二的 DNA 图谱。

一旦做出这一决定,贝尔德和巴拉兹领导的研究小组也面临着一项艰巨的挑战,即验证这种方法在实际法医调查和法庭上使用的有效性。这一过程包括研究污染和采样时间对 DNA 的影响;确保结果的可靠性;制定可用于证明实际检验成功进行的控制措施。[28]他们还必须建立数据库和发展统计技术,使他们能够确定特定基因座上的特定等位基因的出现频率。

巴拉兹认为,这项工作的开展并不仅仅是为了让科学界相信单位点探针技术是有效和可靠的。法律系统的要求对做或不做某些实验的决定也起着至关重要的作用。巴拉兹告诉我,由于生命密码公司的验证工作面向多个群体,这意味着他们除必须要满足本行业的需求外,还要兼顾那个与他们标准和价值观迥异的律师和法官群体。1983 年至 1985 年期间,生命密码公司的科学家所做的许多实验工作明确旨在满足将新型科学证据引入法律系统的基本要求。[29]这一全面的验证过程完全由国家蒸馏器/量子化学公司买单,它们显然看到了 DNA 分析的巨大潜在利润。[30]

生命密码公司还与当时担任纽约市首席法医检察官办公室血清学

部门主任罗伯特·沙勒（Robert Shaler）合作，对存放在冷藏室长达三年的作为法医学实际证据的血迹进行检测。在进行这项研究的同时，该公司还与纽约血液中心合作，以证明他们的 DNA 分析测试结果对确定亲子关系是有效的。基于 DNA 结果与常规人白细胞抗原（HLA）和血液蛋白质分析的比较，他们于 1984 年 11 月在美国人类遗传学学会（American Society of Human Genetics）报告了他们的结论，DNA 分析可以用来取代常规检测或提高它们的检测能力。[31]在生命密码公司把他们的技术于 1987 年末引入法庭时，《法医学杂志》（*Journal of Forensic Sciences*）上的两篇论文以及与纽约血液中心合作，成为生命密码公司坚称该技术的有效性和可靠性的基础。1986 年，该公司宣布，由于这些实验，"当调查员使用这种新的测试方法来确定两个样本是来自同一个人还是来自不同的人时，他们可以确信他们的发现是可靠的"。[32]这些研究工作也出现在生命密码公司的广告宣传活动中。它早期的一则广告暗示：该公司从 1982 年到 1987 年的努力确保了"DNA 印迹（DNA-Print）"测试结果可以被客户所信赖。[33]

生命密码公司为"DNA 印迹"身份鉴定测试揭幕

当生命密码公司感觉到他们有了一种可以上市的产品后，公司的科学家和高管们都意识到他们需要让法医和执法部门了解他们的 DNA 测试。由于生命密码公司到当时主要是一家研发机构，因此该公司在法医学领域没有很多的经验或联系人。为了弥补这些缺失，生命密码公司的管理层从纽约法医办公室聘请了沙勒来指导公司的法医商业化开发工作。沙勒的工作是为公司提供与法医学界的联系，并帮助公司的科学家"穿过法庭的迷宫"。[34]

沙勒的首要任务之一是帮助该公司开发营销材料，使法医界相信"DNA 印迹"将为执法部门确定个人身份的工具箱提供一个新的强有力的补充。在生命密码公司最初的宣传材料中，开篇即称 DNA 分析测试是一种"极其精确的工具"，它允许"在最基本的水平——脱氧核糖核酸（DNA分子）上对生物证据进行检查"。[35]他们认为，与旧的鉴定形式相比，这种技术有三个优势。首先，袭击者或杀人犯不可能以任何方式改变他们的DNA特征。如果一个人试图改变他或她的DNA图谱，这种改变会导致没有检测结果，而不是错误的结果。因此，检测不可能出现假阳性。[36]几乎每一个在司法体系中DNA证据的支持者都会广为传播这一概念，但在那些对DNA证据持怀疑态度的人群中则到处受到挑战。第二，生命密码公司声称DNA证据会比指纹证据在更多的案件中被收集到，因为它几乎存在于所有生物材料中，而且比血液蛋白质更稳定。最后，他们指出"DNA印迹"的结果比起其他种类身份鉴定的结果更容易数字化存储。[37]

生命密码公司的早期营销工作

和细胞标记公司一样，生命密码公司也进行了大量的公关工作，包括派代表参加律师和法医科学家的专业会议，以及在这些团体可能阅读的期刊和杂志上刊登广告。两家公司都试图表现出DNA检测的简易性和相对于旧鉴定方法的优越性。在1988年的一则广告中，生命密码公司宣称它的"DNA印迹（DNA-PRINT™）"测试做亲子鉴定会如同儿童游戏一样"简单。这则广告描绘出一个族裔不清的小婴儿拿着一个木槌，上面写着"判决结果出来了"。这家公司不仅试图证明这项技术是有效的、可靠的，且可被法庭系统接受的，而且技术上还很简单。该公司更进一步声称"DNA印迹"是"唯一经法庭证实的基于DNA的检测，被99.9%的法庭接受"，还指出其工作人员中包括20名博士。广告的结论是："有了如此压倒性的证据，难道现在不是要把（这项技术）前所未有的准确性作为你判例的时候吗？"（美国是实行判例法的国家，即先前案例的判决可以成为审判当前案件的基础，译者注）。该广告根本没有提到这一技术尚未在对抗性法庭程序中得到检验的事实。虽然DNA证据已被用于许多民事诉讼，还在一次法医鉴定后使被告得以无罪释放，但这一技术从未成为任何一次有关证据可采信性听证会的主题。[38]

注释

1. "Quantum Chemical Corp Reports Earnings for Qtr to Dec 31," *New York Times*, 30 January 1988, http://query.nytimes.com/gst/fullpage.html?res=9E05EFD71726E630BC4953 DFBE6E958A; and Cellmark Diagnostics, *DNA Fingerprinting* (Germantown, MD, 1988), reprinted in U.S. Senate Committee on the Judiciary, Subcommittee on Constitution, *DNA Identification*, 101st Cong., 1st sess., 1989, 92–114.
2. 该案件受到英国媒体极大关注，多家报纸报导了案件细节，包括 Brian Silcock, "Genes Tell Tales," *Sunday Times*, 3 November 1985, 13, and Andrew Veitch, "Son Rejoins Mother as Genetic Test Ends Immigration Dispute/Ghanian Boy Allowed to Join Family In Britain," *Guardian*, 31 October 1985.
3. Veitch, "Son Rejoins Mother."
4. 同上。
5. Sheona York, e-mail to author, 19 November 2001
6. 必须注意的是，尽管我们不清楚这些所谓"垃圾 DNA"的功能，但这不意味着他们没有作用。
7. 限制酶被认为在细菌对其它生物免疫反应中起到重要作用。
8. 有关这个过程的较完整概述，见 Lorne T. Kirby, *DNA Fingerprinting: An Introduction* (New York: Stockton Press, 1990). 该过程以其发明者 E.M.Southern 命名。他最初在这篇文献中描述整个过程，E. M. Southern, "Detection of Specific Sequences among DNA Fragments Separated by Gel Electrophoresis," *Journal of Molecular Biology* 98, no. 3 (1975): 503–517.
9. A[lec] J. Jeffreys, V[ictoria] Wilson, and S[wee] L[ay] Thein, "Hypervariable 'Minisatellite' Regions in Human DNA," *Nature* 314,

no. 6006 (1985): 67–73.

10. Alec J. Jeffreys, Victoria Wilson, Swee Lay Thein, "Individual-Specific 'Fingerprints' of Human DNA," *Nature* 316, no. 6023 (1985): 76–79.

11. Michael Lynch, "God's Signature: DNA Profiling, The New Gold Standard in Forensic Science," *Endeavour* 27 (2003): 93–97.

12. "DNA Fingerprinting: DNA Probes Control Immigration," *Nature* 319 (1986): 171.

13. Robert Walgate, "Futures: You and Nobody Else: Focus on the Technique of Genetic Fingerprinting," *Guardian*, 8 November 1985.

14. Alec Jeffreys, interview with Michael Lynch, 6 August 1996, lines 1001–1007, O.J. Simpson Murder Trial Papers and DNA Typing Archive, #53/12/3037, Division of Rare and Manuscripts Collections, Cornell University Library (hereafter cited as Simpson MSS), Box 4, Folder 20.

15. 不幸的是，由于英国的法律文件只需要保存六年，我无法追踪到有关这次听证会的任何信息。

16. Z. Wong et al., "Characterization of a Panel of Highly Variable Minisatellites Cloned from Human DNA," *Annals of Human Genetics* 51 (1987): 269–288.

17. Craig Seton, "Life for Sex Killer Who Sent Decoy to Take Genetic Test," *Times*, 23 January 1988, 3.

18. 细胞标记公司第一本DNA分型手册的导言开宗明义地写到每年在美国数十万起法庭案件中，法官和陪审团能否做出公正的裁决，取决于能否确定一个人的身份。这发生在亲子关系诉讼和刑事案件中。谁是孩子的父亲？在犯罪现场发现的一滴血是否来自现在受审的被告。公司背景部分强调了细胞标记公司与其母公司的财务关系。手册指出，细胞标记公司"利用"了ICI公司每天拨给研究工作的 200 多万美元，其中很大一部分用于"分子生物学和基因探针的开发。" Cellmark Diagnostics, *DNA Fingerprinting*, 13.

19. California Association of Crime Laboratory Directors, *DNA Committee Report #2*, 19 November 1987, 7. 细胞标记公司最初对亲子鉴定收取的费用是：每份样本 200 美元（涉及母亲、疑似父亲和孩子的鉴定平均费用为 600 美元），外加专家出庭作证的费用每天 500 美元。法医案件的标准费用是：每个准备好的样本 285 美元，外加样本准备费用 80 美元（外加每小时人工费 75 美元），外加每天专家作证费用 500 美元。这两种服务的电话咨询都是免费的。取证工作也可通过电话或在细胞标记公司的办公室进行。前半小时免费，无博士学位的雇员咨询费为每小时 75 美元，有博士学位的每小时 150 美元。摘自 Cellmark Diagnostics, *General Questions and Answers*, June 1988, personal collection of Arthur Daemmrich.

20. Daniel Garner, interview with author, 24 January 2002.

21. Anna D. Uchman of Cellmark Diagnostics to Attorney, 20 July 1988, case file of *Minnesota v. Schwartz*, 1989 (SIP No. 89903565/C.A. No. 88–3195), Hennepin County District Attorney's Office.

22. Cellmark advertisement, "DNA Fingerprinting Links the Criminal to the Crime," 1988, publication information unknown, personal collection of Arthur Daemmrich.

23. "Quantum Chemical Corp Reports Earnings," *New York Times*, 30 January 1988.

24. Lifecodes, "DNA-Print™ Identification Test" (publicity brochure), 1988, 20–21, personal collection of Arthur Daemmrich.

25. Ivan Balazs, interview with author, 13 February 2002.

26. Michael Baird, interview with author, 19 February 2002.

27. 在这种情况下，遗传学家通常用大写字母表示一个等位基因，用小写字母表示另一个等位基因。哈代-温伯格原理可以扩展到多等位基因系统，但频率的计算会变得更加复杂。当存在多个等位基因时，遗传学家通常使用数字和字母的组合来表示每个等位基因——例如，C1、C2、C3 等。

28. Michael Baird, interview with author, 19 February 2002.
29. Ivan Balazs, interview with author, 13 February 2002.
30. Baird interview. 生命密码公司将几乎全部的确认性实验结果相继刊登在《法医科学杂志》1986 年 4 月号上。一些内容也在 1985 年 8 月于哥本哈根举行的第 11 届法医血液遗传学大会上公布。见 Alan M. Giusti et al., "Application of Deoxyribonucleic Acid (DNA) Polymorphisms to the Analysis of DNA Recovered from Sperm," *Journal of Forensic Sciences* 31, no. 2 (1986): 409–417; and Evan Kanter et al., "Analysis of Restriction Fragment Length Polymorphisms in Deoxyribonucleic Acid (DNA) Recovered from Dried Bloodstains," *Journal of Forensic Sciences* 31, no. 2 (1986): 403–408. 这两篇论文的最终结论是，生命密码公司的技术能够成功地从干血迹和性活动后的生物液体中识别个人身份。这一说法的依据是他们在自己的实验室中使用模拟强奸和谋杀案的标本进行的大量实验。
31. Balazs et al., "The Use of Restriction Fragment Length Polymorphisms for the Determination of Paternity" (paper presented at the American Society of Human Genetics, Toronto, Ontario, 1984) *American Journal of Human Genetics Supplement* 36:476.
32. Lifecodes, "DNA-Print™ Identification Test," 6.
33. Lifecodes, publicity materials, "DNA-Print Test Makes Proof-of-Paternity Child's Play," 1988, personal collection of Arthur Daemmrich.
34. Baird interview.

35. 同上。
36. 同上。
37. 正如科技哲学学家西蒙·科尔所指出的，长期以来，如何记录身份信息，并使这种方法可以随时随地使用是各国每个执法部门的目标。Simon Cole, *Suspect Identities: A History of Fingerprinting and Criminal Identification* (Cambridge: Harvard University Press, 2001).
38. *Oklahoma v. BJ Hunt*, 15 September 1987, unreported. 据多家媒体报道，生命密码公司确定在犯罪现场发现的血液确实是被告的。不过，陪审团认为，他出现在案发现场的房子里并不一定能证明他有罪。他被无罪释放。此案仍是该公司代表首次出庭作证。见 Janny Scott, "Chemists Told of Advances in 'Genetic Fingerprinting,'" *Los Angeles Times*, 8 November 1987.

第三章 法庭上的 DNA

安德鲁斯案

1987年秋天，在生命密码公司的技术从未受到证据可采信性听证会审查的情况下，庭审终于有了改变。那时，24岁的汤米·李·安德鲁斯（Tommie Lee Andrws）涉嫌一起强奸案，在佛罗里达州的奥兰多被押上法庭。他因凌晨在该市东南部一位妇女的院子里徘徊而遭到逮捕。这位妇女居住的街区在去年一年内发生了近24起强奸、入室抢劫或袭击事件。这些犯罪的情况非常相似，警方很快认定，他们要对付一名连环强奸犯。安德鲁斯很快成为主要嫌疑人。几乎在所有案件中，一个男人都会在午夜后进入女人的家，在她准备睡觉或睡觉时攻击她。在所有情况下，这个男人都竭尽全力遮住受害者的眼睛，以防止被她看到。只有众多受害者中的第一个——27岁的南希·霍奇（Nancy Hodge），声称她能够清楚地看到这个男人的脸。

这名罪犯有一些特殊的习惯，比如在袭击过程中多次开关灯，以及在离开现场前检查该妇女的驾照。[1]这个人还非常小心地消除他留下的任何痕迹。将所有强奸和攻击案联系在一起的另一个特征是，犯罪者似乎非常了解受害者的生活规律。在第一个受害者被强奸前的六周，她报告说她的院子里发现了一个小偷。强奸犯告诉另一名女子，他观察到她与男友发生性关系，并想对她做同样的事情。基于这些信息，警方在强奸犯之前袭击过的地区建立了社区巡逻队。这些努力在1987年3月1日早上得到了回报，在一名妇女报警说她的院子里有一个小偷后，安德鲁斯被逮捕。

第二天早上，霍奇来到警察局，通过照片辨别确认了安德鲁斯是强奸犯。基于这一认定,安德鲁斯在霍奇案以及在他被捕前一周发生的类似强奸案中被控性侵犯和持械入室盗窃。奥兰治县地方检察官办公室指派州检察官助理蒂姆·贝里(Tim Berry)处理此案。贝里立即意识到,他很难给安德鲁斯定罪。虽然标准的法医血型分析显示安德鲁斯可能犯了罪,但分析结果与几乎三分之二的美国男性都相符。[2]案件中有限的指纹证据表明安德鲁斯在现场,但并不确凿。安德鲁斯有不在场证明——那天晚上他从未离开过他的家,他的同居女友和她的妹妹可以证明。据该案的大多数评论者说,这一有限的证据不会导致定罪。我们在综合评价这一观点时必须要考虑到,这一观点是在人们知道 DNA 证据将在案件中发挥作用的情况下做出的,但可以肯定的是,目击者的陈述和传统的法医证据并不能保证判定他有罪。

在与贝里就此案进行讨论时,他的同事、州检察官助理杰弗里·阿什顿(Jeffrey Ashton)向他建议,该考虑使用一种新的法医鉴定技术,即 DNA 分析,阿什顿几个月前就意识到了这一点。根据阿什顿 1989 年 3 月在美国参议院司法委员会作证时的证词,他第一次听说 DNA 分析是在 1986 年底,当时媒体报道了发生在英国的恩德比(Enderby)谋杀案的调查工作。他对该案的细节非常感兴趣,并希望这项技术将在美国得到应用。[3]阿什顿继续说,1987 年夏天他在一本佛罗里达州律师刊物上看到一则题为"他带着他父亲的基因"的生命密码公司广告后,他对这项技术的兴趣再次被点燃。想到它是在恩德比案件中进行法医测试的公司,阿什顿致电生命密码公司,以便了解其是否在美国提供这项服务。尽管他记错了实际上开展测试的公司(细胞标记公司是与此案有关联的公司),但生命密码公司告诉他,他们确实做过法医 DNA 分析。[4]当时,阿什顿手头上并没有任何需要这种测试帮助的案例。然而,他确实有一种预感,"不管我们要在哪个案子中做这个(测试),(这个案子)都需要有重大意义。在这个案子中,身份识别是唯一的问题,而且我们可以说服法院和我们自己的办公室向这个新领域投入资金"。[5]

佛罗里达诉汤米·李·安德鲁斯案（Florida v. Tommie Lee Andrews）就是这样一个例子。贝里和阿什顿觉得他们别无选择，故决定尝试一下 DNA 测试。阿什顿联系了迈克尔·贝尔德，讨论把从几起强奸案中提取到的样本送交生命密码公司的可能性；贝尔德很快同意由生命密码公司对样本进行测试。1987 年 8 月，证据从奥兰多空运到该公司在纽约的瓦尔哈拉（Valhalla）实验室，在那里，法医科学家艾伦·朱斯蒂（Allen Giusti）做了 DNA 分析。根据生命密码公司的结论，该检测显示安德鲁斯无疑是六个案例中两个案例的精液来源。有了这个强有力的结果，贝里现在的任务是说服法官，这一新的证据应该被法庭接受。

新科学证据的可采信性

在安德鲁斯案件发生时，几乎所有司法管辖区关于判断科学证据可采信性的主要权威是弗莱诉合众国案（Frye v. United States）。[6]在这起 1923 年的案件中，被告对初审法院排除对他有利的测谎仪测试结果的决定提出上诉。哥伦比亚特区基于以下逻辑驳回上诉，维持了初审法院的判决：

> 一个科学原理或发现恰好跨越了实验阶段和可对公众展示阶段之间的界限的时刻是很难界定的。在这个模糊地带的某个地方，该原理作为证据的力量必须得到承认。虽然法院在接受自公认的科学原则或发现中推导出的专家证词方面会走很长一段路，但是推理的基础必须足够经得起推敲，且应在其所属的特定领域获得普遍接受。[7]

上述声明提出的要求——生成证据技术背后的原理必须在相关科学界被广泛接受，已被称为"弗莱规则"或者"弗莱标准"。在实践中，弗莱规则意味着法官有责任把握特定科学领域（或一组科学领域）的脉搏，以决定某个特定的想法或技术是否已被足够多的科学家接受，从而在法庭上被认为是有效和可靠的。

几十年来,这种确定科学证据可接受性的特殊方法的优缺点一直是法律界激烈辩论的主题。在法医 DNA 分析的背景下,这些辩论的具体方式将在本书中详细探讨。[8]该标准的支持者认为,新科学证据的可接受性将基于科学家的判定来确定,这才令人放心,而不是由对技术方面知之甚少的审判法官来决定。该标准的批评者指责它在实践中难以执行,并担心它会将相关证据拒之法庭门外,特别是那些用最"尖端"的科学技术得到的证据。根据这种观点,不仅很难确定某一特定形式的证据属于哪一个领域才合适,而且也几乎不可能精确地界定"普遍接受"(即多少共识才算足够)。此外,许多人认为弗莱标准对证据的哪些方面必须被普遍接受的规定是模糊的。[9]

佛罗里达州的方法

虽然安德鲁斯案件应该被视为第一个根据法医 DNA 证据判定有罪的案件,但在许多方面,就这种新型科学证据的可采信性而言,它是孤立的。在安德鲁斯案的时代,佛罗里达法院判断科学证据可采信性的具体方式是该州法律界争论的焦点。第五区上诉法院在安德鲁斯的上诉听证会上的开场陈述是:"我们首先承认在这个州适用的判定新科学技术证据可采信性的标准存在一些不确定性。"[10]

佛罗里达法院在判断新型科学证据的可接受性时,并不仅仅依赖弗莱标准。相反,包括安德鲁斯的审判地在内的佛罗里达州的许多法院使用的是"相关性方法"。C.麦考密克教授(McCormick)在其 1954 年关于证据的著作中,曾提出了弗莱法则的替代方案。他写道:"'在科学界的普遍接受'是法院从司法角度对科学事实认知的一个适当条件,但不是科学证据可采信性的一个标准。任何由合格专家证人支持的相关结论都应被接受,除非另有排除它的理由。"[11]应该指出的是,佛罗里达法院不能自由接受任何证据。根据既定的先例,他们必须评估证据的可靠性。但是最终还是通过法官的自由裁量来决定可靠性——普遍接受只是众多可考虑因素中的一个。他或她还必须评估证据会误导陪审团或使他们感到疑惑的可能性，以及所提供的证据和审判中存在争议的事实性问题间的相关性。

根据《佛罗里达证据法》，"如果科学、技术或其他专业知识将有助于事实的审查者理解证据或确定争议中的事实，则在知识、技能、经验、培训或教育方面具有专家资格的证人被允许以发表意见的形式对此作证；然而，只有在意见可应用于审判证据的情况下，意见才是可接受的"。[12]因此，在安德鲁斯案中，检察官并不必须要表明法医DNA分析在科学界被普遍接受。他们只需要找到一个证人以消除法官对证据可靠性的担忧。

安德鲁斯案审判：第一部分

安德鲁斯案预审的证据可采信性听证会于 10 月 19 日星期一开始。控方请大卫·豪斯曼博士（David Housman）出庭充当一位可信任的证人，以证明该技术的有效性和可靠性。豪斯曼自 1975 年以来一直是麻省理工学院的生物学教授，他的学术资历令人印象深刻。他在布兰代斯大学（Brandeis University）获得了科学学士和哲学博士学位后，在麻省理工学院完成了分子遗传学博士后工作，并在回到麻省理工学院之前在多伦多大学任教两年。在该案庭审前，他已经发表了约 120 篇论文，也是许多期刊的编辑委员会成员，并为国家卫生研究院审核基金申请。

庭审前不久，贝里联系了豪斯曼，并询问他是否愿意在此案中担任顾问专家。在他同意之后，豪斯曼接到一份案件摘要，生命密码公司的代表也拜访了他。在审判之前，他参观了生命密码公司的实验室，在那里他检查了公司的实验步骤、现场操作和质量控制措施。一个在审判后期才被注意到的问题是，豪斯曼没有目睹对安德鲁斯案件相关证据进行的实际检测，因为这些测试是在他到达之前完成的。对于安德鲁斯案数据，他唯一能做的就是检查实验室的记录本，以确定研究人员是否遵循了正确的程序。[13]

尽管豪斯曼在学术和医学研究方面有丰富的经验,但他从未参与过任何法医调查。(在 DNA 分析历史的这一阶段,理解法医操作中产生的偶然事件被认为对评估 DNA 分析相关技术的有效性和可靠性来说不重要。)至少从检察官和法官的角度来看,豪斯曼的首要责任是利用他作为一名公认的分子遗传学家的信誉来证明 DNA 分析作为一套分子生物学技术的有效性、可靠性和常规性。正如我们将很快看到的,随着 DNA 证据在越来越多的案例中成为一个因素,它的性质和专家的角色都发生了巨大的变化。

在法庭上,豪斯曼告诉法官,他认为 DNA 分析是分子遗传学研究的标准技术。他说,他在实验室里每天例行使用这种技术 5 到 10 次,而且"在世界各地的实验室中,这个检测的基础都是类似的"。[14]他接着说,这项技术可用于诊断至少十种人类疾病以及癌症,并用于涉及植物、动物、细菌和其他无脊椎动物的基因研究。他还告诉法官,生命密码公司使用的法医 DNA 分析方法与学术界和医疗界至少十年来使用的方法相同,有许多同行评议的出版物从研究角度描述了该技术。仅根据这一信息,法官判定 DNA 证据在审判中是可采信的。

听证会上没有详细讨论的一个主要问题是,与豪斯曼在实验室环境下的工作相比,DNA 分析在法医调查中的应用是否有任何不同。他在这个话题上唯一的评论是,虽然从精液中提取 DNA 的过程与从血液中提取 DNA 的过程不同,但这不会导致最终结果有任何重大偏差。这个问题将在 1989 年卡斯特罗案中变得引人注目。

10 月 20 日星期二,安德鲁斯的审判在选择陪审团成员后正式开始。第二天,陪审团开始听取检方的证据。豪斯曼再次首先作证,他重申了他几天前的证词,并告诉陪审团支持 DNA 检测的基本技术和分子生物学工具。他不厌其烦地指出,这些技术和工具在科学界被广泛使用,并且自它们首次在同行评议的科学期刊上发表以来的十年中没有受到过挑战。

周四，朱斯蒂和贝尔德就用于分析本案证据的过程作证，贝尔德一步一步地向陪审团成员展示测试过程。然后，贝尔德向陪审团展示了霍奇案中使用的原始测试结果，再向他们展示了安德鲁斯的 DNA 图谱与强奸犯的完全匹配。然后他告诉陪审团，本案中随机匹配的概率是一百亿分之一。

辩方：无路可走

安德鲁斯的辩护律师哈尔·乌里格（Hal Uhrig）面对如此确定无疑的证据感到几乎无能为力。他说，要找关于 DNA 证据的其他来源的信息，已经"无路可走"。尽管他给他认为是全国最好的大学（包括哈佛大学、斯坦福大学和纽约大学）的生物系打了电话，但他说似乎没有人特别有兴趣帮助他。当他能够与遗传学家和分子生物学家交谈时，对方告诉他，他们不愿意挑战豪斯曼的证词，因为豪斯曼是一个那么受人尊敬的顶级研究员。乌里格回忆说，豪斯曼就像科学界的"天使"。与他交谈的科学家普遍认为："如果豪斯曼检查了证据，说它是好的，那么它几乎肯定是好的。"[15]检方律师宣称，辩方未能请来任何专家反驳证人的证词或对该技术提出异议，这就是该技术在科学界被认为是有效和可靠的证明。[16]

由于缺乏任何真正的专家建议，乌里格决定遵循他的直觉，挑战对他来说 DNA 证据最令人困惑方面：当地球上只有 50 亿人时，与安德鲁斯随机匹配的概率怎么可能是 100 亿分之一？当贝里让贝尔德解释说这个数字是基于公认的统计实践时，乌里格反对说这种证词是不可接受的。尽管这次挑战本身并不是特别高明，但它让贝里猝不及防，因为他根本没有真正考虑过这个问题。由于无法为统计证据的采信提供法律依据，法官宣布陪审团在做出裁决时不能考虑关于可能性的统计结果。现在，陪审团只能判定匹配的 DNA 图谱作为证据的价值，而不知道这些图谱有多常见或多罕见。结果是陪审团意见不一。陪审员们认为，如果没有其他佐证，他们不能相信霍奇的记忆，至少有一名陪审员强烈反对使用这种新技术来确定安德鲁斯的有罪或无罪。

没有判决并不意味着安德鲁斯会获得自由。除了此案的重审之外，两周后，他还要接受另一个审判，罪名是盗窃、殴打和强奸一名27岁的妇女，当时她的孩子睡在隔壁房间。就像在第一次安德鲁斯审判中一样，豪斯曼、贝尔德和朱斯蒂出庭作证，证明了DNA分析的有效性、可靠性和它已被科学界接受的事实。贝尔德还讨论了正在使用的统计技术的有效性和可靠性。他声称生命密码公司使用的DNA测试符合孟德尔遗传学的规则，符合哈迪-温伯格平衡的要求。[17]然后他展示了实际测试的结果。他向陪审团展示了该案件的自显影图，请他们亲眼看到安德鲁斯的图谱与强奸犯的完全吻合。在阿什顿的提示下，他告诉陪审员，本案中随机匹配的概率为1:8,3991,4540。[18]由于不想再次面对质疑时猝不及防，阿什顿已经为这一概率统计结果的可采信性准备了一份论述，并附上先前类似证词被采信的先例。这一策略有效地阻止了辩方在这个问题上的挑战。

乌里格又一次找不到任何遗传学家或分子生物学家愿意证明DNA分析的任何方面在科学界的地位还没有被确定。由于缺乏在第一次审判中行之有效的针对统计数据的攻击策略，他徒劳地试图攻击三位检方证人的可信度。他认为贝尔德和朱斯蒂不可信，因为他们与审判中接受DNA证据的决定有经济利益瓜葛，他接着声称豪斯曼也是带有偏见的，因为"他通过每周做5到10次这样的（非法医用途的）测试来获取薪水"。[19]

乌里格还声称，在这个案件中特定的检验是不可信的，因为公司以外的人实际上没有目睹它。他暗示在进行测试的过程中可能出了什么问题，例如，试剂或酶可能被污染或变质，或者凝胶制备不当。作为对这些说法的回应，检方证人和律师提到了生命密码公司"非常严格的质量控制程序"，以及用于确保测试结果正确的详细实验步骤、实验记录和对照样本。[20]根据贝尔德、朱斯蒂和豪斯曼的说法，测试任何方面可能出现的，所有能想到的问题都会在测试过程中的某个时候被注意到。检方律师对他们在这个问题上的证词总结如下：

> 如果凝胶制备不当，结果可能会受到影响，但通常会使测试不成功，而不是得到错误的结果。电压波动不太可能影响结果。如果电导率出问题，你同样将得不到任何结果，而不是错误的结果。如果溶液配制不当或酸碱度错误，也是如此——没有结果与错误的结果截然不同。前述的对照组样本确保了这一过程的准确性，因为它们也会受到这些问题的影响。这个问题的底线是该类型的测试只能出现两种结果的一种。要么你看到的条带排列是清晰可辨的，要么DNA样本不存在，或测试没能正确进行，这样你就得不到结果。豪斯曼博士在他的学生进行的测试中看到了这一点。[21]

这种对该技术的表述明显是检察官为了让技术本身看起来完美无瑕而进行的一次尝试。因此，唯一可能发生的错误是人为错误。[22]

在交叉质询和结案陈词中，乌里格没有提供任何证据来反驳这些论断。虽然这些论断中没有一个被用科学方法证明（特别是那些涉及不可能出错的陈述）或出现在同行评审的文章中，初审法院和上诉法院却把它们当做事实。就在DNA分析历史的这个阶段，没有一个人拥有足够的知识和专业能力去反驳DNA证据的支持者。

根据审判期间出示的DNA结果以及其他证据，陪审团认定安德鲁斯有罪，判处他22年监禁。1988年2月2日，安德鲁斯再次返回法庭，这次是为了重审霍奇案。这场审判本质上是安德鲁斯第二次审判的翻版，检方专家提出的指控没有受到乌里格的质疑。这一次，乌里格对DNA测试结果的主要挑战是生命密码公司只检测了安德鲁斯DNA序列的一小部分，而不是全部。贝尔德很容易地应对了这一挑战，他向陪审团解释说，只有基因组高度可变的区域才能提供关于个体身份的信息。[23]2月5日，陪审团开会约90分钟，并做出有罪裁决。安德鲁斯被判额外的78年监禁，使他在两次审判中的总刑期达到

100年。

在上诉中，佛罗里达州第五区上诉法院发现，初审法院在根据《佛罗里达州证据法》§90.702 中描述的相关性和可靠性测试标准接受 DNA 证据方面没有错误。法院做出这一决定的核心理由之一是 DNA 测试"在所有目的上都基本相同"，且已经在分子遗传学、疾病诊断和医学研究中使用了近十年。此外，它也是许多同行评议文章的主题。法院写道："这种测试在司法界以外的广泛使用是可以显示该技术可靠性的证据。"[24]法官们还被检方的论点所影响，即测试程序中的任何错误都将导致没有结果，而不是不正确的结果。法院利用这一主张立即驳回了上诉人关于测试不可靠的论点。[25]此外，被告找不到专家证人作证，这一事实似乎向法院表明，测试是可靠的，本案的结果是准确和可信。[26]法院引用纽约的一个民事案件，在该案中，DNA 证据被采用。法院还援引了本章开始时描述的在英国的那些案件，作为该技术已经在获得司法认可的过程中的证据。[27]

在其结论中，法院试图将 DNA 分析与一类所谓的科学证据区分开来，那些证据在过去曾被法院接受，但在后来的某个时候被发现不可靠或错误。"与来自催眠、吐真剂和测谎仪的证据相反"，法庭认为，"来自 DNA 指纹鉴定的证据是基于成熟的科学原则……鉴于本案中的证据表明，测试是按照公认的科学程序进行的，尽最大可能确保结果的可靠，上诉人未能在这一点上表明错误"。[28]凭借这一声明，生命密码公司在将其产品确立为美国法律体系中首要的法医 DNA 鉴定测试方面取得了重大胜利。

司法界的快速认可

如果说在 1987 年受 DNA 证据影响的案件还像是涓涓细流，到 1988 年，泄洪闸就被打开了。部分是因为媒体对安德鲁斯一案的正面报道，DNA 证据被描述为对他定罪的**唯一**决定性因素；部分则是因为细胞标记公司和生命密码公司的积极营销活动，两家公司很快被测试的请求淹没。事实上，到1988年底，这两家公司的专家已经在15个州超过35起案件中提供了关于DNA证据的证词。他们还在大量警方的调查中提供了证据，在这些调查中，被告在得知此类证据存在后认罪。不幸的是，关于这种情况发生的案件数没有可靠的统计数据，但至少有一名辩护律师估计，1988年和1989年在几百起左右。[29]

无论如何，到1988年初，在一系列正在审理的案件中，DNA证据均被认定为可采信的，而辩方几乎没有做出挑战。仅在佛罗里达州，就有8起案件在庭审时按照安德鲁斯案的先例采信了生命密码公司的DNA证据。在其中一起案件，即佛罗里达州诉马丁内兹案（*Florida v. Martinez*）中，生命密码公司计算出的随机匹配概率为两千三百四十亿分之一。使用一个几乎是世界目前总人口50倍的数字是"荒谬的"，虽然辩护律师反对这一统计学的证词，但他没有提供任何专家证人的证词来表明这一计算所依据的原则有什么问题。[30]因此，初审法院和第五区上诉法院都裁定该概率证据可以被接受。

马里兰州（细胞标记公司包揽了那里DNA测试业务）和德克萨斯州法院在四起案件中接受了DNA证据，每起案件都没有受到辩方的严重挑战。在德克萨斯州的一个涉及连环杀手的案件中（德克萨斯州诉洛克哈特，*Texas v. Lockhart*），在没有任何审前听证的情况下，法庭根据佛罗里达的一个案件接受了DNA证据。以下这些州至少在一个案件中接受了细胞标记公司或生命密码公司提供的DNA证据，且辩方未提出重大挑战：阿拉巴马州、科罗拉多州、佐治亚州、爱达荷州、堪萨斯州、密歇根州、俄亥俄州、俄克拉荷马州、南卡罗来纳州和弗吉尼亚州。《美国新闻与世界报道》（*US News and World Report*）援引乔治华盛顿大学法医学教授詹姆斯·斯塔尔斯（James Starrs）的话说："就像四眼天鸡（美国卡通片形象，每次警告镇上居民天要塌下来，镇上居民便疯狂寻求掩护，译者注）说天要塌了一样，提起DNA，辩护律师就跑了。"[31]

然而，这种对DNA证据的无条件接受并非是完全普遍的。虽然美国大多数辩护律师面对 DNA 证据时无力对它进行严肃质疑,但却有几个重要的例外。在纽约州的奥尔巴尼(生命密码公司)和印第安纳州的韦恩堡(细胞标记公司)进行的审判中,由辩护律师请来的专家辩称 DNA 分析方法没有得到充分的同行审查,而且所使用的统计方法在科学上无效或不被普遍接受。检察官们对这些指控的回应不仅是让他们自己的证人出庭反驳辩方的证词,而且成功地说服法院,辩方证人不属于负责判断该技术有效性和可靠性的相关科学团体。

第一次挑战

在纽约州人民诉乔治·卫斯理案和纽约州人民诉卡梅伦·巴雷案(*People of New York v. George Wesley* and *People of New York v. Cameron Bailey*, 533 N.Y.S.2d 643, 1988)的联合证据可采信性听证会(这次联合听证会将在后文中被称为卫斯理-巴雷听证会)中,辩方第一次真正传唤证人对检方关于任何 DNA 分析技术都有效和可靠的论断提出质疑。[32]卫斯理-巴雷听证会于 1987 年 12 月 11 日开始,并在 1988 年夏季又举行了多次,以确定生命密码公司的"DNA 印迹"系统是否符合弗莱标准的要求。由于这些案件发生在同一管辖区(纽约奥尔巴尼县),并涉及相同的基本问题(DNA 证据的可接受性),为节省时间和金钱,两案的弗莱标准听证会合并举行。

在每起案件中,检方都要求法院下令从被告身上抽血,以便进行 DNA 检测。在巴雷案中,被告被控强奸一名妇女,该妇女据称因此怀孕。检察官希望确定贝利是被流产胎儿的父亲。在卫斯理案中,被告被控对一名 79 岁的妇女犯下谋杀、强奸、鸡奸未遂和入室盗窃罪。卫斯理和受害者都是一个精神残疾者护理机构的顾客。在本案中,有大量的法医证据将卫斯理与谋杀案联系在一起(包括在被告和受害者公寓中发现的血迹斑斑的衣服、头发样本和纤维样本)。此外,被告向警探做出自相矛盾的陈述,将自己牵连进了这项罪行。[33]因此,DNA 证据只是为了支持一个已经事实很明确的案件,而不是作为唯一的证据来源。检察官丹尼尔·德怀尔（Daniel Dwyer）在开庭陈述中告诉法庭，检方希望引入 DNA 证据，以便建立它在未来案件中的可采信性。[34]

此时，全国各地的检察官已经在建立一个由杰出科学家组成的令人印象深刻的团队，团队成员愿意在 DNA 可采信性听证会上作证。首先，生命密码公司和细胞标记公司自己的科学家在检察官准备出庭时作证并提供帮助，这其中包括了许多在科学界受人尊敬的成员。此外，在学术界享誉盛名且受人尊敬的分子生物学家、遗传学家和医学研究人员似乎非常乐意为这项技术作证，尽管他们对生命密码公司在实验室里实际上做了什么知之甚少。虽然检察官直接联系了许多专家寻求帮助，但是另外的专家是由鉴定公司直接推荐给检察官的。例如，细胞标记公司整理了一份"独立专家证人"的名单，并将其分发给对在法庭上使用 DNA 证据感兴趣的检察官。至少在最初阶段，这些"独立"专家主要是来向法官传授分子生物学和群体遗传学的基本知识，以及证实私人公司对数据所做的解释。这份名单包括豪斯曼、邦妮·布隆伯格（Bonnie Blomberg，迈阿密大学医学院的研究员）、乔治·森萨博（George Sensabaugh，加州大学伯克利分校的法医学教授，他最终成为 DNA 分析争议的主要参与者）、亨利·李（Henry Lee，康涅狄格州的法医科学家，因在 O. J. 辛普森谋杀案中担任辩护证人而名声大噪）以及来自不同大学的三名法医学家。[35]

不过，这份清单只是检察官们最开始的选择。例如，在卫斯理-巴雷案中，后来的诺贝尔奖得主理查德·罗伯茨（Richard Roberts）就同意代表检方作证。（1993 年，他因 70 年代和 80 年代在分离和开发限制酶中的工作获得此奖）罗伯茨告诉我，DNA 双螺旋结构模型的发明人之一詹姆斯·D. 沃森（James D. Watson）把他推荐给德怀尔（沃森曾经是罗伯茨在冷泉港实验室的老板）。[36]那时，罗伯茨在冷泉港经营着一个实验室，负责分离和保存当时可用的大部分限制酶。检方的另一个重要证人是肯尼斯·基德（Kenneth Kidd），一位来自耶鲁大学的著名遗传学家。当时，基德是绘制人类基因组图谱初期工作的杰出领导者，并管理着一个以诊断和医学为研究目的进行 DNA 测试的人类遗传学重点实验室。罗伯茨和基德毫不犹豫地在法庭上就 DNA 分析的有效性和可靠性作证，这表明在科学界这个问题上几乎没有争论。

另一方面，辩护律师面临着非常不同的情况。他们发现几乎不可能找到像罗伯茨或基德这样的学术界科学家来证明 DNA 分析的任何一方面没被科学界普遍接受。造成这种情况的一个主要原因可能是，在大多数学术研究人员熟悉的医学研究和诊断领域内，科学界对该技术的有效性和可靠性几乎没有争论。在这些与法医研究无关的环境下，样品通常与一个家族中的其他几个样本一起分析，家庭成员样本本身就是对照组，可能出现的结果范围有限，血液样本通常很充足，重新进行分析毫无问题。另一个原因是，在这项技术的早期历史中，一些非常有影响力的科学家，其中最著名的是豪斯曼、罗伯茨和基德，认可了法医 DNA 分析。他们的背书可能会阻止其他科学家仔细检查这项技术在法医界的应用。

大多数遗传学家在他们当地的报纸上看到了称赞在刑事案件中使用这种技术的报道，因而他们没有理由相信这种技术有任何问题。早期对该技术提出批评的一个障碍是，大多数关于法医 DNA 分析的技术文章都发表在专门的法医杂志上，如《法医科学杂志》《犯罪实验室文摘》（*Crime Laboratory Digest*）和《国际法医科学》（*Forensic Science International*）。这意味着，能够直接参与同行评审的群体仅限于阅读法医学期刊的人。这些人大多是刑侦实验室的人员，他们对遗传学或分子生物学知之甚少，也没有接受过这方面的培训。被大多数生物学家广为阅读的期刊（如《科学》《自然》和《美国人类遗传学杂志》）则只刊登对法医测试步骤的基本叙述、验证试验中获得的初步结果以及特定条带在主要种族和民族人群中的出现频率。这些早期的文章里很少有人提出对受污染的 DNA 法医样品进行分析、放射自显影图上条带的测量、概率统计、人群中的亚结构或任何未来会突然出现并影响该技术有效性和可靠性的因素等方面的问题。这意味着生命密码公司和细胞标记公司的具体程序方面和统计方面的结论很少有机会在同行评审中受到批评和怀疑。在1987年和1988年的大部分时间里，任何科学期刊都没有对这些问题进行争论。

公开发表的学术作品缺乏对DNA分析的思辨性交流，这一问题又因这两个原因变得更为严重：两个私营公司的探针和数据库均为私有财产，且学术界科学家很难得到法医样品对技术开展有效性检验。自由获取用于进行DNA测试的材料（尤其是探针）和用于检测特定等位基因频率的数据库将成为1989年中期关于DNA证据争议的主要方面。

这种情况只是在全国的辩护律师开始找到愿意接受他们求助的科学家时才有所改变。在卫斯理-巴雷案的弗莱标准听证会中，辩护律师第一次请来专家证人来质疑检方对该技术的意见。尽管辩护律师道格拉斯·鲁特尼克（Douglas Rutnik）尽了最大努力，但他还是无法说服该案的法官约瑟夫·哈里斯（Joseph Harris）相信生命密码公司的"DNA印迹"技术路线在法庭上使用还不成熟。检察官的证词仍占压倒性的优势，以至于不能使法官认为他应该认真考虑否定DNA证据的可采信性。弗莱标准听证会上作证的第一位检方证人是迈克尔·贝尔德，他花了大量时间向哈里斯法官讲授生物学几个方面的基本知识。就像在安德鲁斯案中，他的证词以简明的遗传学历史开始，随后他阐述了生命密码公司进行DNA测试的过程，最后，他解释了当两份DNA图谱的所有条带相吻合会意味着什么。在他解释每一个步骤时，检察官都会问贝尔德生命密码公司所使用的程序和原理是否被科学界普遍接受。贝尔德对测试的各个方面做出了肯定的回应。接下来，检察官和法官都向他询问了测试的几个具体方面。从法官的提问中可以清楚地看出，本案法官在证据可采信性的听证会开始时，对遗传学或分子生物学的最基本知识一无所知。例如，在贝尔德回顾测试的基本科学细节时，法官打断他问到："基因这个术语，和DNA这个术语有什么关系？"[37]后来，他又问："博士，什么是染色体？"[38]此类基本问题贯穿整个庭审的其余部分，检方专家达到了教育法官的目的。

贝尔德证词中最有趣的一个方面是，他一直努力主导DNA证据可采信性的法律标准的话语体系。虽然当时在法律研究界和法庭上都有关于这个话题的激烈辩论，但贝尔德在出庭期间让整个话题看起来很简单。他认为法律上的可采信性标准与科学界的验证标准是同义词。这样，有关可采信性辩论的表现方式就从向法官解释该技术是否被科学界普遍接受转变成生命密码公司在建立其DNA分析实验室时是否遵循了普遍接受的验证程序。[39]因此，这次弗莱标准听证会的中心问题就成了生命密码公司是否遵守自己的规则和标准。[40]贝尔德对可采信性的标准描述如下："它实际上可以分为两部分，即方法必须被证明是有效的，而且进行测试的实验室也应该被证明是合适的。"[41]然后，他列出了需要被验证的方法必须满足的四个标准：

1. 在同行评议的期刊上发表，以确保"独立的外部科学家"在它发表前已经检查过这篇文章
2. 结果能被至少另外一个实验室复制
3. 您必须证明所使用的方法对特定类型的测试样品有效
4. "备份测试"的可能性必须存在[42]

贝尔德接着指出，生命密码公司满足了所有这些标准。关于第一和第二个问题，贝尔德称，怀曼（Wyman）和怀特（White）早在1980年就在《（美国）国家科学院院刊》上发表了"讨论生命密码使用的DNA探针种类"的文章。他还提到了亚历克·杰弗里斯和其他人关于DNA指纹技术的文章，生命密码公司在《美国人类遗传学杂志》（*American Journal of Human Genetics*）上发表的文章，中村等人1987年在《科学》上发表的文章，以及英国内政部和生命密码公司在《法医学杂志》上发表的专门讨论法医问题的文章。当法庭问贝尔德这些群体是否"在科学界得到认可"时，贝尔德回答说是，而且他们的结果与生命密码公司一致。[43]

对于第三个问题，他说需要解决一系列不同的问题，以确保DNA

分析背后的方法有效性。首先，必须遵守"所谓的遗传学定律"。他把孟德尔遗传和哈迪-温伯格平衡（HWE）列入定律清单。当被检察官问及生命密码公司是否测试过他们为检验 HWE 使用的探针时，贝尔德回答说,他们确实测试过,而且"基本上表明我们获得的每个人 DNA 图谱样或印迹是非常不同的，因为使用一系列 DNA 探针获得的 DNA 图谱就像指纹一般独特"。（如第 2 章所述，生命密码公司进行了 HWE 检测，以确保其数据库中没有群体的亚结构。如果数据库中代表的群体不是随机交配的，那么人们将会发现测试结果将与 HWE 有差异。）当检察官要求"给我们一个统计数字"时，贝尔德回答说，测试的准确率远远超过 99.99%。[44]关于最后一个问题，他说："就我们在生命密码公司所做的 DNA 测试而言，世界上有数以百计的实验室可作为备份测试。任何从事分子生物学或重组 DNA 研究的实验室都对我们做的 DNA 测试技术了若指掌。"[45]

贝尔德还回答了环境因素是否会影响 DNA 测试结果的问题。他回答说，许多同行评议的研究表明，无论是证据被发现的地点，还是热量、湿度或紫外线（在大多数法医案件中，紫外线是环境影响的最常见来源）都对 DNA 没有任何显著影响。[46]在证词中，贝尔德不遗余力地推广 DNA 分析这种零错误率的技术。

> 从我们的实验和观察来看，生物证据附着的地点对 DNA 分子本身没有影响。所以基本上我们发现 DNA 测试是可行的，因为它总会给你一个答案，它不会给你错误的答案。如果 DNA 因某种原因被高度降解或者存在的量不够，它可能不会给你答案。但是你不能通过任何一种已知的环境效应来改变 DNA 的图谱。[47]

在完成了对该技术本身有效性的讨论后，贝尔德继续阐述了他的观点，即实施该技术的实验室也必须经过某种验证后，新的科学证据才能被接受。他作证说，这一进程有四个主要组成部分：

第三章 法庭上的 DNA

1. 做测试和解释测试结果的科研人员
2. 存在质量控制机制
3. 必须有一个盲测项目
4. "实验室本身的经验"

根据贝尔德的说法，生命密码公司有"内置于测试本身"的极好的质量控制机制，其存在是为了"确保结果具有可信度"。[48]该质量控制制度包括分析从法医样本中分离的 DNA 以确定其质量和数量，通过使用对照样本确保限制性酶正常工作，对用于运行 DNA 测试的设备进行维护，以及检查试剂的质量。当法院要求贝尔德澄清质量控制程序"是由机器控制还是由人控制，以及出现人为错误的可能性有多大"时，贝尔德回答说：

> 因为质量控制错误而得到错误结果的情况，我从未见到过。可能会有这样的情况，你可能从不正确的解决方案或诸如此类的事件中得不到任何结果。但就得到错误的结果而言，在我看来，不可能是质量控制错误。我再次说明，每一个测验中都有一个 DNA 的对照样品，这样你可以通过查看对照样品来确定一切都是正确的。我以前见过这样的对照样品，所以我知道在那个测试中所做的一切都是正确的。[49]

关于第三点和第四点，贝尔德描述了自 1985 年以来生命密码公司参与的各种"外部盲测"和其他测试项目。他回顾了加州刑侦实验室主任协会调查案件中的实验室结果，指出虽然他们不能把所有发送给他们的样本进行分析（因为质量差），但他们正确地鉴定了他们所有能提交结果的样本。他还概述了该公司逐渐进入法医身份检测市场的历史，主要是为了说明该公司在发展"DNA 印迹"技术方面是缓慢而审慎的。[50]

在交叉询问中，辩护律师鲁特尼克立即试图降低贝尔德的可信度，指出如果法庭确定 DNA 证据是可采信的，他和他的公司将从中获得经济利益。在鲁特尼克开始探讨这个问题的几分钟后，法官终于觉得他已经受够了这样的问题，将其打断。从这一点来看，法官似乎已经下定决心，认为这项技术是有效和可靠的，并不认为财务问题与科学技术的有效性有任何关系。在这场讨论结束时，他对贝尔德说："不管你是否赚钱，我都要认为这项技术在科学上是可靠的，对吗？"贝尔德毫不犹豫地做出了肯定的回答。[51]在辩护律师提出要求驳回检方就生命密码公司和细胞标记公司的探针是不同的而提出的抗议时，法官做了类似的评论。那时，他告诉贝尔德："这里的大多数证词都说明，不管怎样，这个东西（技术）是完全准确的。我就让你来回答这个问题。"[52]

虽然贝尔德的证词在以前所有涉及 DNA 证据的案件中基本上没有受到质疑，但本案的辩护律师道格拉斯·鲁特尼克认为贝尔德的证词最好应该由与生命密码公司无关的科学家来评判。因为当时还没有一群愿意评判 DNA 证据的科学家，他向在纽约州已颇具规模的刑事辩护律师团体寻求建议。辩护律师巴里·谢克（Barry Scheck）当时在一起已定罪的案件中了解到 DNA 鉴定技术。他向鲁特尼克推荐了理查德·博罗夫斯基（Richard Borowsky）和内维尔·科尔曼（Neville Coleman）。谢克和他在法律方面的合作者彼得·纽菲尔德（Peter Neufeld）曾与这两位科学家探讨人类白细胞抗原（HLA）测试和血型分析（这两者是 DNA 分析的先驱）方面的问题。

根据与这两位科学家的交谈，鲁特尼克开始基于三个主要理由质疑生命密码公司的 DNA 证据。第一试图削弱控方证人的可信性的标准做法，认定他们有偏见，且会从审判结果中获取经济利益。[53]不过，和以前的情况一样，这种策略似乎效果不太好。辩方使用的第二个主要策略是挑战生命密码公司实际DNA测试中的科学理论和方法基础。具体来说，博罗夫斯基认为，生命密码公司进行的群体遗传学研究太有限，无法确定生命密码公司所研究的种族/民族群体是否符合 HWE（即随机交配，至少在特定基因座的特定等位基因组合的遗传方面），或者是公司探针目标位点的等位基因在多大程度上达到连锁平衡（LE，即不同基因座的等位基因随机关联）。他认为数据库中没有足够的个体来做出这样的判断。在这起案件中，博罗夫斯基从来没有能够完全分析生命密码公司的 HWE 计算，因为该公司不会公布原始数据让他有可能这样做。博罗夫斯基指出了生命密码公司经常宣称的一个论点中存在的基本缺陷：由他们的探针所检测的等位基因肯定符合 LE 的原因，仅仅是它们并非是在同一个染色体上，即不存在物理连接。[54] 由于生命密码公司没有充分证明 HWE 和 LE，博罗夫斯基认为用乘积法则计算两个 DNA 图谱之间随机匹配的概率在科学上是不合理的。

辩方采用的第三个主要策略是让法庭相信生命密码公司的方法、探针和操作流程还没有经过足够的科学界同行审查。如果他们能证明这一点，这就意味着生命密码公司的 DNA 鉴定技术并不符合弗莱标准中证据可采信性的标准。根据这个质疑，辩方宣称在同行评审的期刊上发表不一定构成相关科学界对某一理论或技术的普遍接受。科尔曼在证词中称，他对"同行评议"的定义与检方证人不同。对他来说，这仅仅意味着这篇文章已经被一个符合标准的人检查过了，并确保没有遗漏什么重要问题，且文章的所有基本要素都合理。另一方面，普遍接受是一个需要很长时间的过程，而同行评审是一个相对有限的过程。[55]他认为，这项技术只是最近才被发明，以至于它还没有时间在相关的科学界广为流传，而且这项技术的私有性使得希望审查该公司结论的独立研究人员很难开展工作。他告诉法庭，如果要知道生命密码公司关于其方法和探针的同行评议论文是否会被科学界普遍接受，还需要大约两年半到四年的时间。[56]博罗夫斯基指出，贝尔德引用的许多验证生命密码公司探针的论文事实上并没有明确提到这些探针。他们只讨论了类型相似或针对相似 DNA 序列的探针。科尔曼还批评生命密码公司将公司计划提交给同行评议期刊出版的一篇论文的原稿也塞进了证据中。他告诉法官，这篇文章目前没有任何效力，只不过是"一页文字的集合"。[57]

以同行评审并不构成普遍接受的论断为支撑，鲁特尼克迫使理查德·罗伯茨承认，尽管生命密码公司使用的四种探针已经经历了同行评审的过程，但可能从未由独立实验室实际测试过。[58]这一策略是对贝尔德断言他**可以想象到**有数百个实验室可以验证公司结果的直接反驳，也是对罗伯茨声称 DNA 分析并非新科学原则的直接回应。贝尔德曾说过"任何从事分子生物学或重组 DNA 研究的实验室都对我们做 DNA 测试的技术了若指掌"。[59]

当鲁特尼克问罗伯茨，他是否真的测试过生命密码公司的探针，以证明它们的工作方式与该公司在其发表的论文中报告的相同时，罗伯茨回答说："我没有亲自测试过，有可能文章的审稿人测试过。但是，它是可以测试的。不过，这不太可能，不太可能被测试过。"[60]法官似乎对同行评审的工作方式感到困惑，然后插话道："那么，当文章发表在像这样的知名杂志上之前，科学界会有测试一篇文章结果的要求吗？"罗伯茨对这个问题的回答是："不，人们会关注报道实验的质量、报道实验的性质以及由此产生的数据。人们出于信任接受这些数据，除非有充分的理由不这样做。"鲁特尼克和罗伯茨接着进行了如下对话：

> 鲁特尼克：那不是一个因素吗，博士，在一个同行评审杂志上发表你的研究步骤的原因之一，难道不是让其他科学家有机会尝试相同的技术，或是这篇被评审的文章与同行发表的文章中描述了相同的步骤，以使其有客观性吗？对吗？
>
> 罗伯茨：对，绝对正确。
>
> 鲁特尼克：不，我对你的问题是，博士，如果你读了这些生命密码公司发表的描述这些探针的文章，就你所知，有任何人检测过这几个探针以确定它们是否如生命密码公司所说的那样工作吗？
>
> 罗伯茨：嗯，我不知道四个探针是什么，所以我真的不

能回答这个问题。

　　鲁特尼克：博士，这些探针获得了专利，并由生命密码公司独家拥有，这难道不是事实吗？

　　罗伯茨：我不知道。听说是这样，但我自己不知道……

　　鲁特尼克：博士，让我问你这个问题：根据你的知识，如果没有人专门测试生命密码公司所用的探针，这会改变你对生命密码公司探针的科学上可靠性的看法吗？

　　罗伯茨：我不这么认为。

　　鲁特尼克：如果没有其他人测试它们呢？

　　罗伯茨：这不会改变我的看法，因为我认为他们正在做的事情，他们做得很好，他们用不同的探针重复在其他实验室里做过很多很多次的工作。所有的探针都有生命密码公司所用探针的特性。它们不是在做不寻常的事情，而是在做非常普通的事情。[61]

　　几分钟后，鲁特尼克和罗伯茨又进行了一次有趣的交流，辩方试图强调"同行评审"程序中的一些缺陷。尽管鲁特尼克没有在他的发现上深究，罗伯茨承认信任和权威在"科学方法"中起着非常重要的作用。鲁特尼克开始了这次对话，他问道："实验室的独立检查对你判断他们测试程序的可靠性是否重要？"

　　罗伯茨：答案是肯定的，但以一种相当微妙的方式。

　　鲁特尼克：您能解释一下吗？

　　罗伯茨：这就是，当一篇论文发表在科学期刊上时，实验室一般不会为了证明研究发现是正确的而去重复实验。真正发生的事情是，他们在已经发表的工作的基础上，计划新的实验。如果你再做下一个实验时发现有问题，那么你可以回去检查一下之前的结果。所以这是一种无罪推定的情况。人们认为发表他们工作的科学家是正确和诚实的。只有在你发现有问题时你才真的会回去检查。

鲁特尼克：所以没有任何客观的方法来测试一个人说他做了什么，对研究工作的检查仅仅是基于他所说的事情和新的科学实验？

罗伯茨：是，这是正确的。

鲁特尼克：这就是它的工作方式？

罗伯茨：是的，这就是科学方法。[62]

这样的问题又持续了几分钟，直到鲁特尼克问罗伯茨，如果没有人实际检测过生命密码公司的探针，他如何确定随机匹配永远不会发生。罗伯茨回答说，尽管他不是群体遗传学专家，但他觉得他可以信任这家公司，因为它雇佣了"著名的科学家"。他回答说他们确实测试过探针：

> 他们通过取样对探针进行了测试，我想生命密码公司的数据库包含三千多人，他们知道那些条带在 3600 人中出现的概率。既然我根据他们发表很多文章等原因而有理由相信生命密码公司的人是有声望的科学家，那么他们的实验做的应该是准确的，于是我推定他们用合理的方式选取了 3600 人，因此他们的结果在科学上是可信赖的。但是我不是那个能靠看数据给你专家意见的人。你需要问一个非常了解人群中等位基因频率的群体遗传学家，以获得他们关于样本是否正确选择的专家意见。[63]

然而，鲁特尼克并没有被罗伯茨对生命密码公司的科学家的信任所说服。他告诉罗伯茨，探针没有经过独立实验室的客观测试，这就让他感到不安。不过，罗伯茨试图让鲁特尼克减轻疑虑，回答说生命密码公司是可信的，不需要独立验证。他告诉鲁特尼克，他事实上对该公司很满意，因为他看到……类似于在《美国人类遗传学杂志》上看到的一个柱状图和一些数据图标。其中报告了他们对这个超过三千人群体上的实验结果和各种等位基因在群体中出现的频率……如果我看到那个数据,我会很高兴地相信它。我觉得没有必要让人出去复制它。我的意思是,这些实验很简单,你可以在相对较短的时间内教高中生,甚至是律师如何做这些实验。[64]

检方以各种方式回应了辩方的质疑。在最直接的层面上,检察官让肯尼斯·基德(Kenneth Kidd)和理查德·罗伯茨反驳两位辩方专家的证词。他们辩称,生命密码公司最近提交的文章在科学上是合理的。根据这份证词,哈里斯法官得出结论,没有必要让来自更宽泛领域的科研人员认可生命密码公司的工作,因为这两位在各自领域享誉全球的科学家已经在本案中审查了这篇文章。[65]

贝尔德也回到证人席反驳科尔曼和博罗夫斯基的证词。他指出,在他和整个科学界看来,生命密码公司所使用的数据库已经足够大,足以建立 HWE 和 LE。此外,如果对这些数据库进行适当分析,很明显,所讨论的群体(具体来说是美国黑人和白人)处于哈迪-温伯格平衡,并且所研究的基因座表现出连锁平衡。然而,他认为,由于某些表现型出现的频率比预期高或低,所以应该对随机匹配计算的概率进行一个小的修正。基德认为,必要的修正系数非常小,但为了谨慎起见,应该接受一位数级别的误差。因此,基德解释说,博罗夫斯基在群体遗传学上的担忧实际是一个小问题,可以用一个小修正因子来解决。法官接受了基德的论点,即生命密码公司的统计学证据是可靠的,因此裁定其可被采信。[66]他还接受了基德对科尔曼有关同行评议说法的反驳。基德认为,生命密码公司所做的群体遗传学研究不能被重复,它必须使用与较可控的科学研究(如基于实验室的)不同的标准去分析。他进一步驳斥了科尔曼的言论,即分子生物学研究中使用的探针需要在文章发表前经过严格审查。相反，探针在科学界的传播和使用已经被同行评审。[67]

检方使用的另一个主要策略是攻击两名辩方证人的可信度。博罗夫斯基告诉我，在他作证和重新召开弗莱标准听证会之间的六周时间里，"他们对我的背景进行了彻底的调查，可能采访了曾经与我谈话的每一位业内人士"。[68]他接着说，对他的交叉质询中的很大一部分内容是试图攻击他在那里的动机。

检察官对科尔曼采用了同样的策略。科尔曼详细说明生命密码公司的方法因发表太晚而不能被普遍接受。除了传唤专家证人对科尔曼的说法提出质疑之外，检察官还辩称，科尔曼没有资格做出这样的声明，因为他不是判断DNA分析有效性和可靠性的相关科学界的成员。作为对这一论点的回应，鲁特尼克试图通过询问科尔曼血液分型（在该领域科尔曼有丰富经验）与DNA分析是否有相似之处来证明他可以担当证人。法官随后直接问科尔曼他是否是法医DNA分析专家或DNA亲子鉴定专家。科尔曼回答说，他不确定如何回答这个问题；虽然他对这两个话题都知道很多，且根据他的教育、经验和阅读过的文献，他觉得他有资格在这两个话题上作证，但是它们毕竟不是他的"专业工作"。然后，他试图通过声称DNA指纹鉴定是源自他的血液学领域来确立他的作证资格。

最终，法官认定科尔曼只是实验室医学方面的专家，因此可以谈论实验室程序、实验室监测和同行评审等问题，但他没有资格在科学界是否普遍接受DNA分析上作证。[69]通过以这种方式限制科尔曼的专业范围，哈里斯在做出关于该技术可接受性的决定时，可以完全忽略科尔曼在DNA分析上的证词。然而，这并不是说哈里斯在做出决定时，真的把科尔曼有关同行评审的证词放在心上。相反，他在一段措辞讽刺的文字中完全否定了科尔曼。他总结道："他提出的每一点都被驳斥了——既是被事实，又是被更有资格和经验的专家的意见压倒。"在他做决定时，哈里斯还指出，科尔曼只撰写了20篇同行评议的论文，而罗伯茨和基德发表了更多的论文。[70]

至于博罗夫斯基，尽管他以前曾在几起涉及人类白细胞抗原和其他血型分析的法律案件中作证，哈里斯把他称为专门研究鱼类和甲壳类动物的群体遗传学家，而不是研究人类的学者。[71]在判决中，哈里斯暗示，博罗夫斯基"痴迷于"贝尔德一再认为与本案无关的人口遗传学问题。[72]他接着指出，博罗夫斯基的说法已经被贝尔德和基德一一驳斥。这些判断的结果是，哈里斯法官认为辩方专家的证词与手头的问题无关，因此不予考虑。

在卫斯理-巴雷案的弗莱标准听证会的结论中，哈里斯法官判定DNA指纹鉴定"是一种可靠的科学测试，在科学界及其所属的特定领域获得了普遍接受"。他接着说，控方提供了足够的证据证明生命密码公司的方法是准确的，辩方的主张没有证据支持。[73]所以，他裁定可以从两名被告身上提取 DNA 样本由生命密码公司进行测试。法官毫不犹豫地抛出了一条被广泛引用的意见。该意见的内容是，与 DNA 分析相关的海量概率计算，如果被法庭接受，将对刑事司法的工作带来革命性变化，因为它能戳穿不在场证明，降低目击者证词的重要性，并加速审判（因为其他形式的证据不再需要出示）。"简而言之"，他总结道，如果 DNA 证据将被采信，"它是自交叉质询出现以来，在'搜寻真相'以及给罪犯定罪和使无辜者脱罪这个法律目标方向上的最大的进步"。[74]

在法庭上审视科学发现

通过分析将 DNA 证据引入法律体系的过程，特别是安德鲁斯案和卫斯理-巴雷案的可采信性听证会，可以得出一些大体结论。首先，正如许多科技哲学研究者指出的那样，法律诉讼过程已经变成了一个论坛，在这个论坛中，某种特定形式科学证据的挑战者力图证伪以该形式证据得出的结论或质疑得出此证据的方法论。[75]仅举一个例子，辩护律师鲁特尼克巧妙地引导即将获得诺贝尔奖的分子生物学家理查德·罗伯茨在法庭上承认了科学的民族志（民族志是人类学的一种研究方法，通过在人群中进行实地调查，获得第一手资料，研究民俗、文化、社会理论等，这里应指长期观察科学在社会中应用的学者，译者注）学者们提出的一个最基本的主张，即"科学知识的建立、吸收和传播是由信任和权威完成的，而不是由于本着强烈的怀疑而做出的实验（科学在公众中的主要形象）完成的"。[76]如果罗伯茨与他的同事讨论 DNA 证据的问题，他永远不会承认这一点，因为在这种情况下科学发现受到审查的程度被共同的文化身份和共同利益所限制。由于鲁特尼克和罗伯茨并不处于同一种科学文化中，所以他在问题中对科学发现的质疑要超出罗伯茨所习惯的数量。这种策略迫使罗伯茨在陈述通常未经检验的许多有关科学方法的假设时削弱了他的论点。

与此同时，可采信性听证会也成为各方的支持者和司法界中的事实发现者重组力量的场所。在这个过程中，传统上与法律或科学相关的角色交织在一起，以至于不容易区分。例如，在卫斯理-巴雷案的听证会上，当鲁特尼克和专家证人科尔曼通过给同行评审下一个更严格的定义，以推翻检方认定生命密码公司的方法和探针已受到同行审查的说法时，法官选择不接受这一论点。同时他相当武断地决定了什么是科学同行评审（以及"同行"实际上是谁），并判定生命密码公司的技术已经历了这个过程。有趣的是，在阐述他对同行评审的定义时，他没有引述任何一个科学家、科学组织或科技哲学家的意见。毫无疑问，生命密码公司科学家迈克尔·贝尔德制定的关于新科学证据在法律上可采信性的标准给法官的工作提供了帮助。

哈里斯法官的裁决表明，尽管对抗性法律制度具有结构性，但实际操作中的机制限制了对科学结论进行分析审查。许多科研人员和法律学者认为，对抗性法律制度中限制质疑目光的主要原因是，社会封闭（一个社会学名词，即在社会上划定界限，建立不同身份或群体，导致某种机会或资源被特定群体独占，译者注）最终要在法律诉讼中实现。[77]在本案中，这种制度限制了对专业知识的定义，导致了辩方证人提出的对检方最具杀伤性的论点（事实上，还有检方证人对自己的杀伤性证词）被认定超出了哈里斯法官自己设定的相关科学问题的范围。

最后，为了使控方将新科学证据引入法庭，并使辩方有能力对其提出质疑，必须要在刑事司法系统内建立和组织专家群体。在 DNA 分析这个方面，检方领先一步，因为他们可以接触到细胞标记公司和生命密码公司的知识和专业资源。这意味着他们最初将 DNA 分析技术从实验室工作台转移到法庭时几乎没有受到阻碍。然而，随着辩护律师们越来越成功地建立了一个由愿意挑战检方专家和证据的专业人士组成的社交网络，这种情况发生了巨大的变化：那些高资质的检方证人将不会在同样高资质的辩方证人没有发起挑战的情况下作证；生命密码公司和细胞标记公司的科学家们说明或者未说明的假设再也不会未经辩方或法官检查即被接受。[78]换句话说，辩方将成功地表明，最初围绕 DNA 证据的有效性和可靠性问题的快速解决是武断的，它们需要被重新审查。

在这个过程中，控辩双方专家之间的互动将导致各种争议的出现，这些争议很快从法庭扩散到世界上最负盛名的科学杂志的版面上。从这些辩论出现到最终解决的六年里，法官、律师和科学家将被迫逐案处理争议。正如我将在随后的章节中展示的那样，在这个时间段内，随着围绕 DNA 证据的科学争议的形式和性质的变化，专业知识的概念（对控方和辩方）将继续发展。

注释

1. Ricki Lewis, "DNA Fingerprints: Witness for the Prosecution," *Discover*, June 1988, 45.
2. *Tommie Lee Andrews v. Florida*, 533 S0.2d 831, 834 (5th App 1988).
3. Jeffrey L. Ashton, testimony, U.S. Senate Committee on the Judiciary, Subcommittee on Constitution, *DNA Identification*, 101st Cong., 1st

sess., 1989, 76.
4. 同上，第 81 页。
5. 同上，第 76 页。
6. *Frye v. United States*, 293 F, 1013 (D.C. Cir 1923).
7. 同上，第 1014 页。
8. 有关该问题的评论，见 Paul Giannelli, "Frye v. United States: Background Paper Prepared for the National Conference of Lawyers and Scientists," *Federal Rules Decisions* 99 (1983): 188–201; Irene M. Flannery, "Frye or Frye Not: Should the Reliability of DNA Evidence Be a Question of Weight or Admissibility?" *American Criminal Law Review* 30 (1992): 161–186; and Paul Giannelli, "The Admissibility of Novel Scientific Evidence: Frye v. United States, a Half-Century Later," *Columbia Law Review* 80 (1980): 1197–1250.
9. Giannelli, "The Admissibility of Novel Scientific Evidence," 192–193.
10. *Andrews v. Florida*, 843.
11. Charles T. McCormick, *Handbook of the Law of Evidence* (St. Paul, MN: West Publishing, 1954), 363–364.
12. Florida Evidence Code, sec. 90.702.
13. *Andrews v. Florida*, "Answer Brief of Appellee," 19 May 1988, 1–2.
14. Lewis, "DNA Fingerprints," 50; *Andrews v. Florida*, "Answer Brief of Appellee," 19 May 1988, 5.
15. Hal Uhrig, personal communication with author, 12 September 2002.
16. *Andrews v. Florida*, "Answer Brief of Appellee," 22.
17. *Andrews v. Florida*, "Amicus Curiae" (written by Andre Moennsens), 16 May 1988, 15.
18. *Andrews v. Florida*, 843.
19. 庭审记录节选自 *State of Florida v. Tommie Lee Andrews*, 20 October 1987, 66, as quoted in Laurel Beeler and William R. Weibe, "DNA

Identification Tests and the Courts," *Washington Law Review* 63 (1988): 942.

20. *Andrews v. Florida*, "Amicus Curiae," 15. 上诉法院在判决中也重申了这一观点，即原审法院正确地采纳了 DNA 证据（见下文）。
21. *Andrews v. Florida*, "Answer Brief of Appellee," 13.
22. 同样的论断也在我研究过的很多其它案件中出现，例如，见 the testimony of Cellmark's laboratory director, Daniel Garner, in State of Florida v. Randall S. Jones, 1308, O.J. Simpson Murder Trial Papers, Division of Rare and Manuscripts Collections, Cornell University Library (hereafter cited as Simpson Archive), Box 2.
23. Lewis, "DNA Fingerprints," 52.
24. *Andrews v. Florida*, 849–85.
25. 同上，第 849 页。
26. 同上。
27. 同上，第 850 页。
28. 同上，第 851 页。
29. 辩护律师巴里·谢克和彼得·纽菲尔德，以及其它评论者在很多发表或未发表的作品中提出这一论断。诺福德告诉我，他们为了卡斯特罗案的弗莱听证会调查过涉及 DNA 证据的案件。*People of New York v. Joseph Castro*, 545 N.Y.S.2d 985 (1989).
30. *Martinez v. State of Florida*, 549 S0.2d 694 (1989).
31. Ted Gest, "Convicted by Their Own Genes: DNA Fingerprinting Is Facing a Major Legal Challenge from Defense Attorneys and Civil Libertarians," *U.S. News and World Report*, 31 October 1988, 74.
32. *New York v. Wesley [and Bailey]*, 140 Misc.2d 306 (1988).
33. 同上，第 421 页。他告诉调查人员，他并没有杀害这名妇女，只是不小心绊倒了她，导致她摔倒在地。然后他说，在注意到她在流血后，他试图通过摸她的阴部脉搏来确定她是否还活着。当他摸到没有脉搏时,他说他随后试图对她进行心肺复苏。由于未能成功救活她,他把她脸朝下放在床上,然后离开了公寓。他还告诉调查人员,他没有与该女子发生性关系,只是在别人犯罪的时候熟视无睹。

34. Transcript of *New York v. Wesley [and Bailey]* DNA Admissibility Hearing, Day 1, 22 February 1988, 4, personal collection of Jan Witkowski.
35. "Independent Expert Witnesses," Cellmark, 1988, personal collection of Arthur Daemmrich.
36. Richard Roberts, interview with author, 25 April 2002.
37. Michael Baird, testimony in *New York v. Wesley [and Bailey]*, 32, personal collection of Jan Witkowski.
38. 同上,第35页。
39. 朱迪·凯伊法官在对 *New York v. Wesley [and Bailey]* 的上诉案做出裁定时,做出了类似的论断。她写道:"我们不同意法医 DNA 分析的八个步骤(当时还处于起步阶段)已被证明是科学界公认的可靠方法。相反,新技术被普遍接受的标准只是被认为与生命密码公司制定的标准相称。"不过,我是在完成对该案件的分析后才发现了她的论断。
40. *New York v. Castro* 案的大部分证词表明生命密码公司并没有遵从它自己的标准。
41. Baird testimony, 51.
42. 值得注意的是,贝尔德规定的四个步骤在许多方面与最高法院五年后(1993)的道伯特案裁决中规定的法律可采性标准相似。
43. Baird testimony, 53–54.
44. 同上,第 55-56 页。我们将看到,生命密码公司称其种族数据库符合 HWE 的说法在 *New York v. Castro* 案中受到了质疑。最终,亚结构之 HWE 检验的有效性也受到质疑,并被证明缺乏科学严

45. Baird testimony, 58.
46. 同上，第 57 页。
47. 同上，第 58 页。
48. 同上，第 59 页。
49. 同上，第 60 页。
50. *Frye* hearing, *New York v. Wesley[and Bailey]*, 61–63.
51. 同上，第 75 页。
52. 同上，第 96 页。
53. 同上，第 74-75 页。
54. *New York v. Wesley [and Bailey]*, 329; and Richard Borowsky, e-mail to author, 19 September 2002. 在安德鲁斯诉佛罗里达一案中，对物理连接和连接平衡也提出了同样的主张。连锁平衡是指在配子（精子或卵子）形成过程中，不同位点的等位基因倾向于结合的程度。如果等位基因 A1 和等位基因 B2 之间的联系不超过人们对它们随机联系的预期，则称它们处于连锁平衡状态。如果等位基因 A1 和等位基因 B2 之间的关联程度高于人们对它们随机关联程度的预期，则称它们处于连锁不平衡状态。为了使乘积规则有效，等位基因相乘时必须相互独立。如果等位基因 A1 和 B2 以一种非随机的模式相互关联，那么具有 A1 的个体也更有可能具有 B2。因此，在等位基因 A1 和 B2 处于连锁不平衡状态的人群中，等位基因 A1 和 B2 的 DNA 图谱会比人们预期的更为常见。
55. Neville Colman, testimony in *New York v. Wesley [and Bailey]*, 404.
56. M. Baird et al., "Allele Frequency Distribution of Two Highly Polymorphic DNA Sequences in Three Ethnic Groups and Its Application to the Determination of Paternity," *American Journal of Human Genetics* 39 (1986): 489–501.
57. 同上，第 406 页。

58. D2S44, D12S1, D17S79, and DXYS14.
59. *Frye* hearing, 52.
60. Baird testimony, 204.
61. *Frye* hearing, 205–207.
62. 同上，第 219–220 页。罗伯茨在向哈里斯法官解释同行评议过程时引用了"在被证明有罪之前是无罪的"这一概念，将基本的法律概念融入了他在法庭上对科学的解释之中。
63. Richard Roberts, testimony in *New York v. Wesley [and Bailey]*, 222.
64. 同上，第 224 页。
65. *New York v. Wesley [and Bailey]*, 321.
66. *New York v. Wesley*, 633 N. .E.2d 451, 457 (New York Court of Appeals, 1994).
67. *New York v. Wesley [and Bailey]*, 322.
68. Borowsky e-mail.
69. *New York v. Wesley [and Bailey]*, 318.
70. 同上。
71. 同上，第 329 页。
72. 同上。
73. 同上，第 317 页。
74. 同上，第 308 页。
75. Michael Lynch, "The Discursive Production of Uncertainty: The OJ Simpson 'Dream Team' and the Sociology of Knowledge Machine," *Social Studies of Science* 28, no. 5–6 (1998): 829–868; and Sheila Jasanoff, *Science at the Bar: Law, Science, and Technology in America* (Cambridge: Harvard University Press, 1995).
76. Brian Wynne, "Establishing the Rules of Laws: Constructing Expert Authority," in *Expert Evidence: Interpreting Science in the Law*, ed. Brian Wynne and Roger Smith (New York: Routledge, 1989), 34. 这

一论点在有关科学中的欺诈或不端行为的研究中出现过。例如，William Broad and Nicholas Wade, *Betrayers of the Truth* (New York: Simon and Schuster, 1982).
77. 与此同时，这些学者中的许多人还认为，需要不时对封闭机制进行审查，以确保所做的决定不是武断的或明显带有偏见的。
78. 请注意，在本案中，从公诉方建立起完善的专家库到辩护律师确立专家库之间的"滞后"，是法律领域内部的滞后，而不是法律与科学领域间的滞后。

第四章 挑战 DNA

截至 1988 年底，DNA 分析的结果已经在美国全国超过 80 次的审判中被毫无保留、毫无质疑地接受了，且在无数次审判中迫使嫌疑人认罪。法官们倾向于在其判决中逐字重复检方证人的意见主张，同时驳回辩方证人的抗议，认为这些抗议与当前问题无关。这一时期大多数公开的判决书中都记载着检方声称 DNA 分析检测要么会得到正确结果，要么毫无结果，且检方的说法从未被置疑。[1] 这项技术的早期成功，至少在一定程度上得益于生命密码和细胞标记这两家跨国母公司的雄厚资金。它们每年获益达数十亿美元，并渴望在 20 世纪 80 年代生物技术的繁荣发展中获利。因此，它们愿意提供资金，让尽可能多的司法管辖区进行 DNA 分析，越快越好。

在安德鲁斯案和卫斯理-巴雷案中遭遇失败后，辩护律师群体意识到，为成功地挑战 DNA 证据，他们不能再依赖这些案件中使用的策略。辩护律师们迫切需要来自学术界的专家证人，这些证人应在资质、名望和积极性上能与检方律师抗衡。然而，由于这项技术在两家私营公司以外还不被很多人知晓，愿意为辩方作证的分子生物学家、群体遗传学家或法医学家数量较少。这种趋势导致一位法律评论家把 DNA 分析描述为"刑事审判中'未经审查'的证人"。[2]

这种情况最终在 1989 年初发生了改变，当时全国各地的一些辩护律师成功地在学术界找到了几位分子生物学家和群体遗传学家，这些专家愿意并且能够帮助他们在法庭上挑战 DNA 证据。然而，仅仅找到这些人是不够的——律师还必须使法官相信，这些学者拥有的知识和经验与一种新法医技术的可接受性相关。面对检察官的强烈反对，这项任务并不容易。本章将分析辩护律师为构建一个能挑战检方专家证词的专业人士社交网络所做出的努力。我们将特别关注在纽约州人民诉卡斯特罗案（People of New York v. Castro, 545 N.Y.S.2d 985, 1989）中出现的新型专家身份：即足够了解法医科学知识的学术界科学家，即使他未被认为是法医科学研究者群体的一部分，也能被法官认定为专家。

辩方的挑战将法庭争论从医学和诊断中 DNA 分析的确定性转移到法医案件工作的不确定性。这种转变意味着新型的专家将与技术的可接受性有关。辩方对 DNA 证据的质疑也催生了学术界的争论。我从这一章开始，并在其后的每一章节，都将描绘出这些辩论的发展过程，跟随它们从法庭狭小的空间中扩展到学术界、不同政治场合、大众媒体，最终到普通大众的轨迹。在本书的其余章节中，我们可以清楚地看到，由于这些争论是通过科学、法律、政治、企业文化和流行文化之间的相互作用而产生的，因此任何单一机构想结束这些争论是不可能的。然而，在有关 DNA 分析的喧嚣声中，法律体系仍几乎被有效地与争端隔绝开来。在大多数情况下，法官拒绝宣布该技术本身存在缺陷，并不适合在法律体系中使用。相反，他们做出了非常保守的裁决，只批评了法医 DNA 分析中的个例，而不是整个技术系统。

谢克，纽菲尔德和卡斯特罗案

辩护律师巴里·谢克和彼得·纽菲尔德刚刚从法庭指派的律师手中接管了约瑟夫·卡斯特罗（Joseph Castro）的辩护工作，这名律师对本案的 DNA 证据感到不知所措。[3]卡斯特罗因在 1987 年 2 月刺死了 20 岁的已怀孕六个月的维尔玛·庞塞（Vilma Ponce）和她两岁的女儿而受审。[4]卡斯特罗在庞塞一家位于布朗克斯区的社区做杂务工。在发现庞塞和孩子死在他们的公寓前不久，庞塞的同居丈夫（此种婚姻是基于多年的同居，而非法律批准，译者注）曾看到卡斯特罗离开他们的房子。根据这个指证，纽约市警察局把卡斯特罗带到警局询问他关于谋杀的事情。虽然卡斯特罗否认参与谋杀，也没有具体证据证明他与犯罪现场有关,但在审讯过程中,警探们发现他手表上有一小块血迹。当被问及这个污点时,卡斯特罗坚称那是他自己的血。由于此案没有其他重要线索,检察官丽莎·苏格曼(Risa Sugarman)于1987年7月决定将这块手表送往生命密码公司进行分析。几个星期后,生命密码公司向她报告,根据使用三个DNA探针的分析结果,卡斯特罗手表上发现的血迹与维尔玛·庞塞的相匹配,且随机匹配概率为1,8920,0000分之一。

在谢克和纽菲尔德的辩护律师生涯中,包括他们在布朗克斯区法律援助协会一起共事的时候,都对刑事调查中法医证据的有效性和可靠性进行过思考和批判。他们两人都相信,新的法医技术一而再再而三地在法医领域外的科学家确认它们的准确性和有效性之前就被刑事审判采用。[5]他们指出已经有一系列的技术在出现后立即被法庭接受,而在几年后却被发现在设计或实践中有根本性的错误,从石蜡检测(火药残留物)到声纹识别,再到蛋白质电泳。只有在数以千计的人因为这些技术产生的证据被定罪后,这些缺陷才被发现。[6]在他们的眼里,法律系统,特别是辩护律师协会,未能做充分的工作以保证在某项法医学技术的可采信性的争论中,各方专家证人的意见都被听取。[7]相反,检方带来的证人基本上就是为了使技术得到法庭的认可,而不是来探索其中的缺陷。[8]

谢克和纽菲尔德认为,DNA证据正在步上述技术的后尘。他们感觉他们必须要做点什么。他们特别感到关切的是,检方证人在以前大多数与DNA有关的案件中,未能向法官解释:诊断或研究使用的DNA分析技术(科学界普遍接受)与在法医调查中使用的DNA分析技术(尚未经过严格的科学审查)之间存在着至关重要的区别。[9]在卡斯特罗案以前,检察官们已经成功地证明了DNA证据在诸多场合使用时的可采信性,以及在科学或社会领域中被广泛接受的事实。正如同我们在安德鲁斯案和卫斯理-巴雷案中见到的那样,他们请来了如理查德·罗伯茨和戴维·豪斯曼这样著名的科学家来作证,证明生命密码公司的科学家在他们的检测实验室中所做的与遍布全国的科研和医学实验室所使用的方法没有区别。法官们并不在意这些科学家在法医案件调查中没有多少经验，因为有人已经使他们相信，这项技术在法医或非法医环境下的应用没有本质区别。如同在安德鲁斯案中那样，上诉法庭的法官认定，在刑事司法系统中，"（DNA 技术）在司法界以外的广泛使用就是展示该技术可靠性的证据"。[10]

通过关注法律系统之外该技术的有效性和可靠性，谢克和纽菲尔德发现，检察官努力确保法官能对法医案件调查中的不确定性置之不理，而不是展开讨论。因此，在撰写意见书时，法官们并不会纠结诸如污染、环境因素造成的 DNA 降解、难以测量凝胶上较浅条带等问题。相反，他们只是简单地重复了一遍检察官面对质疑时的说辞，即要么你得到正确结果，要么没有结果。

对于谢克和纽菲尔德来说，这种说法显然是错误的，而且误导了法官。在他们看来，在判断刑事司法系统中 DNA 分析的有效性和可靠性时，必须考虑科研和法医调查之间主要有以下几点差异，首先，在诊断测试中，技术人员有充足的未受到污染的血液供应，可以用来进行多项实验。然而在法医学中，在犯罪现场留下的证据样品通常很少，且成分未知，以至于科学家经常在一次测试中就用完整个样品。这种情况导致当结果不明确或不确定时，无法重复试验。此外，这些证据样品经常已处于高度降解或受到外界环境污染的状态，但这通常不会发生在诊断和医学研究工作中。其次，在诊断和家系研究中，样品本身就可以做对照组（在检测父母或子女的 DNA 时，当一方的 DNA 图谱确定时，另一方的 DNA 图谱可能的情况即可推测。如果应该出现的某个条带没有出现，则可证明实验操作出现问题，译者注），因为父母和子女在同一时间接受筛查。法庭案件工作中不存在这种对照组，因为犯罪现场的样品来自哪个人是不清楚的。再次，在诊断或医学研究的情况下，可能的 DNA 图谱范围是有限的，因为诊断时候的检测目标并非是具有高度多态性的基因系统。他们研究的基因中只有少数种类的变异（即那些导致某种缺陷或疾病的变异）是具有研究意义的。最后，在诊断中，通常不需要计算特定 DNA 条带的分布出现在相关种群中的概率。然而，来自法医学 DNA 分析的破案力量则来自于确定某特定的 DNA 图谱在一个特定人群中是极为罕见的这一结论。[11]

谢克和纽菲尔德在提出他们的观点时遇到的一个主要问题是，他们是律师，而不是科学家。他们需要找到一位有声望、可靠的科学家，作为他们和法官之间的沟通桥梁。这项任务并不像听起来那么简单。在卡斯特罗案发生的时候，学术界（即不属于细胞标记公司和生命密码公司）很少有科学家熟悉 DNA 技术在法医学方面的应用，而且从来没有人有资格成为辩方的专家证人。事实上，在一次美国国会听证会上，当被问及辩护律师团体找到专家证人的能力时，谢克说，当讨论科学和法律相互作用时，"通常做法总是你去自己找符合标准的专家证人。**在这里，根本没有符合标准的专家证人**"。[12]如我们在卫斯理-巴雷案听证会上看到的，辩护律师鲁特尼克试图证明内维尔·科尔曼在法医 DNA 技术方面具备成为专家（法官已承认，译者注）的资格，但没有成功。哈里斯法官认为科尔曼只是"临床医学"方面的专家，因此，把他的证词限制在实验室操作程序、实验室监控和同行评议方面。[13]

同样重要的是，我们需要记住，直到卡斯特罗案之前，"独立"专家证人（即不直接受雇于或不隶属于生命密码公司的科学家）的主要任务是给法官讲授生物学方面的基本知识。他们的价值在于他们能够讨论 DNA 分析在法医应用之外的有效性和普遍可接受性，以及阐明分子生物学或群体遗传学的任何基本理论。他们很少讨论在法医调查中应用这项技术时具体操作上的细节。这项任务留给了受雇于私营 DNA 鉴定公司的科学家们。毫不奇怪，这些人不愿意讨论法医 DNA 分析的潜在缺陷，而且对基本生物学知之甚少的辩护律师通常也不会要求他们这样做。

密探

在谢克和纽菲尔德刚开始寻找能够帮助他们的科学家时,纽菲尔德被邀请参加在纽约冷泉港实验室班伯里中心举行的法医 DNA 分析会议。1988 年 11 月会议的目的是建立一个多学科、多角度审查法医 DNA 分析的科学、社会和法律影响论坛。除了生命密码公司和细胞标记公司的代表外,还邀请了一些嘉宾参会,包括人口遗传学家、分子生物学家、法医学家、律师、法官和伦理学家,他们都愿意讨论 DNA 证据在法庭上应用的问题。[14]班伯里会议使所有这些利益相关方第一次有机会相互交谈。

在一次茶歇时,纽菲尔德把一位年轻气盛的科学家埃里克·兰德尔(Eric Lander)拉到一边,要他快速看一下卡斯特罗案的放射自显影图。兰德尔刚刚就 DNA 分析的局限性做了一个有警示意味的报告,这个报告深深地引起了纽菲尔德的共鸣。兰德尔是会议组织者以**密探**(原文使用 agent provocateur 一词,该词主要指警方的密探,通过怂恿嫌疑人犯罪,使警方获得充足证据将其逮捕。这里应指兰德尔以科学家的身份提出尖锐问题,使支持 DNA 证据的科学家们发现无法自圆其说,译者注)身份请来的。他是一位杰出的科学家,不仅对 DNA 分析中涉及的群体遗传学和分子生物学问题了如指掌,而且敢于向其他与会者提出尖锐的问题。[15]

根据《美国律师》(*American Lawyer*)杂志上的一篇文章,兰德尔告诉纽菲尔德,他将向后者展示科学界的行事方法。然后,兰德尔叫来了参会的几个科学家,并询问他们是否觉得被告人的血液样本(应为卡斯特罗案的样本,译者注)与犯罪现场的样本吻合。所有三个科学家,以及兰德尔本人,都表示结果无法确定,应该重做实验。[16]兰德尔甚至把这个案例中的放射自显影图称为"垃圾"。[17]

基于这次交流,以及兰德尔对 DNA 证据的批评立场,纽菲尔德和谢克询问他是否愿意在即将到来的审判中担当证人。由于日程安排很紧，而且他自己也有点怀疑他对生命密码公司工作的批判可能有错误，所以他拒绝了。然而，他同意免费为纽菲尔德和谢克担任科学指导和顾问。起初，这意味着他将解释遗传学和分子生物学的基本知识，查看生命密码公司在案件中的实验报告，并指导谢克和纽菲尔德在证据显示过程中向公司索取材料。[18]他还愿意对每天的专家证词做出评论，并对在询问和交叉质询证人时要提出的问题给出建议。[19]

然而，这种安排只能维持几个星期。兰德尔很快为自己的所见所闻感到非常忧虑，以至于他同意写一份50多页的报告，阐述生命密码公司研究结果的缺陷，并作为辩方的专家证人出庭作证。到审判结束时，兰德尔已经为案件付出了350多个小时，并在证人席上呆了几天。[20]谢克后来回忆到："埃里克·兰德尔正是我们想要的人。这是一个来自布鲁克林、说话很快的纽约犹太人，他喜欢辩论，而且懂很多法律。"他的父母和妻子都是律师。[21]

与之前在案例中作证的科学家不同，兰德尔并没有将法医DNA分析和诊断工作进行类比，以证明这项技术已被科学界普遍接受。相反，他表示，卡斯特罗案的时候，在分子生物学研究中与法医DNA分析最为接近的项目是从早已死亡的生物中分离DNA，这些生物体包括真猛犸象、拟斑马（一种已经灭绝了的斑马）、埃及木乃伊和史前人类，它们的遗体被保存在泥炭沼泽中。关于这类工作，他说：

> 科学界对此兴奋不已。这种方法还没有被普遍接受，但是人们对此感到很兴奋，因为它可以帮助我们了解埃及木乃伊感染天花的情况，还可以帮助我们了解天花是否在两千年内发生了变化，就像DNA的法医学应用前景也是令人兴奋的一样。[22]

因此，兰德尔相信，尽管有一天DNA分析可能会被认为是有效和可靠的，但到那一天之前，还需要几个月的辛苦工作。

在法庭上，谢克和纽菲尔德巧妙地将埃里克·兰德尔多方面的资历和经验组合在一起,使他成为唯一一个适合出现在法庭上的证人:一个学术界的分子生物学家,拥有法医学方面的专业知识,但不属于法医学界。今后涉及 DNA 证据的所有重大案件中,这种知识背景将成为被邀请来作证的先决条件,因为兰德尔在卡斯特罗案的证词不可逆转地改变了人们围绕 DNA 证据所展开的辩论性质。事实上,谢克和纽菲尔德促进了有关知识在美国法律体系内的新形式出现,这显然让检方措手不及。如同生命密码公司的迈克尔·贝尔德在 1994 年的一次访谈中说到:

> 在讲述背景知识、数据和信息的时候,一直进展顺利。突然,埃里克·兰德尔带着一本厚厚的小册子出现在辩方阵营,小册子里面记录着他对此案件存在各种问题的批评。那个案子的检察官说:"这家伙是谁?他是从哪里来的?"我对他一无所知,我以前从未真正听说过他。我知道他作为协作研究(Collaborative Research)公司的计算机专家所做的一些工作,但我对他在人类身份鉴定方面的事情根本不知道。我第一次见到他是在班伯里会议上……不管怎样,检察官打电话来说:"我该怎么办?这家伙要进来了。"你知道谢克和纽菲尔德花了半天的时间专注于他的资质证明上,以向法官展示他可以完成几乎不可能完成的事情。[23]

1978 年,兰德尔在普林斯顿大学获得数学学士学位,在获得罗氏奖学金后进入牛津大学继续深造,在该专业取得博士学位。[24]回到美国后,他立即被聘为哈佛商学院管理经济学的助理教授。尽管他几乎不懂经济学,但是他被告知,只要他讲授数学和统计理论课程,他可以研究自己选择的任何课题。[25]

就职后不久,兰德尔通过他的神经学家弟弟,对生物学产生了兴趣,并开始在哈佛大学同事的实验室自学分子生物学技术。这段"兼职"期结束时,他已经"充分参与"了生物学,因此他要求哈佛商学院允许他暂时离职一年，在麻省理工学院著名的生物学家罗伯特·霍维茨（Robert Horvitz）的实验室里做访问学者。随着时间的推移，他说："（我）越来越多地参与到分子生物学（研究）中，而我最初的兴趣是应用数学，我在不思考应用数学的情况下花了四年时间，在实验室工作，以便完全精通实验室技术。"[26]到1985年，兰德尔已经与戴维·波特斯坦（David Botstein）合作。波特斯坦是第一篇关于RFLPs科技论文的作者，也是DNA分析领域的先驱。这种合作被证明是非常有成效的，因为他们发表了几篇关于创建人类基因组图谱技术的论文。

1986年，兰德尔获得了麻省理工学院怀特黑德生物医学研究所的资助，以实验他的想法。1987年，他获得了麦克阿瑟基金会的"天才"奖金，继续这项工作。1989年初，哈佛大学和麻省理工学院生物系同时邀请兰德尔担任终身教职。他最终接受了麻省理工学院的职位，并在同一时间建立了怀特黑德研究所/麻省理工基因组研究中心，这是世界上最初的基因组测序中心之一。[27]

在证明兰德尔是令人尊敬的科学界人士之后，纽菲尔德告诉法官，他想在两个特定领域确立兰德尔的专家地位：第一，"在DNA印迹法中的人类遗传学"；第二，"数学、统计学、群体遗传学、人口研究"。[28]在这一点上，纽菲尔德没有特别提到法医的背景。相反，他不遗余力地证明兰德尔作为怀特黑德研究所基因组测序实验室的主任，不仅在实验室工作台上亲自动手进行DNA印迹法的操作，并使用计算机数字化程序进行评分，而且还有相当多的机会利用自己的"科学专业知识"来解释大量的放射自显影图的结果。[29]

在向法庭证明兰德尔对DNA印迹法的操作和数据解释了若指掌后，纽菲尔德突然转换了话题，开始提出问题以证实兰德尔的"遗传学和群体遗传学研究已获认可"。关于兰德尔作证资格的讨论就要接近尾声时，纽菲尔德开始试图说服法官，兰德尔应被视为一个分子生物学、遗传学和法医DNA分析中统计学方面的专家。他请兰德尔描述一下法医 DNA 分析中他熟知的各方面知识的作用。兰德尔回答说：

> 哦，DNA 分析的法医应用领域需要整合分子生物学，因为你要提取 DNA 并使用 DNA 印迹法进行分析。数学，因为你要对事物是否相同进行定量判断，然后是群体遗传学，因为如果你得出它们（两份图谱）是相同的结论，你必须问自己一个非常困难的问题，即考虑到人口中各种可能性的分布，当我看到相同图谱时，我到底会有多惊讶。因此，做出这样的判断，你需要了解美国的人口结构，还有群体和亚群体之间的差异。[30]

然后，纽菲尔德又问他是否曾被要求就法医 DNA 分析的群体遗传学方面做过报告。兰德尔在应对这个问题时，向法庭描述说，他在班伯里会议上就这个问题发表了一篇论文，而且他正是受到迈克尔·贝尔德邀请，要在即将召开的美国血库协会（American Association of Blood Banks）会议上就同一问题做报告。[31]他还告诉法庭，他最近受美国国会技术评估办公室（U.S. Congress's Office of Technology Assessment, OTA）委托，就法医 DNA 分析的有效性和可靠性撰写一份报告。

为了确保每个人都明白这项任命的意义，纽菲尔德宣称，兰德尔的任命就是 OTA 的认定，他"拥有统计遗传学和分子生物学两个学科专家的独特资质，因此，这是关于他在这两个领域具备专家资格的独立评估"。[32]法官正式宣布兰德尔是遗传学和群体遗传学方面的专家，但从他在后续庭审中的反应可以明显看出，他认为兰德尔对分子生物学和法医领域都很熟悉。[33]

对生命密码公司的根本性批判

在生命密码公司给布朗克斯县地方检察官的最终报告（1987 年 8 月 22 日）中，公司的结果毫无疑问地表明从卡斯特罗的手表上发现的血迹的DNA特征与维尔玛·庞塞的相吻合。该报告解释说，公司利用了三个RFLP基因座（DXYS14，D2S44，D17S79）探针与庞塞的DNA、她女儿的DNA以及从卡斯特罗的手表上血迹中提取的DNA样本相杂交，另外加上一个检测Y染色体基因座的性别标记探针。在每一次实验中，他们都报告了庞塞的血液和手表上的血迹精确吻合。在D2S44位点，他们报告说，两个样品都是纯合的，条带显示为10.25kb的DNA片段。在D17S79位点，两者都显示出精确位置在3.87kb，3.5kb和4.83kb的条带（探针在该位点产生一至六个条带），在DXY14位点，两者则都有在3.0kb和1.94kb的条带。该报告得出结论，卡斯特罗手表上血迹DNA随机匹配庞塞的概率是1,8900,0000分之一。[34]

与先前那些接受这样的报告并将其作为他们当事人有罪证据的律师不同，谢克和纽菲尔德按照兰德尔的建议立即要求获取与案件相关的所有原始数据和材料，以仔细检验公司的结论。由于他们的调查，辩护团队获得了放射性自显影图、实验室记录本、计算机打印出的实验结果、人口基因频率数据库以及有关质量控制和质量保障程序的信息。在兰德尔的帮助下，谢克和纽菲尔德分析了这些信息，发现了一些技术上的错误，这些错误导致了生命密码公司的结论受到质疑。

首先，辩护团队注意到，卡斯特罗手表上的DNA样本在DXYS14位点上还有另外两个条带，而它们却未出现在庞塞的DNA图谱中。贝尔德作证说，这些"额外的"条带"并非来自人类，所以我们无法鉴定"。当被问及他是如何得出这个结论时，贝尔德说，根据他对这个基因座的研究经验，条带的强度随着其所代表的DNA长度增加而成比例地减少。因此，他决定忽略这两个额外的条带，这两个条带的强度，不符合他对该长度DNA碎片条带强度的预期值。[35]根据兰德尔的建议，辩护律师带了两个证人到证人席上，宣称贝尔德的解释在科学上是站不住脚的。[36]一位是霍华德·库克（Howard Cooke），来自苏格兰爱丁堡的医学研究委员会，他发明了生命密码公司用于探测DXYS14基因座的探针；另一位是戴维·佩奇（David Page），来自麻省理工学院，他证明条带强度和它代表的 DNA 长度毫无相关性。他们还告诉法庭，这个正在被讨论的探针能产生的带型可能会包含一到六之间任何数量的条带。库克进一步证实，在没有进行其他实验的情况下，手表上血样 DNA 图谱中多出来的两条带就是该血迹与庞塞的不吻合证据。[37]

辩护团队的下一个发现是，生命密码公司的最终报告称，两份 DNA 样本在 D2S44 位点均有 10.25kb 的条带，但事实上那份手表样本 DNA 图谱上的条带是 10.16kb，而庞塞 DNA 上的条带是 10.35kb。所以，这个 10.25kb 的数字是两个条带的平均值。通过一个简单的计算，辩护团队发现了一些严重的问题，这些问题与生命密码公司用于确定样本相互匹配和计算基因型在相关人群中稀有度的方法有关。具体来说，生命密码公司声称，他们所用的规则是：只有当两个条带代表 DNA 大小处于它们平均值的正负三个方差以内时，他们才认为两个条带在法医学上匹配，[38]但 10.16kb 和 10.35kb 的差距是在 3.06 个方差。在仔细检查生命密码公司的数据时，兰德尔发现另一个条带（即 D17S19 位置中最低的条带），其差距在 3.66 个方差，远远超出三个方差的标准。因此，如果生命密码公司真的坚持自己发布的标准，那么他们就会报告说卡斯特罗手表上的血迹实际上并不与庞塞的血迹匹配。

由于这一发现，贝尔德被迫承认，尽管按照已经发表的步骤，生命密码公司应利用数字化技术以三个方差的标准判断条带是否相符，事实上，他们几乎完全依赖于视觉观察来确定匹配——也就是说，直接在放射自显影图上比较两份图谱的条带。[39]需要计算机的技术仅在两个条带被肉眼判断为匹配后才被使用，以便在测量 DNA 大小时生成一个数值作为结果。反过来，这个数值被用来确定该条带在相关人群中的频率。有趣的是，一旦决定了某个特定匹配的稀缺性，生命密码公司放弃了它的三个方差判断匹配的标准，取而代之的是只使用一个标准差的三分之二的标准（即在计算频率时，若两个条带代表的

DNA分子大小相差超过三分之二的标准差，即认定两个条带不同，译者注）。[40]对于兰德尔来说，这在科学上是不可接受的。他告诉法官：

> 无论你对你的匹配规则做出什么样的选择，当你去告诉法庭在人群中随机出现这种情况的几率是多少时，你最好使用同样的匹配规则。如果不这么做，报告的概率就不是真实的。如果我出去用一张10英尺宽的蝴蝶网"捕捉"这种匹配，然后我说我抓到了。随后我到法庭中说，我抓到这个匹配是如此罕见，我会证明给你看。我向你展示当我用一张6英寸宽的蝴蝶网去"捕捉"，我从来没有在人群中抓到过。这是荒谬的。[41]

尽管检方试图淡化这个问题，但对于辩方来说，他们将其视为一个令人震惊的发现，因为它严重损害了生命密码公司证据的可信度。当谢克在交叉质询中迫使贝尔德承认他们没有按照他们公布的法庭案件调查程序办案时，他举起双手，好像他是一个橄榄球裁判，在发出触地得分的信号。[42]

辩护团队发现的下一个技术性问题涉及生命密码公司的性染色体测试中对照物的使用。除了上面提到的三个基因座外，该公司还使用了一个针对Y染色体上一个叫DYZ1的特定区域。当生命密码公司进行这项测试时，他们得出结论，调查中的所有三个法医样本（即手表上的血迹、庞塞和她的女儿）都来自女性，因为没有一个样本在这个位置上显示出带状结构。然而辩方对这个结论提出了质疑，因为在测试中对照样本也没有显示这个条带。虽然贝尔德最初声称这个结果是有意义的——对照DNA来自于女性HeLa细胞系（该细胞系在医学研究中广泛使用），但生命密码公司的另一位雇员，艾伦·朱斯蒂（Alan Giusti）观察了对照样本的条带分布，表示贝尔德的断言是错误的。当被问及对照样本的身份时，朱斯蒂告诉法庭，在卡斯特罗案的调查期间，生命密码公司使用了公司的一名男雇员亚瑟·艾森伯格（Arthur

Eisenberg）的 DNA。[43]当他回到证人席时，贝尔德告诉法庭他的确犯了错误，称埃森伯格一定患有一种罕见的遗传病，成为"短"Y 染色体症，即缺少 DYZ1 区域。当辩方证人证实，任何患有这种疾病的人几乎肯定是不育的时候，贝尔德回到了实验室做了额外的实验（对生命密码公司的雇员进行 DNA 分析），并发现对照 DNA 实际来自生命密码公司的一位女性技术人员，名叫埃莉·米德（Ellie Meade）。

一些辩方证人于是下结论，这一错误说明了生命密码公司的质量控制和记录保存机制的失败。在作证的时候，兰德尔甚至称卡斯特罗案中生命密码公司的性染色体实验是一个"彻底的失败"。他继续说道："你无法从这个关于性别的放射自显影图中确定任何东西，这是一个令人震惊的失败，因为这个基因座在理论上比单拷贝的 RFLPs 更容易检测两千倍。"[44]

辩方还认为，生命密码公司在法医案件中继续使用他们已知受到污染的探针，违反了公认的科学研究准则。[45]这个问题出现在当贝尔德宣称该受污染的探针在含有 D2S44 和 D17S79 杂交（这两个位点同时被检测）的放射自显影图中产生了一条虚假的 6kb 条带的时候。贝尔德告诉法庭，生命密码公司不遗余力地确认这个 6kb 的条带来自细菌，而不是人类。为此，他们进行了多种实验，包括用合成探针重新检测该法医 DNA 样本（这些探针不包含可能识别 6kb 条带的其他细菌 DNA 片段），以及用针对特定细菌 DNA 序列的探针检测这些样本。在后一种情况下，6kb 条带被观测到了，即证明了它实际上是来自细菌的观点。[46]虽然生命密码公司花了很大的力气来证明这个条带确实是污染的产物，但辩方认为这些努力是不够的，也是不科学的。在他们看来，一旦发现探针受到污染，该公司就应该立即停止使用这种探针。然而，贝尔德告诉法庭，这样的操作会大大减缓公司的工作进展，因为制作新探针要花很长时间。[47]

最后，辩护团队认定，在比较"生命密码公司在报告结果后试图排除放射性自显影图 17 上的 6kb 条带影响时，精心设计的步骤"和

"没有花力气判断是一个条带还是两个条带"这两个事实后，可以发现，生命密码公司在"本末倒置"。[48]兰德尔认为：

> 他们花了大量的精力去排除6kb条带的影响，因这个条带会表明两个样品不同。因此，他们的努力集中于两个样品没有这样的区别，却没做其他任何努力，没有哪怕是一点点努力，也就是把薄膜再放回胶片上48个小时，以确定（两个样品）是否有差异，一个差异就足够排除被告的嫌疑。在我看来，这个实验室里的决策流程很有趣。一个人决定要进行什么样的实验。如果一个人有一个固定且快捷的程序，他需要做出相对较少的决定。在我看来，在我的判断中，有些决定是在工作的进程中做出的，但他们在根据决策流程做决定时，明显出现了不平衡的现象。使用决策流程的人只顺着"排除可能的区别"的所有线路前进，而没有走"确定可能的区别"这个线路。那么他就是把自己放在了有做出错误匹配风险的位置。[49]

辨方的最后一个针对生命密码公司在技术上的论点是他们的拉丁裔数据库不处于哈迪-温伯格平衡（HWE），即只有在符合等位基因自由分离的条件时才能使用乘积法则。在从一篇发表在《美国人类遗传学杂志》上获得生命密码公司收集到的原始数据（该公司认定所有用于DNA分析实验的基因座均符合HWE）后，[50]用兰德尔自己的话说，他发现该数据与HWE有"惊人的偏差"。如果在HWE，人们可以预料，对于任何特定等位基因来说，有百分之四的人口都是纯合的，但兰德尔计算得出，生命密码公司的拉丁裔数据库中D2S44位点的纯合率为17%，D17S79位点的纯合率为13%。当群体遗传学家在一个给定的人群中观测到过多的纯合个体时，他们通常假设该群体被分成不相互通婚的亚群体。这种状态导致这些亚种群中的基因多样性减少，更多的个体会在一个给定的基因座上拥有相同的两个等位基因。所以，对于兰德尔来说，从生命密码公司的拉丁裔数据库中发现的如此高的纯合率会不可避免地导出一个结论，美国拉丁裔人口中显著地存在非自由通婚的亚群体。[51]

为了支持他的结论，兰德尔建议谢克和纽菲尔德去联系菲利普·格林（Phillip Green）。格林是在没有看到基础数据的情况下就评审生命密码公司投到《美国人类学遗传学杂志》的文章且推荐其发表的群体遗传学家之一。当他看到原始数据时，他同意为被告方作证，他表示如果他看到了他们用来计算的数据库，他是不会同意其发表的。在证人席上，他作证说，生命密码公司在没有告知读者的情况下，改变了他们计算 HWE 的方式。他说："我能想到的唯一原因是，他们可能第一次以正确的方式进行了测试，并得到了重要的结果，然后他们重新定义了（他们的实验条件），以便得到他们想要的结果。"[52]尽管人群亚结构的问题在卡斯特罗案后几个月发展成一场巨大的争议，但出于当时没有说明的原因，杰拉德·欣德林（Gerald Sheindlin）法官在做出决定时没有考虑群体遗传学方面的问题。

检方的反应

在很多方面，检方对辩方提出主张的反驳是相当软弱的。检方的主要论点是，即使辩方对生命密码公司实验步骤的批评在技术上是正确的，公司所犯的错误和疏忽并没有影响血迹分析的最终结果。此外，他们认为，由于法医案件工作的独特性质，不可能实现兰德尔在证词中要求的那种完美实验。正如迈克尔·贝尔德在 1994 年的一次采访中所说，"事实是，当你对法医样本进行测试时，这就是唯一你能得到的结果，你必须去解释它。如果样品被污染了，与其他物质混合了，或者很糟糕，都不是我的错。我只是试图解释一下那里有什么。我想就是在这里传递信息时丢失了什么。我们基本上得到了我们所能得到的一切，尽管在数据解释中存在分歧，但事实就是如此"。[53]换句话说，检方和贝尔德都希望卡斯特罗案涉及的各方人士都会确信生命密码公司DNA证据的有效性，即使这些人没有共同的信念和解释数据的标准。

检方还试图说服法官，兰德尔对法医背景不够熟悉，无法就刑事调查过程中应该做什么和不应该做什么提出意见。在苏格曼检察官有机会对兰德尔进行交叉质询时，她问了后者一系列问题。这些问题表明兰德尔在法医领域缺乏充分的经验。具体来说，他承认在他的职业生涯中只见过几个法医专家，且对处理干燥的血液样本几乎没有经验。他也从未试图从犯罪现场很常见的环境中提取DNA。此外，她迫使兰德尔承认，后者从来没有参观过生命密码公司，而且在过去一年中与该公司的员工几乎没有接触。[54]

此外，检方证人和律师认为，尽管辩护律师提供了解决司法科学固有问题的合理方案，但解决特定问题的方法不止一种。这个说法在贝尔德的证词中随处可见。他不断宣称，生命密码公司使用的对照样品与兰德尔列出的一样好。同样，检方证人也指出，在理想科学与实际科学实践之间存在着微妙的脱节，特别是在法医学方面。这种差别似乎使生命密码公司的错误是可以原谅的。例如，当帕布罗·鲁宾斯坦（Pablo Rubinstein，是纽约血液中心免疫遗传学实验室的负责人，该实验室过去曾在几个项目上与生命密码公司合作）被问及生命密码公司偶尔违反其确定的实验步骤是否构成问题时，他说他对这个问题的意见是模棱两可的：

> 你看，大多数实验室都用了多个探针。当你用它们时，你不太清楚这些探针的工作原理。你只是通过几个实验了解他们，然后，也许过了几个月，你才会再次使用他们。现在，如果你一遍又一遍地使用同一个探针，且你只用了有限数量的探针，我必须说实话，不知道会发生什么情况。我的第一反应是，为了心安理得，我会（用对照样品）跑一次胶（以确保探针正常工作）。因为这很重要，但我不知道我是否会这

么做。这不仅仅是多在一条道上点样的事情。当你做这件事的时候，会出现一些技术问题。这就是我所能给出的最明确的答案。我不能说你必须在所有条件下都跑这些对照样品。[55]

当被问及他是否相信科学界已要求生命密码公司保存准确和完整的实验记录以确定他们的方法是否被普遍接受时，他表达了类似的观点。他回答说，虽然科学界"希望"有良好的记录保存，"但是没有人会去他们的实验室检查他们记有实验步骤的记录本"。[56]

控方还不遗余力地去关闭因辩方团队通过抹去诉讼过程中的不确定性事件而打开的"黑匣子"。辩方的这个策略曾非常奏效，从兰德尔和苏格曼在一次交叉质询时的对话中特别能够看出来。在谈话中，苏格曼试图诱使兰德尔承认法医 DNA 分析和 DNA 印迹法完全相同，而 DNA 印迹法是被科学界普遍接受的技术。兰德尔强烈反对这种描述，并试图阻止她做出这样的结论。对话以苏格曼问兰德尔的问题开始，她问："先生，考虑到法官一开始问你的方式，以您的意见，关于 DNA 印迹的实验方法，它的操作过程就是 DNA 分析在法医调查中的过程吗？"兰德尔给了否定的回答。谈话继续：

以下对话中，L：兰德尔，S：苏格曼

S：不？

L：DNA 印迹法的步骤，单独来说，显然不全是做 DNA 分析时使用的步骤。

S：我们所谈的步骤，就是你说的从样品提取到准备自显影图的方法吗？

L：它们也是该步骤的组成部分。

S：但是那个组成部分，去提取 DNA，处理它，一直到得到自显影图，是在那个组成部分中用到的步骤吗？

L：不，它不是。我在指……

S：那个组成部分，步骤的一部分。

L：步骤的一部分，是。

S：你不是要……

L：它将成为一部分。

S：你不是想发明一种新方法去提取DNA，选取限制酶，使用探针，进行杂交，和所有其他步骤？

L：这不准确。目前有许多关于杂交时使用的溶液的研究正在进行。我确定你们明白，不同的杂交溶液在不同背景环境下有不同的性质……彻奇和吉尔伯特在基因组测序上有一篇著名的文章。文章中报道有一种新的，且我认为非常有用的溶液已经被开发出来，可能更适合目前的工作。法医界正在积极研究并使用它。按照1975年埃德·萨瑟温（Ed Southern）的定义，说DNA印迹法就是DNA分析所用的步骤，是错误的，至少我想是不准确的。事实上，现在正在进行着非常重要的研究来探寻能在法医学的特殊要求下，供DNA印迹法使用的最佳具体步骤和溶液。[57]

在兰德尔的证词快要结束时，大概是当苏格曼发现案件中的证据确实存在严重问题时，她开始把卡斯特罗案中生命密码公司所做的工作与该公司在先前或正在审理中的其他案件里的工作分割开来。她反复问兰德尔，他是对生命密码公司的方法在其他案件中的可接受性做出判断，还是仅仅在这个特定案件中做出判断。兰德尔称，他只考虑生命密码公司在卡斯特罗案件中的工作，因为这是他所知的唯一一个案件，这也是他认为这场弗莱标准听证会的重点。[58]在一连串的问题将要结束时，苏格曼问："博士，你的意见是针对这个案件，你的证词是适用于本案现在的情况，根据你的意见，在这个案件中使用的步骤并不符合学术界广泛接受的要求，就是这样吗？正确吗？"兰德尔给了肯定的答复。[59]苏格曼接着说："因此，你不会对生命密码公司今天可能会做的事情发表意见，对吗？也不会对他们在1987年6月做的其他工作发表意见，对吗？"兰德尔回答说不会。在说完她的观点后，苏格曼开始谈其他问题。[60]

一次庭外的会议

检方对辩方的论点做出如此软弱无力反驳的一个原因是，在兰德尔的证词结束时，大多数检方证人已经确信他的批评在某种意义上是有道理的。没有哪位证人比理查德·罗伯茨更受兰德尔评论的影响。这位即将成为诺贝尔奖得主的人在卫斯理-巴雷案中向哈里斯法官作证时表示，他不需要彻底检查生命密码公司的工作，因为他非常信任他们的科学家。尽管罗伯茨之前曾在几起涉及DNA证据的案件中作证，但他实际上从未仔细检查过法医DNA证据。他对辩方发现的东西感到惊讶。在他作证的其他六起左右的案件中，他认为自己的作用主要是为法官提供背景信息，以使其决定DNA证据是否应该被法院采纳。就像在其他案件中一样，在卡斯特罗案中，他依靠检察官和生命密码公司向他展示所需的相关资料，决定某特定结果是否是有效和可靠的。在最近的一次采访中，他告诉我，他从未想过问检方和公司是否对他隐瞒了任何数据。他说："我以为他们是在向我展示他们所拥有的一切。"[61]

然而，当他1989年4月在冷泉港的一次会议上偶遇兰德尔时，也就是兰德尔刚刚在卡斯特罗案中作证后，他的观点发生了戏剧性的变化。兰德尔告诉罗伯茨，后者被检方"愚弄了"，并建议他读一读兰德尔为这个案子写的报告。读了兰德尔的报告后，罗伯茨对检方（因为对他隐瞒信息）和美国司法体系（因为容忍一个视欺骗为可接受行为的体系）感到愤慨，并决定必须尽快解决涉及的科学问题。他告诉我，他认为美国的法律体系对真相不感兴趣；它感兴趣的是谁可能是最狡猾的对手。结果，卡斯特罗案件中的律师使用了欺骗手段，阻止了在科学方面的审议。"我认为，如果从一开始就要求诚实，"他说，"那么问题就会很容易地暴露出来"。[62]他接着说,事实上,如果他能接触到卡斯特罗案的所有数据,他本可以"对什么是可以接受的,什么是你能解释的数据,什么是真正可以解释的数据,当然还有不应该被试图用来伪造的数据做出完全合理的判断"。他说:"我认为,对于辩方的专家证人来说,他们遇到的情况(和我)完全相同。只是因为他们有这些额外的材料,所以他们能够提出论点。"[63]

虽然他仍然相信生命密码公司的最终结论是可靠的,[64]但他认为,案件双方的科学家们能在法庭之外见面并进行一场关于法医DNA分析的"科学讨论"是一个好主意,因为在这个场合,"没有律师式的讨论"。他们是同事,而不是对手。[65]在他联系的10名本案证人中,有8名也认为在庭外见面是个好主意,但不是所有人都能将其安排进自己的日程中(最终贝尔德是唯一没有参加的证人)。最后,辩方的两位证人,兰德尔、罗琳·弗莱厄蒂(Lorraine Flaherty)和两名检方证人(罗伯茨和卡尔·多布金)在1989年5月11日见面讨论了这起案件。在很多媒体的叙述中,该会议被描述为"极度不寻常"和背叛性的。[66]与会者随后发布了一份前所未有的联合宣言,结论是生命密码公司在卡斯特罗案中的DNA证据在科学上是不可靠的。他们进一步指出,如果这个证据"提交给同行评议期刊以支持其结论,将不会被接受"。[67]

讽刺的是,这组人贬低了最初使他们走到一起并作为其声明基础的法律程序。他们说:"所有专家都同意,弗莱标准的测验和对抗性的司法制度并非是达成科学共识的最适当方法。弗莱标准听证会不是对数据开始进行同行评审的最佳时刻。在这个时候发起同行审议浪费了法庭和专家们大量的时间。这种情况也使许多专家不愿意参与对数据进行仔细的科学审查。"[68]他们主张应在另外一个空间解决卡斯特罗案听证会期间出现的问题,并呼吁成立一个国家科学院委员会,研究DNA分析在法医案件中的应用。[69]

罗伯茨在此案之后的评论中对法律体系进行了特别的批评。他告诉《科学》的一名记者:"法庭系统是对抗性的,鼓励专家证人在他们的陈述中做得比他们准备的更激进。当我们坐下来,没有律师在场,进行理性的科学讨论时,我们都做得更好。"[70]这意味着对抗性的诉讼制度不是评估新形式的科学证据的最佳场所。然而,罗伯茨似乎不愿承认的是,直到他面对一名只能因为对抗性法律制度而出庭的一名证人(兰德尔)呈递的信息为止,他都没有意识到这个技术的问题,而且几乎完全相信这家他知之甚少的公司所做的工作。

在收到本方证人签署的陈述后,检方最初决定撤回案件中的 DNA 证据。最终,他们决定不采用这种策略,并试图以道听途说为由阻止联合声明被法庭接受。然而,辩方通过请四名专家针对他们的声明出庭作证来对抗检方的计策。[71]这下,联合声明就成为了官方案件记录的一部分。尽管检方试图抗辩,但他们在挽救生命密码公司的证据上的努力几乎是无效的。意识到了这一点,检方在其最后的辩论中承认,生命密码公司的测试在法律上是不可采信的,并提出了一套刑事司法系统所有当事方都应遵循的程序保障措施,以确保 DNA 证据的有效性和可靠性。[72]

裁定

如同欣德林法官在审判前证据可采信性听证会开始时讨论的那样,他认为,以前在法庭裁决过程中,对法医 DNA 分析这个概念在科学界的普遍接受这个问题投入了过多的注意力。因此,法庭没有对正在审理的实际案件中的具体 DNA 检测结果给予足够的重视。在他看来,"如果没有对特定案件中实际进行的测试程序进行事先的、关键的检查,仅仅达到弗莱标准是不足以把这种证据呈递到陪审团面前的"。[73]因此,欣德林决定他最终要处理的问题是生命密码公司对被告手表上的 DNA 和谋杀受害者的 DNA 分析结果的可采信性。[74]为了澄清自己的立场,欣德林把弗莱标准分成了以下"三个方面的分析"去考虑他关心的问题:

方面 1：是否有一个能被科学界普遍接受的理论，可以证明 DNA 法医检测可以获得可靠的结果？

方面 2：目前是否存在能够使 DNA 鉴定产生可靠结果且被科学界普遍接受的技术和实验？

方面 3：在分析这个特定案件的法医学样本时，实验室是否使用了被科学界接受的技术？[75]

前两个方面在传统上是按照弗莱标准解决的问题，但第三个则针对具体案件。虽然这里有一些关于这个问题是否属于证据的说服力还是可采信性的争论，但欣德林显然认为某个技术在特定案件中的使用对其在该案件的可采信性至关重要。

关于第一个方面的问题，几乎没有什么讨论。欣德林写道："本案的证据明确地使所有科学家和律师都认定 DNA 鉴定可以获得可靠的结果。"[76]然而，第二个方面却在弗莱标准听证会上争议颇大。欣德林认为，DNA 分析技术是可靠的，这一普遍论断是可以被接受的，但是它在某个特定的测试中的可靠性是令人怀疑的。然而，辩方认为，把第二方面和第三方面的问题分离开几乎是不可能的。[77]根据他们的观点，任何针对第三方面的证词，如果它表明生命密码公司的方法在科学界不被普遍接受，就一定会对第二方面产生影响，因为该公司是 DNA 分析行业的主力军（实际上，无论出于任何意图还是目的来判断，该公司都占有行业的半壁江山）。在庭审的很多时刻，纽菲尔德、谢克和欣德林都在为是否能在第二方面和第三方面之间划出明确界限而争论。最后，欣德林愿意承认这两个问题之间的界限是模糊的，但他宣称自己有足够的能力划出界限。[78]

如同以前法官所做的那样，欣德林在讨论第二方面的问题时指出，法医 DNA 分析中使用的大多数技术和方法都不是新的，因为它们已经在诊断、临床和实验环境中使用多年，并且已经在科学界获得普遍接受。不过，他认可了兰德尔的证词（和辩方的主要观点），认为在这个案件中,"是把该技术应用至法医DNA鉴定中产生了很多争议"。[79]他还指出,一些证人对于这项技术存在分歧,例如这个技术是否已被接受,或它是否能如兰德尔和弗莱厄蒂所说能在年底用到法庭上。[80]至少根据他的观点,没有任何一个证人否定这种技术在不久的将来将会被普遍接受。最终,欣德林决定,这些"备受尊敬且相当杰出"的检方科学家的证词,以及先前的案例,都支持法医DNA分析符合弗莱标准这个结论。[81]

欣德林面对着一份由控方和辩方证人联署的声明,该声明认定此案DNA证据在科学上既不有效又不可靠,而且检方也承认他们赞同这个结论,这样一来,他在回答第三个方面的问题时就没有多少余地。首先,他没有重要的专家证词用以裁定本案证据是否有效和可靠。因此,关于生命密码公司为证明卡斯特罗手表上的血迹属于维尔玛·庞塞案而呈递的证据,欣德林的结论是,它是"从法律上来说不可接受的,由于该实验室在几个主要方面未能使用科学界普遍接受的技术和实验,在合理的科学确定性范围内(这是一个已经过时的美国法律界的习语,在学术界极少使用,在法律界讨论证据可采信性时,用于表示非常可能之意,译者注)获得的可靠结果"。[82]然而,他确实有一定的自由度去决定如果用生命密码公司的结论能**排除**手表上的DNA并非来源于卡斯特罗,那么结论是否可采信,然而他认为用于排除的证据在技术上和统计学上面临的挑战远小于用于指控的证据(也就是说,它们仅需要目视检测)。[83]因此,最后他判定,用于排除的证据是可以采信的,因为它不会遇到这些步骤中的固有问题,即匹配条带、计算其大小、计算该条带在相关人群中出现的频率。

在得知欣德林的裁决时,检方感到满意,因为对DNA分析的负面影响仅被限制在这一起案件中,而且法官在其最后判决中考虑了他们在程序上的建议。在布朗克斯区检察官办公室成员发表的几份声明中,检察官宣称,该案仍"帮助了刑事司法系统",而且该裁决是"全国性的重要胜利",它肯定了法医DNA分析总体上的有效性和可采信性。[84]

至少在公开场合，生命密码公司似乎对这项裁决也相对满意。在卡斯特罗案裁定后不久，公司科学家凯文·迈克弗雷什（Kevin McElfresh）在写给《科学》杂志的一封信中，总结了该公司在此案中的官方立场。他写道：

> 从欣德林的决定中，我们认为很明显他能够看穿卡斯特罗案中辩方夸大的一些问题。我们承认数据的包容性方面有一些模糊的地方，是由于1987年使用的样本、探针和技术造成的结果。当我们使用1989年的标准尝试时，这些数据并不像它们本来应该的那样令人信服。不幸的是，用于检测DNA的尼龙膜已经在反复杂交实验中耗尽，在本案最终开始审理时，我们无法用1989年的探针和技术进行进一步分析。然而，这并不意味着所产生的结果是无效的，尤其是当它们与案件中的所有证据结合在一起时。[85]

在《纽约时报》上一篇关于欣德林裁决的报道中，生命密码公司发言人卡伦·韦克斯勒（Karen Wexler）表达了类似的想法，并补充道："如果我们今天做同样的测试，我们会得出同样的结论，但我们会试图解释这种模糊不清的地方。"[86]或许，对生命密码公司在卡斯特罗案中的最佳总结，是最近对贝尔德的一次采访。他对我说：

> 你知道……这不是测试方法或DNA测试本身的问题，在这个情况下，我们的专家和律师都不如对方。那种事情当然会发生，看看辛普森案吧。我认为，一旦科学界和法医界了解到发生了什么，结果是什么样子，他们就会觉得更放心。如果你仔细看一下法官的判决，他并没有真的说DNA检测不好或者不起作用。他只是说，在这个案件中，我们不能说证据显示两者匹配（原文这里用词为inclusion，从上下文意

推测，似乎是手表上血迹的 DNA 图谱是否真正包含受害者 DNA 条带，译者注）。[87]

因此，生命密码公司的官方回应是，他们在卡斯特罗案中出现的任何问题都是孤立的，而不是系统性的事件。在审判后的几个月时间内，他们花了大量时间向潜在客户和公众保证不会再犯类似的错误。与此同时，生命密码公司淡化了卡斯特罗案判决对它的影响；但是，为了应对谢克、纽菲尔德和兰德尔提出的问题，该公司确实在实验程序和方法上做出了重大的改进。最值得注意的是，他们建立了一个计算机辅助的匹配系统，它不依赖于视觉上的主观判断标准，改进了一些他们曾使用的内部控制机制，还变更了他们在人口数据库中计算特定等位基因频率的方式。[88]

当生命密码公司和布朗克斯县地区检察官庆幸于该案对法医 DNA 分析的名声破坏已被限制到最小的时候，谢克和纽菲尔德却对欣德林的裁决感到震惊。他们简直不能相信，法官在确定证据可采信性时的思维框架，能在他的第二方面和第三方面之间保持严密的界限。虽然他们明确感谢法官能在卡斯特罗案中判定 DNA 证据是不可接受的，但他们对他拒绝处理第二方面，即 DNA 分析的普遍使用上的问题感到"不愉快"。"这似乎从根本上就是错的"，谢克说："（欣德林）对生命密码公司在方法上的问题避而不谈。这些问题应会向任何一位阅读他意见的人揭示，所有他们以前的案件证据都是无效的。"[89]

作为对这一评论的回应，欣德林重申了他在整个审判过程中的立场并回答说，要他去谈及在他参与的其他案件中生命密码公司对该技术的使用是不恰当的。[90]因此，他在法医 DNA 分析的技术系统和其在特定情况下的应用之间划了一个界限。让谢克和纽菲尔德大失所望的是，这种对两个问题的分割将成为未来法官评价该技术的有效性和可靠性的主流观点。换句话说，在欣德林裁决之后的法官们均提前假设，只有他的第三方面才是唯一需要解决的问题。因此，在卡斯特罗案之后，判定 DNA 证据不可采信只发生在一小部分案件中，基本是在审判或上诉阶段。[91]

虽然 DNA 分析这个领域的利益相关者对欣德林的裁决有明确的反应，但媒体并不确定该如何解释。有关卡斯特罗案的新闻报道相互之间有明显冲突。《科学》杂志关于这起案件的报道的标题是"呼吁要谨慎对待 DNA 鉴定"并称这项技术已经"在遭受的第一个严峻挑战中失败了"。[92]另一方面，《自然》杂志的文章标题称"法官支持这项技术"，紧随其后的故事中写道："基因鉴定因此出现，为其使用提供支持"，既显示了它被法庭拒绝，又被法庭采用。[93]《纽约时报》采取了中间立场，它的标题为"DNA 检测的可靠性被法官裁决所挑战"。这篇文章突显了欣德林裁决中内含的模糊性，指出"检方和辩方都宣称在这项复杂的裁决中取得了胜利，甚至连测试结果受到批评的实验室也对这一决定表示赞赏。它进一步指出："对于布朗克斯的裁决是否能成为一个重要案例，存在着截然不同的意见。该案例可能会导致其他数十起涉及 DNA 鉴定的案件被重新审理。"[94]

无论各媒体表达了怎样的观点，归根结底，卡斯特罗案得到了巨量的关注，并将 DNA 分析有效性和可靠性的问题置于全国的聚光灯下，直到 1995 年底的 O. J. 辛普森案。对该案庭审的关注使谢克和纽菲尔德成为美国最家喻户晓的律师。在卡斯特罗案后几周内，这二人组收到了来自全国各地辩护律师的几十个请求，希望他们帮助挑战 DNA 证据。

这个案件也给了埃里克·兰德尔大量在公众场合抛头露面的机会，他在学术圈内外的名声也开始走向全国。根据一篇文章的说法，他在卡斯特罗案中作证六个月后，他被邀请到 57 个案件中作证，由于时间关系，他全部拒绝了。[95]1989 年 6 月，兰德尔在《自然》杂志上发表了一篇文章，总结了他几个月前在卡斯特罗案提供的证词，这对法医 DNA 分析的法律和科学方面产生了深远的影响。除了提醒学术界注意与该技术的法医应用有关的问题外，他对该案件的参与使得被告在法庭上作证更被科学界所接受。

1989年9月15日，约瑟夫·卡斯特罗出庭受审，在欣德林法官面前承认了谋杀维尔玛·庞塞和她的两个女儿的罪名。他也承认，手表上的血迹不是他的，而是属于庞塞。他的供述使生命密码公司的凯文·迈克弗雷什更有胆量贬低辩方在卡斯特罗案中的努力。对迈克弗雷什来说，生命密码公司的结果和卡斯特罗的坦白之间的相关性表明"也许辩护律师要开始面对这个情况，他们不得不接受科学数据是有效的、可靠的且强有力的这个事实"。[96]本质上，迈克弗雷什认定，和最终的测试结果相比，合理的方法和对公认的科学实践准则的坚守没有那么重要。在他看来，在产生DNA证据的过程中，最后结果比获得它的过程更重要。

明尼苏达州诉施瓦茨案（State of Minnesota v. Schwarz）

差不多就在生命密码公司的DNA分析系统在卡斯特罗案中被仔细审查的同一时刻，辩方律师和科学家正准备在美国的另一个地方挑战细胞标记公司的技术。其中最重要的案件是一起令人震惊的罪行，曾使明尼苏达州双子城的居民和工人们紧张不安。1988年5月27日上午9点，19岁的嘉莉·库恩罗德（Carrie Coonrod）在明尼阿波利斯市的一个停车场的坡道上被残忍杀害，当时她正在去参加一个工作面试的路上。目击者报告说一名身穿格子衬衫的男子在案发后"快速"驾车离开了现场，他们还记下了汽车的车牌号。根据这些信息，警方前往登记的车辆地址，逮捕了车主托马斯·施瓦茨（Thomas Schwarz），认定他与库恩罗德的死相关。在搜查他的房间时，调查人员发现了一条沾满血迹的牛仔裤。几天后，他们还在犯罪现场附近发现了一件沾满血迹的格子衬衫，上面少了三个扣子。在搜查施瓦茨的汽车时，发现了与该衬衫纽扣相同的三颗纽扣。刑事事务局（Bureau of Criminal Affairs）的初步血清学检验表明，在施瓦茨的牛仔裤和衬衫上发现的血迹符合库恩罗德的血型。[97]尽管已经有强有力的证据表明施瓦茨有罪，但在1988年6月24日，该案的检察官史蒂夫·雷丁（Steve Redding）和明尼阿波利斯市警察局决定把该案证据交给细胞标记公司进行法医学DNA检测。

1988年9月27日，细胞标记公司向明尼阿波利斯市警察局提交了最终结论。基于四个单位点探针（g3，MS1，MS31和MS43）得出的结果，该公司宣布格子衬衫上提取的DNA带型与库恩罗德DNA图谱完全相符。他们声称这种特殊带型在白人总人口中出现的频率大概是330亿分之一。尽管细胞标记公司宣称从牛仔裤上提取的DNA带型也与库恩罗德DNA图谱完全相符，但出于未公开的原因，他们并不能从这个匹配中得到确切的结论。

与纽菲尔德和谢克一样，助理公诉辩护人（Assistant Public Defender）帕特里克·沙利文（Patrick Sullivan）下决心，绝不会被分子生物学的复杂性和由于如此微小的匹配概率带来的确定性吓倒。尽管没有科学背景，他还是想尽自己最大的努力，从辩方的角度批判性地审视这种技术。他想挑战DNA证据的愿望并不是因为他的个人经历，而是意识到细胞标记公司和雷丁都希望将施瓦茨案作为"为整个明尼苏达州的测试案例"。此外，他认为，这个案件将像全国大多数其他涉及DNA证据的案件一样进行。他说："我能看出来——很明显，我的工作最后就是翻身装死（即放弃辩护，译者注），这种事情会发生，我做不了任何事情，我也无能为力，我会在这次（可采信性）听证会上失败，已经是板上钉钉的事了。我又想，我可不想放任整个明尼苏达州都以该案为先例，这是为了以后每个都会以此为先例的案子。"[98]

沙利文通过搜索公众媒体有关法医DNA分析的文章来开始他的研究。在搜索过程中他找到了几篇关于卫斯理-巴雷案的文章，又看到几篇准备卡斯特罗案审判的新闻。[99]沙利文又寻得《韦恩堡期刊-公报》（*Fort Wayne Journal-Gazette*）上关于印第安纳州弗兰克·E. 霍普金斯（Frank E. Hopkins）谋杀案审判的文章，它的弗莱标准听证会进行了很长时间，在那里，细胞标记公司第一次受到辩方的挑战。[100]在这起案件中，霍普金斯的辩护律师查尔斯·F. 伦纳德（Charles F. Leonard）将重点放在细胞标记公司的质量控制体系以及测试中人为失误的可能性上。尽管没有成功，他还是让细胞标记公司的代表承认，他们在对犯罪现场样本进行分析的过程中，从公司规定的实验室方案转向了另一种方案，该方案旨在从生物证据中提取更多的DNA。他还迫使细胞标记公司的一位技术人员承认，她在证据上没有遵循正确的程序。这个错误导致她识别了错误的样本，最终导致她的分析中出现了意外的错误匹配。[101]

在阅读媒体报道的过程中，当地一家报纸的记者联系了沙利文。该记者对这项技术很感兴趣，打算写一篇关于施瓦茨案审判的报道。这位记者建议沙利文联系威廉·C. 汤普森（William C. Thomson）和分子生物学家西蒙·福特（Simon Ford），他们是加州大学欧文分校社会生态学综合学院的同事。汤普森获得了斯坦福大学的心理学博士学位，又从波尔特楼（Boalt Hall，即加州大学伯克利分校法学院）那里获得了法学博士学位。1987年中期，汤普森开始对法医DNA分析感兴趣，当时他正在做一项由美国国家科学基金会（National Science Foundation）资助的研究，研究刑事法庭对统计证据的使用。福特在那时也从事法医科学的研究，他与福特的合作开始于他请求福特帮助他理解生物学和遗传学的基本知识。汤普森和福特开始定期会面，讨论他们认为围绕这项技术最紧迫的问题。在阅读了亚历克·杰弗里斯的原始论文集、研究了细胞标记公司后来关于单位点探针的工作，以及又与当地众多的法医科学家和律师交谈后，他们开始相信科学家们无法支持细胞标记公司的论点。

记者还给了沙利文一篇文章，题目为《DNA分析：前途光明的法医学工具需要额外的验证》，该文章由汤普森和福特撰写，近期发表在《审判》（*Trial*）杂志上。[102]在这篇文章，以及几个月后在《弗吉尼亚法律评论》（*Virginia Law Review*）上发表的一篇内容更充实的文章中，汤普森和福特列出了他们反对DNA证据可采信性的基本论点。他们写道：

- 关于DNA证据确凿性的说法，"很不幸，是夸张"因为所有匹配与统计概率有关[103]
- 这项技术还没有标准化，所以无法确保某一特定实验室的工作符合公认的方法[104]
- 解释放射性自显影图的困难程度比细胞标记公司和生命密码公司愿意承认的更大，且条带更加难以测量。他们发明了一个术语"溢出的液体（slop）"来描述放射性自显影图，即因法医调查中的偶然性引发的外观变化[105]
- 实验室出错的可能性很大，比如污染或者做出错误的"结论"（原文用call，这里似应解释为宣称DNA图谱匹配，译者注），以及在DNA分析步骤的几个节点上的人为错误，如样品混淆[106]
- 私营实验室计算和展示统计概率的方式存在严重问题，特别是因为它们使用了未经证实的关于人群中各种等位基因独立性的假设[107]
- 没有进行充分的验证和可靠性研究，主要是因为私营实验室不但只进行自我监督，而且技术检查只在理想的实验室环境下进行，而不是在更复杂的法医工作条件下[108]

在他们发表在《审判》杂志上的文章中，汤普森和福特下结论说，决定是否在法庭上接受DNA证据要冒很高风险。"一方面"，他们写道："过度谨慎会阻碍有价值的证据被及时采纳，这是一种危险。另一方面，迅速而不加批判地就被接受的证据可能在日后被证实不如先前期望的那么可靠……这是一种非常强大和有前途的新技术，但是这种技术的复杂性可能隐藏着一些危险的陷阱，而且在法医界日常的使用中，它可能无法达到其支持者的高期望值。在更多的验证研究完成之前，法律界最好谨慎对待这项新技术。"[109]看到这篇文章后，施瓦茨联系了汤普森，汤普森不仅给了他额外的建议，告诉他应该如何在此案中挑战细胞标记公司的 DNA 证据，还给了他一些资料以及可能帮助他的证人名字。汤普森还同意前往明尼阿波利斯在弗莱标准听证会上为施瓦茨作证。

1988 年 12 月至 1989 年 2 月，施瓦茨案的审前证据可采信性听证会分阶段进行。在 12 天的法庭辩论中，有 12 位证人作证，产生了接近 1300 页的庭审记录。雷丁采用了一种分两步走的策略，试图说服法官相信细胞标记公司的 DNA 证据是可采信的。首先，他提出，新科学证据在明尼苏达州法院的可采信性是由弗莱标准还是由相关性方法决定，该问题存在相当大的模糊性。相关性方法更好，因为它能"容易被应用"，且符合明尼苏达州和联邦的证据法规。[110]他认为，这样做的主要好处在于，它给予了法院在最终确定科学证据可采信性时的自由裁量权，还"允许初审法院严格审查接受（此类）证据的逻辑和法律基础。证词中的专家意见被用来检验证据的可靠性……（而且）该规则也允许法庭通过考虑其新颖性和科学文献来检验科学界的意见"。[111]尽管他认为这项技术在任何一个标准下都是可接受的，但相关性方法要好得多。

基于这一观点，他随后传唤 7 名证人出庭作证。他们辩称这种技术并不新颖，因为它已经在医学研究和诊断中使用了好几年，所以在目前这些情况下非常可靠。[112]其中几个证人认为细胞标记公司的探针早已被研究人员使用，且在科学界被普遍认为是可靠的。[113]这些证人包括迈阿密大学医学院的邦妮·布隆伯格、美国国立卫生研究院遗传研究部门负责人戴维·高曼（David Goldman），以及利用 DNA 分析研究遗传疾病的 P. 迈克尔·康奈利（P. Michael Conneally）。其他检方证人，包括乔治·华盛顿大学法医科学教授瓦尔特·罗（Walter Rowe）作证说细胞标记公司的质量检测步骤很出色。

沙利文的策略是把重点放在汤普森和福特在文章中提出的问题上。除了这些问题，沙利文还认为，细胞标记公司编制人口频率数据库的方式存在严重缺陷。他还请来了明尼苏达大学统计学院主任西摩尔·盖瑟（Seymour Geisser）教授和当时在印第安纳大学任教的生物学教授罗林·里士满（Rollin Richmond）。他们作证说，确定这个数据库是否处于哈迪-温伯格平衡的唯一方法是检验原始的人口数据。沙利文指出，细胞标记公司努力试图阻止辩方专家获取这些数据，以掩盖这些潜在的缺陷。他认为，公司之所以这样做，是要"避免尴尬，并获得竞争优势"。[114]在他看来，细胞标记公司的保护性策略就是阻止辩方专家检查数据库是否符合 HWE 和等位基因独立性。检方对这一指控的答复是，《明尼苏达刑事诉讼规则》规定，法律规定细胞标记公司只有义务公开与手头具体案件有关的信息，而不是所有的数据。因此，公司和检方均符合明尼苏达州的规定，公司没有对被告隐瞒任何信息。[115]

其次，沙利文认为，细胞标记公司没有遵循科学界普遍接受的做 RFLP 的步骤。具体来说，他声称细胞标记公司的 DNA 证据是不可采信的，因为它既不符合 FBI 最近公布的验证流程的要求，也不符合 FBI 最近成立的技术工作组提出的 DNA 分析质量保证指南。[116]尽管当时 FBI 的流程在当时仅是建议，且未形成法规，也没有被广为传播并被任何科学界普遍接受，沙利文仍然提出了这个论点。

在汤普森的大力帮助下，沙利文还向法官解释说，1987 年末和 1988 年初，加州刑侦实验室主任协会（California Association of Crime Laboratory Directors, CACLD）进行了一次技术水平的盲测，细胞标记公司在测试中犯了几个错误。作为 DNA 分析史上为数不多的此类测试之一，CACLD 设计了一个测试以评估生命密码公司和细胞标记公司准确识别生物材料来源的能力。测试的目的是"在 CACLD 自己有足够技能的实验室中提供检测以前，评估私营供应商提供的服务价值和缺陷，从而给加州各地的执法机关提供合理的建议"。[117]尽管细胞标记公司的错误性质主要是文字记录上的——他们在测试中混淆了一个样本，并以令人不解的方式展示结果，看起来好像产生了几个错误匹配（原文为 false inclusion，指在检测中，因为操作问题或使用探针的局限性，导致虽然样本和某人检测出的基因型相同，但其实二者毫无关系，译者注），CACLD 的水平测试突出了 DNA 分析中的错误对审案的威胁。

可采信性的问题

1989 年 2 月 17 日，在弗莱标准听证会结束时，戴维斯法官裁定，尽管检方还没有"准备好将这种类型的 DNA 测试赞为有史以来最优秀的科学发现"，但它已经充分证明法医 DNA 分析已经被科学界普遍接受。[118]他还裁决道，细胞标记公司在法医学案件中应用的 RFLP 技术，包括它的探针、数据库、概率计算、质量控制程序和实验步骤，与被普遍接受的科学实验方法一致，足以产生准确、可靠的结果。

在任何其他州，这一决定至少会暂时结束 DNA 证据的可采信性问题的讨论。然而，明尼苏达州有一个独特的法律程序，允许法官"认证"有争议的法律问题是"重要且存疑的"，且对当前案件的解决是必要的。[119]这一程序意味着明尼苏达最高法院将有机会在施瓦茨案这个第一印象案（原文为 case of first impression，指该案中有一些法律问题从来未在法庭上被讨论过，它很可能作为今后审案的案例）开审前，对 DNA 证据的可采信性做出裁决。最终结果是，最高法院立即做出了上诉裁决，以防可采信性这个问题在未来还要在法庭上争论。因此，戴维斯法官没有开始施瓦茨案的审判，而是在 1989 年 2 月 17 日要求明尼苏达最高法院就 DNA 证据的可采信性做出明确裁决。

1989 年秋，哈里斯法官（可能是戴维斯法官，译者注）的认证问题（最高法院需认证并解决的关于某个特定法律的问题，译者注）到达了明尼苏达州最高法院。法院的第一项义务是决定他们将使用什么标准来确定 DNA 证据的可采信性。根据法院的意见，"该州不能使法院确信推翻先前的裁决（明尼苏达州的法院利用弗莱标准评判新的科学证据）是必要且明智的，我们重申，科学证据的可采信性是要用弗莱标准确定的"。[120]

在弗莱标准听证会和最高法院听证会之间的这段时间里，沙利文决定彻底改变他用来反驳 DNA 证据可采信性的策略。在审判层面上，他认为由于现在有那么多竞相问世的实验流程、方法和探针，所以法医 DNA 分析还没有被科学界普遍接受为有效的和可靠的证据。换句话说，一套统一的标准还未被建立且经过同行评审，也没能广为传播以使法官能够利用这套标准来确定某一案件中的 DNA 证据是否符合这些标准。由于种种原因，他在最后一刻决定在最高法院陈述辩方案情时放弃这一论点。具体来说，他决定采取类似卡斯特罗案中第三方面（参见上文欣德林提出的三个方面，译者注）的一种方法。将重点从 DNA 分析中的一般性问题转移到细胞标记公司在施瓦茨案调查中该技术的具体表现。[121]因此，当首席大法官向他提出认证问题"由'DNA 指纹'测试结果形成的证据是否可以在刑事诉讼中被采信？"时，他回答："是。"而不是包括雷丁在内每个人都期待的否定回答。[122]正如他在最近的一次采访中告诉我的那样，当他说是的时候，所有最高法院的法官"都有点前倾，然后，在接下来的二十到三十分钟里，我吸引了他们。"[123]

从最高法院的最终裁决中可以清楚地看出，沙利文的评估是准确的。最高法院采纳了他的论点，并回复说虽然法医 DNA 分析在科学界被普遍认为是有效的和可靠的，但是"特定的 DNA 测试的准确性和可靠性取决于某个实验室使用的测试步骤"。[124]法院认为，它不但对细胞标记公司在 CACLD 的盲测中的错误感到担忧；而且，尽管实验中发生了显著的 DNA 条带迁移（见图3），该公司仍然认定两个样品相匹配，出现这种"模棱两可的匹配"的可能性也让法庭感到不安。[125]法院还发现，细胞标记公司的实验程序"在几个方面有缺陷"，特别是因为该公司没有符合 FBI 或 CACLD 对进行法医 DNA 分析的实验室提出的要求。法庭指出，细胞标记公司的研发主管罗宾·克顿（Robin Cotton）承认，公司"没有符合所有这些标准"。[126]然而，在判决中从未提到这样一个事实，在细胞标记公司开始做 DNA 分析的时候，这些标准根本就不存在；在施瓦茨案的检验完成的时候，这些标准刚刚开始发布。

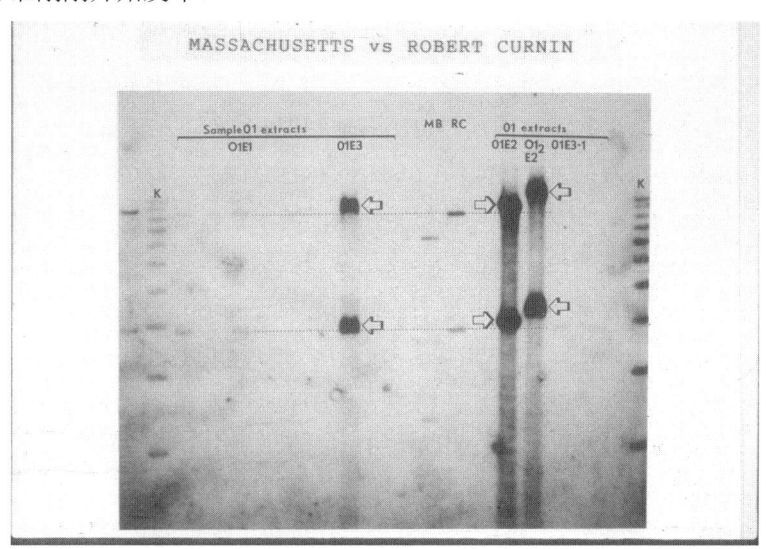

图 3 1989 年马萨诸塞联邦诉罗伯特·柯宁案（Commonwealth of Massachusetts v. Robert Curnin, Worcester, Mass）的放射性自显影图中的条带迁移。放射性自显影图上显示了几个 DNA 图谱，这些图谱均来自受害者睡衣上作为证据的精液污迹（样品 01）。每个泳道中，标有"样品 01 提取物"的区域含有在稍有不同的条件下提取并纯化的 DNA。MB 泳道含有受害者的图谱，RE 泳道还有柯宁的图谱，标有 K 的泳道含有 DNA 分子量阶梯。对比所有的泳道，我们可以发现，标有 01E2、012E2 的提取物和 01E1、01E3 柯林的图谱相比，有一个向上的条带迁移。虚线和箭头表示了用不同方法处理的相同样品之间迁移率变化的程度。细胞标记公司最终在审判中没有用实验验证不同方法提取的 DNA 迁移率区别的情况下，宣布柯林图谱中的条带与在睡衣上发现的精液中 DNA 的条带相匹配。图片由威廉·C. 汤普森惠赠。

沙利文的观点还使法官相信，细胞标记公司没有公布所有必要的信息和材料，以便辩方对公司的方法、数据库和最终结果进行科学完整的调查。法庭借用了沙利文在案情总结中的语言，认定细胞标记公司没有完全满足辩方从他们的人口数据库中获取原始数据的要求,因为"商业实验室的交易秘密可能受到威胁"。法院还同意沙利文另外的观点,即细胞标记公司没有在同行评审的期刊上充分发表他们的实验方法,以供科学界评价,而且他们的探针只能选择性地提供给特定的研究人员。[127]因此,在回答这个问题的时候,法院发布的裁决与卡斯特罗案中给欣德林法官的那一份出奇地相似。他们下结论说:"虽然我们同意审判法院的意见,即法医 DNA 鉴定已在科学界获得普遍接受,但我们认为,某一案件中具体检验结果的可采信性取决于实验室是否遵守适当的标准和控制措施,以及是否提供检验数据和结果。我们因此回答了认证问题。由于本案的检测实验室不符合这些指导方针,测试结果根本不充足,没有更多结果,因此不予采信。"[128]最高法院对施瓦茨案的决定是沙利文的一次重大胜利。至少在出现不同的判决之前,细胞标记公司的 DNA 证据在明尼苏达州是不可采信的。

1990 年 1 月 10 日,雷丁向戴维斯法官宣布,明尼苏达州将在没有 DNA 证据的情况下继续对施瓦茨发起公诉。他认为,等待新 DNA 证据然后再次召开弗莱标准听证会对嘉莉·库恩罗德的家庭是不公正的。"她是他们唯一的女儿",雷丁在《明尼阿波利斯之星论坛报》(*Minneapolis Star-Tribune*)上说,"他们希望结束这段噩梦。"[129]1990 年 2 月 6 日,即为审理该案完成陪审员挑选的两天后,施瓦茨承认犯有一级谋杀罪。戴维斯法官判处他终身监禁。

私营法医科学公司的危险性

随着舒瓦茨案裁决的消息从明尼苏达州传播到全国其他地方,比尔·汤普森和西蒙·福特成为一个方兴未艾的人际网络中最重要的两个成员,该网络成员为其他希望挑战 DNA 证据的辩方律师提供信息和资源。[130]他们在服务于辩护律师群体时起到多方面的作用。最重要的是,如同施瓦茨案中那样,他们让辩护律师了解到挑战 DNA 证据是可能的,也提供了为达到这个目标的强有力的策略。[131]他们还提供了质疑证据的策略，以及质疑证据所需的物质和专家支持。他们与加州大学尔湾分校的同事，以及生物学家劳伦斯·穆勒（Laurence Mueller）一起，被称为"尔湾黑手党"或"尔湾组合"。

他们的工作让一些私营企业非常不安，特别是因为全国各地发生的一系列案件均涉及到获取细胞标记公司在统计学上计算随机匹配概率时依靠的原始数据。1989年初，来自华盛顿州的辩护律师彼得·康尼克（Peter Connick）联系了汤普森和福特，他希望在即将到来的对他的当事人理查德·考瑟隆（Richard Cauthron）涉嫌的连环强奸案的审判中（State of Washington v. Cauthron, 846 P.2d 502, 1989/1911），[132]对DNA证据提出质疑。汤普森、福特、穆勒和西摩尔·盖瑟同意在审判中作证，并要求康尼克查阅所有与调查考瑟隆有关的细胞标记公司的原始数据和自显影图，还有有关CACLD盲测、水平考核、验证性研究以及他们用来计算每个基因座等位基因频率的人口数据库信息。[133]

辩方要求提供这么多原始数据和案件材料的要求让细胞标记公司警觉起来，它聘请了一位私人律师和检察官一起对抗辩方的证据公开动议。公司的律师试图获得一张对他们部分实验流程和原始数据的保护令（这样全国其他辩护律师就不能共享这些数据），除此之外，尽管法官给辩护律师的预算有限，公司方面的律师还是主张辩方应该支付公司在证据公开过程中的所有费用，根据细胞标记公司的说法，辩方对人口数据库的要求是"过分沉重……绝不可能在两个月内实现"。[134]然而，对私营DNA分析实验室持批评态度的人，在这个案例中以及其他几个案例中反驳说，这种策略的目的是为了使公司的操作流程和人口数据库免受科学界的审查。[135]

私人公司能在多大程度上保护自己免受科学界审查，不仅仅是辩护律师和他们专家的问题。加利福尼亚（CACLD）和纽约的司法科学界的经历也带来了相同的顾虑。事实上，由纽约州州长组建、负责为该州DNA证据管理提供建议的委员会，即纽约州法医DNA分析小组（New York State Forensic DNA Analysis Panel），在它的最终报告中哀叹到，这项业务的私有性意味着"有关精确性的主要声明，即错误率在百万分之一，在某些案件中达到十亿分之一"是"可疑的"，因为它们不能被独立的科学家证实。[136]不仅用于得到这些结论的人口数据库对外不开放，而且计算这些概率的方法也是才刚刚开始公布。针对这种情况，报告陈述如下：

> 私人实验室不愿意分享有关其操作程序的信息，他们普遍认为这些是私有的，把他们的实验流程视为商业秘密……然而，实验室的科学家声称，这些流程一定符合弗莱标准和大部分的后续标准，因而他们的技术在科学界被普遍认为是可靠的。一边把某种方法当秘密隐藏，一边又声称该方法被普遍接受，这根本就是相互矛盾的。在私人实验室允许科学界对其操作程序进行审查之前，对其资质进行评价是不可能的。[137]

最终，考瑟隆案的法官裁定 DNA 证据是可采信的，同时命令细胞标记公司交出其人口数据库，但没有具体说明应以何种形式呈现。当辩方证人收到一份数据库的纸质打印件时，他们感到不安，这份文件是以表格的形式呈现的，而不是可以用来使用统计学方法检测哈迪-温伯格平衡和连锁平衡的计算机文件。[138]结果，辩方没能在该案中挑战 DNA 证据，而该证据将五名强奸受害者衣服上的精液来源指向了被告。考瑟隆承认了几宗强奸罪，并被判以长时间的刑期，但随后又上诉。[139]1993 年，华盛顿州最高法院推翻了 1989 年的裁决，将案件发回下级法院。州最高法院尽管认定 DNA 证据结果本身在法律上是可以采信的，但参与庭审的法官在此案中并没有检查认定匹配的统计学证据的可采信性。在复审时，考瑟隆的全部七项罪名再一次被判成立，但他后来又对这一判决提出上诉，理由是他受到了不公正的判决。[140]

在后来发生的两起案件中，即在加州大学尔湾分校几英里外发生的加州人民诉阿克塞尔案（People of California v. Axell, 1 Cal.Rptr.2d 411, 1989/1991），以及特拉华州诉彭内尔案（State of Delaware v. Pennell, 584 A.2d 513, 1989），考瑟隆案的辩方证人终于有机会检查细胞标记公司的白种人和拉丁裔人口数据库的原始数据。[141]虽然这些案件在此不会被详细探讨，但应该注意的是，辩方的坚持使人们发现细胞标记公司的西裔和白种人的人口频率数据库似乎不符合哈迪-温伯格平衡。经过分析，穆勒和盖瑟发现数据库中的纯合子数量明显多于单纯由偶然原因产生的数量，这表明种群中存在某种亚结构。

尽管细胞标记公司认为这种现象是一种假象，而非真实（他们声称，出现这种现象的原因是因为要彻底使多个条带分开，电泳需要进行很长时间，导致了最小的等位基因已经跑出了凝胶），但是该公司最终还是放弃了最初 600 人的白种人数据库，转而使用一个更小的 250 人数据库。[142]当细胞标记公司在彭内尔案中引入这个新数据库时，他们认为它产生的结果比利用那个较大的数据库所得出的结果要好得多，而且纯合子的百分比基本符合人们在一个处于 HWE 状态人群中所期望的数值。不过，当辩方对这种说法的依据进行交叉质询时，细胞标记公司的群体遗传学家丽莎·福尔曼（Lisa Forman）无法拿出任何笔记或计算数据，因为她是在一台没有"能正常工作的打印机"的电脑上做的分析。[143]彭内尔案的法官最终裁定，尽管细胞标记公司的 DNA 样本匹配的步骤可以被公认为是可靠的，"统计学的概率……根据目前获得的证据，并不能表明是可靠的。因为如此大的数字（在此案中随机匹配概率为一千八百亿分之一）在展示给陪审员时，应该告诉他们这些数字可能会给证据带来极为负面的影响"。在阿克塞尔案中，双方给出了类似的证词。该案的法官也认定，细胞标记公司的实验步骤是可靠的，并称所有与 DNA 分析中统计学概率计算相关的问题只会影响证据的分量，而不是它的可采信性。[144]在这两起案件中，尽管群体遗传学问题和用于计算随机匹配概率的统计学中的问题都受到关注，但上诉法庭后来都维持了原判。[145]

司法中的保守主义

考虑到辩方团队在卡斯特罗案和施瓦茨案中提出的问题,这两起案件和其他在本章叙述过的案件的裁决都明显很保守。所有这些案件都集中于具体测试结果的不可接受性,而不是整个技术体系的短处。因此,当其他司法管辖区的法官觉得有必要认定 DNA 分析结果普遍不能被作为证据采信时,这些案件不能为他们提供指导。他们只阻止特定的结果进入法庭。[146]

然而,辩护律师团体确实成功地说服了法官,让他们相信,探究在法医应用中 DNA 分析可能出现的问题是十分重要的,而不是只看着该技术在用于研究和诊断的目的时已经被科学界广泛接受。这个转变意味着专家们越来越需要回答有关这个技术不确定性的问题,而不仅仅是它的准确性。在这个过程中,专业知识的涵盖范围明显改变了,这种改变使那些更可能为辩方作证的人也成为专家。

辩护方取得的另一个胜利是,在卡斯特罗案和施瓦茨案过后,DNA 分析在大众媒体中的形象越来越负面。几乎在一夜之间,这种技术从被认为万无一失变成了可能出错。关于这个趋势,这里举三个例子。《华盛顿邮报》有关卡斯特罗案的一篇文章标题为"DNA 指纹识别的污点?纽约的案件在质量标准和正当程序上引发疑问",而《圣路易斯快邮报》(*St. Louis Post-Dispatch*)则报道"DNA'指纹识别'受到质疑:遗传学家说测验可能不如一开始认为的那样可靠"。[147]"今晨 CBS"电视节目主持人费斯·丹尼尔斯(Faith Daniels)介绍了法医 DNA 分析的一个片段。他说:"越来越多的法庭是基于基因证据,也就是所谓的 DNA 指纹鉴定来断案。在法庭案件中,它通常被视为无可争辩的证据,但它真的可靠吗?"[148]DNA 证据使用的支持者再也不能宣称这种技术是万无一失的,而同时又不引起法官的一点点怀疑,更不用说普通民众的怀疑了。

由于卡斯特罗案和施瓦茨案,私营 DNA 实验室、FBI 和其他专业

第四章 挑战DNA · 117 ·

组织、律师、政治家和科学家加紧努力保证 DNA 证据的惨败不会重演，也防止它的公信力进一步被削弱。法医学 DNA 鉴定是一种综合的技术，涉及到法医科学家、生物学家、统计学家、律师、法官、企业高管和其他人。谁应该去写操作流程，设定标准，制定指导方针或开发解释测试结果的规则？这个问题没有明确的答案。如何执行这些规定，甚至是否应该由官方来执行这些规定，这方面就更难达成一致。虽然所有这些群体都提出了有益的建议和意见，但由于对谁有权利为 DNA 分析制定规则的这个问题没有统一的说法，因此任何明确的决定都无法做出。

注释

1. 欣德林在卡斯特罗案德判决中强调了这个现象。见 *New York v. Joseph Castro*, 545 NYS.2d 985, 996 (1989).
2. Anthony Pearsall, "DNA Printing: The Unexamined 'Witness' in Criminal Trials," *California Law Review* 77 (1989): 665–703.
3. Roger Parloff, "How Barry Scheck and Peter Neufeld Tripped up the DNA Experts," *American Lawyer*, December 1989, 53.
4. 有关此审判各种情况的信息均来自 Parloff, "How Barry Scheck and Peter Neufeld Tripped up the DNA Experts," and *New York v. Joseph Castro*.
5. Scheck's testimony in U.S. House Committee on Judiciary, Subcommittee on Civil and Constitutional Rights, FBI Oversight and Authorization Request for Fiscal Year 1990 (DNA Identification), 101st Cong., 1st sess., 1989; and Peter J. Neufeld and Neville Coleman, "When Science Takes the Witness Stand," *Scientific American* 262, no. 5 (1990): 46–53.
6. 纽菲尔德和谢克在与本人的谈话和通信中均提到了这点。Neufeld and Coleman, "When Science Takes the Witness Stand"中，纽菲尔德

也提到了这点。

7. Bureau of National Affairs, "Geneticist, Defense Lawyers Debate Merits of DNA Typing," *BNA Criminal Practice Manual* 3 (1989): 261.
8. Peter Neufeld, interview with author, 27 February 2002.
9. Peter J. Neufeld and Barry Scheck, "Factors Affecting the Fallibility of DNA Profiling: Is There Less Than Meets the Eye?" *Expert Evidence Reporter* 1, no. 4 (1989): 93–97.
10. *Tommie Lee Andrews v. State of Florida*, 533 S0.2d 831, 849–850 (1988).
11. Neufeld and Scheck, "Factors Affecting the Fallibility of DNA Profiling," 94–95.
12. Barry Scheck, testimony, U.S. House Committee on Judiciary, Subcommittee on Civil and Constitutional Rights, *FBI Oversight and Authorization Request for Fiscal Year 1990 (DNA Identification)*, 101st Cong., 1st sess., 1989, 412.
13. 见第三章。
14. 三位组织者为：纽约州萨福克县法医办公室主任杰克·巴兰廷（Jack Ballantyne），加州大学伯克利分校法医学教授乔治·森萨博（George Sensabaugh），班伯里中心主任扬·维特考斯基（Jan Witkowski）。
15. George Sensabaugh, interview with author, 6 November 2002.
16. Parloff, "How Barry Scheck and Peter Neufeld Tripped up the DNA Experts," 53.
17. 同上。兰德尔也在纽约州诉卡斯特罗案的证词中提到这次交流。
18. 证据开示期是指在审判前的一段时间内，法律纠纷的双方当事人要求并交换与争议问题有关的文件和信息。正如我们将要看到的，私营公司不愿意满足被告提出的要求，并经常以他们被要求提供的信息是专有信息（因此是商业秘密）为由，寻求保护这些被要求提供之文件的机密内容。

19. Roger Lewin, "DNA Typing on the Witness Stand," *Science* 244, no. 4908 (1989), 1034; and Parloff, "How Barry Scheck and Peter Neufeld Tripped up the DNA Experts," 53.
20. 兰德尔拒绝为这次作证获取报酬，因为他认为这会损害他不偏不倚的声誉。Parloff, "How Barry Scheck and Peter Neufeld Tripped up the DNA Experts," 52.
21. 同上，第 53 页。
22. Eric Lander, testimony, *New York v. Castro*, vol. 13, 3061–3062, Simpson MSS, Box 3.
23. Michael Baird, interview with Saul Halfon and Arthur Daemmrich, 14 July 1994, Simpson Archive, Box 2, Folder 27.
24. Lander biography at Whitehead Institute, "Lander Biography," http://www.wi.mit.edu/news/genome/ lander.html.
25. Karen Hopkin, "Eric S. Lander, Ph.D.," Howard Hughes Medical Institute, http://www.hhmi.org/ lectures/2002/lander.html.
26. Eric Lander testimony, 3012.
27. 同上，3019 页。
28. Peter Neufeld, direct examination of Eric Lander in *New York v. Castro*, vol. 13, 3024, Simpson Archive, Box 3.
29. 同上，第 3030 页。
30. Eric Lander testimony, 3036–3037.
31. 同上，第 3041 页。
32. Peter Neufeld, direct examination, 3040.
33. *New York v. Castro*, 986. 欣德林法官宣布没有任何证人具有法医 DNA 分型方面的明确专业知识。
34. Eric S. Lander, "DNA Fingerprinting on Trial," *Nature* 339, no. 6225

(1989): 502. 这些信息可以在纽约州诉卡斯特罗案的证词中多次出现。

35. Michael Baird, testimony, *New York v. Castro*, vol. 2, 502, 603–611, Simpson Archive, Box 2.
36. Howard Cooke, interview with author, 20 February 2002.
37. Lander, "DNA Fingerprinting on Trial," 502.
38. 该标准发表于 M[ichael] Baird et al., "Allele Frequency Distribution of Two Highly Polymorphic DNA Sequences in Three Ethnic Groups and Its Application to the Determination of Paternity," *American Journal of Human Genetics* 39 (1986): 489–501, 以及生命密码公司雇员在 1986 至 1989 年发表的其它文章中。
39. Baird testimony, vol. 1, 397–398.
40. 出现这一问题的原因是，不可能百分之百准确地确定特定条带的大小，这主要是由于测量误差造成的。为了研究这一误差，生命密码公司做了一个测试，将完全相同的 DNA 片段重复上样 70 次，并让两名技术人员独立测量每个条带。在对测量结果取平均值后，他们确定测量误差或标准差为片段大小的 0.6%。他们以 3 倍标准差为基准，两个显示相同大小 DNA 片段的条带相差必须在条带大小的平均值的 1.8%内。
41. Lander, testimony, vol. 13, 3707–3708.
42. 见 testimony in *New York v. Castro*, vol. 8, 2346, Simpson Archive, Box 3. 尽管贝尔德在之前证词中已经多次指出生命密码公司使用肉眼观察，但谢克还是做出了这一手势。
43. Alan Giusti, testimony in *New York v. Castro*, vol. 4, 1410–1415, Simpson Archive, Box 3.
44. Lander, testimony, vol. 14, 3212.
45. Barry Scheck, cross-examination of Michael Baird, *New York v. Castro*, vol. 8, 2216–2217, Simpson Archive, Box 3.

46. *New York v. Castro*, 996.
47. Baird testimony, vol. 8, 2220.
48. 这些词语引自纽菲尔德和兰德尔之间的交锋，见 *New York v. Castro*, vol. 14, 3198, Simpson Archive, Box 3.
49. 同上。
50. Ivan Balazs et al., "Human Population Genetic Studies of Five Hypervariable DNA Loci," *American Journal of Human Genetics* 44 (1989): 182–190.
51. Lander, "DNA Fingerprinting on Trial." 在兰德尔表达其观点后，伯尼·戴弗林（Bernie Devlin）、尼尔·里施（Neil Risch）和凯瑟琳·罗德（Kathryn Roeder）发表了一篇文章，驳斥了生命密码公司所有人口数据库中存在过多纯合子的说法，并认为兰德尔的结果只是表面现象，而非真实情况。他们认为出现纯合子的主要原因是在电泳过程中，小片段会从凝胶上脱落，因此在 DNA 印迹杂交过程中无法检测到。见 B[ernie] Devlin, Neil Risch, and Kathryn Roeder, "No Excess of Homozygosity at Loci Used for DNA Fingerprinting," *Science* 249, no. 4975 (1990): 1416–1420.
52. 引用自 Parloff, "How Barry Scheck and Peter Neufeld Tripped up the DNA Experts," 55.
53. Baird, interview with Saul Halfon and Arthur Daemmrich.
54. Risa Sugarman, testimony, *New York v. Castro*, vol. 14, 3401, 3416–3419, Simpson Archive, Box 3.
55. Pablo Rubinstein, testimony, *New York v. Castro*, vol. 6, 1979–1980, Simpson Archive, Box 3.
56. 同上，1970 页。
57. Lander, testimony, vol. 16, 3905–3907.
58. 同上，3914-3917 页。
59. 同上，3916 页。

60. 同上，3917 页。
61. Richard Roberts, interview with author, 25 April 2002.
62. 同上。
63. 同上。
64. 同上。
65. Lewin, "DNA Typing on the Witness Stand," 1034–1035.
66. 有关法庭外专家会议的两份报告，见 Harold M. Schmeck, "DNA Findings Are Disputed by Scientists," *New York Times*, 25 May 1989; and Lewin, "DNA Typing on the Witness Stand."
67. Carl Dobkin et al.,"Statement of the Independent Expert Scientists Having Testified in the Frye Hearing in *People v. Castro*," 11 May 1989, 1, personal collection of Richard C. Lewontin.
68. 同上，第 2 页。
69. 同上。
70. Lewin, "DNA Typing on the Witness Stand," 1035. 在 2002 年 4 月 25 日采访罗伯茨的时候，他表达了几乎相同的意见。
71. *New York v. Castro*, 997 n. 12.
72. 这些程序规定，"无论是辩方还是控方，提议者都必须向对方提供证据，其中必须包括" 放射性自显影的图片副本，实验室记录本、对有关样本进行的质量控制测试副本、发给提议者的报告副本、实验室的书面报告，其中说明用于评估有关样本和计算统计概率的实际方法、计算中使用的群体频率数据库副本、"检测实验室开具的证明，即用于宣布匹配的同一规则也用于确定群体中的等位基因频率"、关于任何潜在或实际污染的声明、关于任何潜在或实际样本退化的声明、关于任何"其他观察到的缺陷或实验室错误、原因和结果" 的声明以及监管链文件。该程序还规定，提议者必须尽快提供 DNA 证据的意向，并且提议者有责任证明测试是以科学可靠的方式进行的。

73. *New York v. Castro*, 987.
74. 同上，第 988 页。
75. 同上，第 987 页。
76. 同上，第 988 页。
77. 同上，第 995 页。
78. *New York v. Castro* transcript, vol. 7, 2159–2190, Simpson Archive, Box 3.
79. *New York v. Castro*, 990.
80. 兰德尔在证词中说，他不认为欣德林的第二项检验标准已经得到满足，因为在进行 DNA 分型的最佳方法上仍存在分歧。不过，他说，到 1989 年底，他预计联邦调查局和科学界会就一种普遍接受的 DNA 分型方法达成一致意见。兰德尔还认为，人口遗传学问题也将在同一时间得到解决。尽管他对自己的说法作了限定，说他不希望被扣上 12 月 31 日这一日期的帽子，但他确实声称"看到了科学解决问题的所有常见迹象，而且所有这些迹象都被指定为年底前的目标日期。"见 Lander, testimony, vol. 14, 3377–3379; quotation, 3383.
81. *New York v. Castro*, 990.
82. 同上，第 985 页。
83. 同上。
84. 根据帕洛夫（Parloff）的观点，苏格曼说，她和她的合作律师都认为，"这样做是为了更好地服务于刑事司法系统。"见 Parloff, "How Barry Scheck and Peter Neufeld Tripped up the DNA Experts," 55. 引文来自布朗克斯区检察官的发言人爱德华·麦卡锡，见 Robert D. McFadden, "Reliability of DNA Testing Challenged by Judge's Ruling," *New York Times*, 15 August 1989.
85. K. C. McElfresh, "DNA Fingerprinting (Letter to the Editor)," *Science* 246, no. 4927 (1989): 192.

86. McFadden, "Reliability of DNA Testing."
87. Michael Baird, interview with author, 19 February 2002.
88. Baird, interview with Saul Halfon and Arthur Daemmrich. 具体来说，他们不再使用加权高斯方法来计算特定片段在群体数据库中的频率。在该系统下，当等位基因接近片段大小浮动±2/3 s.d.的外部界限时，等位基因的权重会越来越低。而在直线分选系统下，浮动区间内的所有等位基因都被等量计算。辩方反对加权高斯方法，因为与非加权系统相比，它使片段在群体数据库中显得更为罕见。
89. Parloff, "How Barry Scheck and Peter Neufeld Tripped up the DNA Experts," 56.
90. 同上。
91. 关于主要的涉及 DNA 证据案件的较深入的讨论，见 Thomas M. Fleming, "Admissibility of DNA Identification Evidence," *A.L.R.4th* 84 (1991): 313.
92. Colin Norman, "Caution Urged on DNA Fingerprinting," *Science* 245, no. 4919(1989): 699.
93. Alun Anderson, "Judge Backs Technique," *Nature* 340, no. 6235 (1989): 582.
94. McFadden, "Reliability of DNA Testing Challenged by Judge's Ruling."
95. Parloff, "How Barry Scheck and Peter Neufeld Tripped up the DNA Experts," 56.
96. McElfresh, "DNA Fingerprinting (Letter to the Editor)."
97. Jim Dawson, "Attacker of Woman at Ramp Left 'DNA Fingerprints' at Scene," *Star Tribune*, 21 June 1988; and Sgt. Bernard Bottema (Minneapolis Police Department) to Cellmark Diagnostics, 24 June 1988, case files, *State of Minnesota v. Thomas Schwartz*, 1989 (SIP No. 89903565/C.A. No. 88–3195), access provided by Hennepin County

District Attorney's Office (hereafter cited as *Schwartz* Case Files).
98. Patrick Sullivan, interview with author, 8 August 2001.
99. 同上。
100. *State of Indiana v. Frank E. Hopkins*, (1988), CCR-86–428. 霍普金斯被指控于 1985 年 5 月将一名叫莎伦·拉普的妇女在她家中杀害。尽管拉普在案发时也遭到了强奸，但霍普金斯并未因这一罪行而受审。审判时，霍普金斯正在俄勒冈州因强奸罪和故意伤害罪服刑 100 年，并被引渡到印第安纳州受审。
101. Jerry Shackelford, "DNA Test Error Admitted in Lapp Case," *Fort Worth Journal-Gazette*, 23 November 1988; Jerry Shackelford, "Procedure Varied in Lapp DNA Test," *Fort Worth Journal-Gazette*, 24 November 1988.
102. Sullivan interview. See also William C. Thompson and Simon Ford, "DNA Typing: Promising Forensic Technique Needs Additional Validation," *Trial*, September 1988, 55–64.
103. 同上，第 62 页。
104. William C. Thompson and Simon Ford, "DNA Typing: Acceptance and Weight of the New Genetic Identification Tests," *Virginia Law Review* 75 (1989): 58.
105. Thompson and Ford, "DNA Typing: Promising Forensic Technique," 63.
106. 同上。
107. 同上，第 64 页。
108. 同上。
109. 同上。
110. 见 "State's Memorandum on the Admissibility of DNA Scientific Tests," *Minnesota v. Schwartz*, 8 February 1989, 1–8, *Schwartz* Case Files.

111. 同上，第 6-7 页。
112. 除了文中提到的证人以外，还有罗宾·科顿（Robin Cotton，细胞标记公司），戴尔·戴克斯（Dale Dykes，明尼阿波利斯纪念血库），和哈里·奥尔（Harry Orr，见前文）。
113. "State's Memorandum," 14. 需要注意的是，所有的证人来自医学研究领域。
114. "Defendant's Memorandum in Opposition to State's Motion to Relitigate Frye Hearing," *Minnesota v. Schwartz*, 4 January 1990, 9, *Schwartz* Case Files.
115. "State's Petition for Rehearing," *Minnesota v. Schwartz*, 13 November 1989, 2–3, *Schwartz* Case Files.
116. 关于 FBI 在 DNA 分型实验的开发和标准化工作中角色的讨论，见本书第七章。Bruce Budowle et al., "An Introduction to the Methods of DNA Analysis Under Investigation in the FBI Laboratory," *Crime Laboratory Digest* 15, no. 1 (1988): 19.
117. California Association of Crime Laboratory Directors, *Position on DNA Typing of Forensic Samples*, 20 November 1987, 2, personal collection of William C. Thompson.
118. Michael J. Davis, "Findings of Fact, Conclusions of Law, Order for Judgment," *Minnesota v. Schwartz*, 17 February 1989, 31, *Schwartz* Case Files.
119. Minnesota Rules of Criminal Procedure, sec. 28.03.
120. *State of Minnesota v. Thomas Robert Schwartz*, 447 *N.W.2d* 422, 424 (1989).
121. Patrick Sullivan, interview with author, 8 August 2001..
122. Steve Redding, interview with author, 14 December 2001.
123. Sullivan interview.
124. *Minnesota v. Schwartz*, 426.

125. 同上。
126. 同上，第 427 页。
127. 同上，第 428 页。
128. 同上。
129. Margaret Zack, "Hennepin County Drops DNA Test of Murder Suspect," *Star Tribune*, 11 January 1990.
130. 这个最初松散的网络后来发展成为"DNA 工作组，"由巴里·谢克和彼得·纽菲尔德在全国刑事辩护律师协会的支持下创建和组织。Barry Scheck and Peter J. Neufeld, "DNA Task Force Report," *The Champion*, June 1991, 13–21.
131. 换句话说，他们对辩方起的作用与生命密码公司和细胞标记公司员工对检察官所起的作用相似。在 2002 年 1 月的一次采访中，细胞标记公司的一位著名科学家（不愿意在此透露姓名）告诉我，公司经常要指导检察官如何进行弗莱听证会。Cellmark scientist, interview with author, 23 January 2002.
132. Lawrence Mueller, interview with author, 19 February 2002. *State of Washington v. Cauthron*, Snohomish County No. 88–1–01253–3 [1989]; appeal decided 1991, 846 *P.2d 502*.
133. 见"Order Compelling Discovery," *Washington v. Cauthron*, 10 March 1989, personal collection of William C. Thompson. 第五位科学家、华盛顿大学遗传学家兰迪·利比也同意代表辩方作证。
134. 见"Amended Order Compelling Discovery," *Washington v. Cauthron*, 25 March 1989, 2, personal collection of William C. Thompson.
135. 例如，见 Seymour N. Geisser, "Statistics, Litigation, and Conduct Unbecoming," in *Statistical Science in the Courtroom*, ed. Joseph L. Gastwirth (New York: Springer-Verlag, 2000), 79; and William C. Thompson, "Evaluating the Admissibility of New Genetic Identification Tests: Lessons from the "DNA War," *Journal of*

Criminal Law and Criminology 84, no. 1 (1993): 72.
136. 同上，第 27 页。
137. 同上。
138. *Washington v. Cauthron,* 502.
139. 经过讨论，最高法院裁定法医 DNA 分析符合弗莱标准的要求，但控方没有提供足够的专家证词来证明细胞标记公司的概率统计具有可采信性（*Washington v. Cauthron,* 516）。辩方对本案中 DNA 证据质量的所有其他批评均被视为涉及证据的权重，而非证据的可采信性（512）。重审时，考斯隆的五项强奸罪被再次定罪。
140. *Washington v. Cautheron* [sic], no. 41191–8-I (Washington Court of Appeals of the State of Washington, 1999).
141. *People of California v. Lynda Axell,* 1 Cal.Rptr.2d 411 (Cal. Court of Appeal, 1991); *State of Delaware v. Pennell,* 584 *A.2d* 513 (Del., 1989).
142. *Delaware v. Pennell,* 520.
143. 同上。
144. *California v. Axell,* 421.
145. *California v. Axell* and *Delaware v. Pennell.*
146. 在 1989 年 12 月的 *State of Maine v. McLeod* (Cumberland City, Maine Superior Court, No. CR-89–62)案中，检察官因对生命密码公司用于校正条带迁移的过程存在一系列误解而撤回了证据，除此以外，辩护律师无法在其他案件中说服法官裁定生命密码公司的 DNA 证据不可采信。关于本案的更多信息，见 Bureau of National Affairs, "DA Faults Lifecodes' DNA Test, Withdraws Results, Drops Case," *BNA Criminal Practice Manual* 4 (1990): 3–6; Bureau of National Affairs, "Rugged Cross-Examination Exposes Flawed DNA Tests," *BNA Criminal Practice Manual* 4 (1990): 31–38; and Alun Anderson, "DNA Fingerprinting on Trial," *Nature* 342, no. 6252 (1989): 844.

147. Robert Manor, "DNA 'Fingerprinting' Questioned; Geneticist Says Test May Be Less Reliable Than First Believed," *St. Louis Post-Dispatch*, 15 October 1989; and Larry Thompson, "A Smudge on DNA Fingerprinting?; N.Y. Case Raises Questions about Quality Standards, Due Process," *Washington Post*, 26 June 1989.

148. *CBS This Morning*, transcript, 5 February 1990, Lexis-Nexis Academic Universe.

第五章　公共科技服务

到 1989 年中期，尽管生命密码公司和细胞标记公司提出的 DNA 证据有效性和可靠性主张还没有被完全推翻，但是它受到了一个刚刚由辩护律师和学术界科学家组成的群体的严重挑战。在卡斯特罗案、施瓦茨案和其他案件的证据可采信性听证会上，辩方专家成功地指出，私营公司的 DNA 分析方案在设计和实践上都存在根本缺陷。首先，他们声称私营公司匆忙将他们的 DNA 证据提交法院，并在此过程中逃避了所有相关科学界的充分的同行审查。他们还认为细胞标记公司和生命密码公司通过声称他们的实验方法和探针是私有财产，使其避免受到严格审查。尽管法官们很可能会下令全面开放与两家公司的 DNA 图谱系统相关的所有信息，但在辩方质疑 DNA 证据有效性和可靠性的最初几起案件中，他们没有这样做。相反，私营实验室只向一小批他们信任的科学家提供这些材料，而这些科学家与公司之间存在互惠互利的研究合作。因此，辩方认为，生命密码公司和细胞标记公司使用的技术和方法仍然存在严重缺陷。

然而最重要的是，辩护律师和他们的专家（尤其是埃里克·兰德尔）感叹道，生命密码公司和细胞标记公司的工作从根本上说是不科学的，因为没有用于在法庭上评估特定 DNA 分析结果的通用技术、程序和数据解释标准。辩护律师群体并不关心这种标准在学术科学界通常不具有普遍性或没有明确规定，或是学术界科研人员在认为合理时经常违反明确定义的技术流程和步骤。他们似乎有着一种不能明说的信念，即学术界科研人员可以被信任，而企业的科研人员（或者是为特定客户而不是真相服务的科学家）则不能。因为被整个科学界接受且定义明确的标准，是判断一个私营实验室是否达到科学严谨和正确完成分析实验所必须的流程，因此人们不能推定公司自己能判断这一点。尽管私营公司指出，在第一次出庭之前，他们已经做出了巨大努力来验证他们的系统，并使其标准化，辩护律师群体认为，只有在实际进行 DNA 测试的实验室之外，公正的科学家们才能进行适当的验证和标准化工作。

执法部门和法医科学界的很大一部分人也有同样的担忧。执法机构和检察官需要保护他们的证据，以免其受到 DNA 鉴定和数据解释的标准方法未被普遍接受这种观点的影响。他们希望最终能够像对待其他形式的证据一样，将犯罪现场样本发送到公共的刑侦实验室。这种情况不仅会降低警方的 DNA 检测成本，还会使执法部门能够从私营企业手中接管这项技术。此外，随着越来越多的警察部门和检察官开始定期使用 DNA 证据，人们越来越有希望在几年内建立一个类似于指纹数据库的全国性 DNA 数据库。到 1989 年，在关于法医 DNA 证据的争论中，有两个问题变得越来越重要：标准和谁有权力、专业知识来制定标准。

因为联邦调查局（FBI）在美国几乎是法医学的同义词，所以法医界的许多人指望它制定标准操作程序和标准化材料，用于全国各地的法医 DNA 实验室。虽然其他联邦组织，如国家标准与技术研究院（National Institute of Standards and Technology, NIST）以及食品和药物管理局（Food and Drug Administration, FDA），被法医界以外的人认为有可能是 DNA 分析的监管者，但 FBI 很快成为执行这项任务的机构。FBI 试图开发和使用一种标准化 DNA 分析的管理模式，这种模式能够经受住美国对抗制法律体系的严格考验，能与生命密码公司和细胞标记公司的系统争夺市场份额，并作为全国 DNA 数据库的基础。

FBI 的中心任务是建立一个由刑侦实验室、科学家和技术人员组成的网络，他们都遵循相同的规则，使用相同的材料、试剂和技术进行分析。尽管有几个组织在标准问题上发表了意见，但因为 FBI 传统上是美国法医学界所用标准的来源，它凭借着私营公司的失误和它建立全国DNA数据库的承诺，确保使其DNA分析的管理模式在20世纪90年代初成为标准。然而，在这样做的时候，联邦调查局变得容易受到辩方的挑战，就像私营实验室面对的那样，特别是什么才能被视为充足的科学界同行评审这一问题上。

　　FBI自己的价值体系和对如何使法医科学规范化的观点塑造了FBI关于DNA鉴定的标准，并最终将其制度化。具体来说，FBI认为，只有法医界才能评估和管理法医科学，因为法医实验室的运作环境是刑事司法环境所特有的。FBI采纳了谢克和纽菲尔德对比法医办案工作和医学研究与诊断特性的论点（即它们是完全不同的）。它还利用这个观点减轻了来自生命密码公司和细胞标记公司的干扰，而且也限制了谢克和纽菲尔德下大功夫招募的辩方专家影响。FBI官员认为，除了法医界人士之外，没有人能充分理解法医案件具有的特殊性：法医样本的特性、法医分析师与刑事调查人员的工作关系，以及证据在法庭上站得住脚的必要性。出于同样的原因，FBI还认为，只有法医界的其他成员才能确定进行能力测试、个人认证和实验室认证的最佳方式，以确保法医实验室出示证据的可靠性。

　　因此，尽管FBI多次声称他们的标准化工作纯粹是技术性的，但该局明确寻求同时构建技术系统和社交系统，共同确保法医DNA证据的有效性和可靠性。在这样做的时候，FBI有点不情愿地把自己变成了技术和社交工作不可忽略的交叉点。[1]虽然这个系统被证明是极其有力的，但辩护律师界的许多成员抱怨说，该局已经把它的缺点，特别是狭隘和不愿意听取法医学界以外人的意见编织到了技术结构中。最近发生在DNA实验室的错误和丑闻，如在休斯敦警方刑侦实验室和FBI实验室的那些，就表明这些问题不仅仅是因为学术界的吹毛求疵。它们真正带来了性命攸关的错误。

　　从现在角度看，FBI在发展和监管DNA鉴定技术方面的作用似乎是不可避免的，但重要的是要认识到，如果有足够的政治意愿，人们可以采取非常不同的路线。纽约州努力确保在这个州只有可靠的

DNA 证据才能被引入法庭，它的努力可以被视为取代 FBI 对该技术控制的最重要途径。由于各种原因，纽约法院引入 DNA 证据的速度比其他州慢得多，部分原因是该州的辩护律师比许多其他州的辩护律师更快地质疑法医证据。事实上，在过去的几十年里，纽约州的法院一直是围绕很多法医技术可靠性的血战之地。因此，检察官和辩护律师都同意（《曼哈顿律师报》称之为"罕见的和谐事例"）"在 DNA 测试像指纹一样被接受之前，必须回答一大堆科学和法律问题"。[2]

纽约州刑侦实验室咨询委员会（New York State Crime Laboratory Advisory Committee, NYSCLAC）是一个由来自该州各地的刑侦实验室主任组成的组织，使用了一个在法医科学界罕见的做法。它率先召集了一群不同背景的人来制定该州公共和私营实验室进行 DNA 鉴定的规章制度。NYSCLAC 的主席在 1987 年 11 月 10 日写给纽约州刑侦事务专员劳伦斯·T. 库尔兰德（Laurence T. Kurlander）的一封信中，呼吁州政府对 DNA 鉴定进行强有力的管控：

> 这对刑事司法系统的益处很大，很显然，我们需要非常谨慎和仔细的规划，以确保该技术过早或不当应用不会破坏其在法庭上的可信度……由于正确应用 DNA 技术的重要性以及技术和经济困难，我认为州政府应该密切监督这一关键领域。过度狂热的警察、检察官或实验室应被劝阻不要将技术应用到错误的案件中，或者使用无法被证明符合科学界公认的明确标准的方法。[3]

霍华德·哈里斯（Howard Harris）主席继续说，他计划邀请各界人士积极参加委员会的下一次会议，以讨论应对 DNA 鉴定分析还要做哪些事情。他还提到，该委员会希望"请来一些代表，这些人劝导别人时既热切又小心谨慎。他们应能从正反两方面来看问题"。[4]

在谈到州政府在规范 DNA 分析中能起到更大的作用时，这种对包容性的关切继续存在。首先是州长设立委员会的多样性，该委员会将确定该州应该走什么道路。与明确要将大多数法医科学家以外的人边缘化的 FBI 不同，纽约州 DNA 指纹鉴定委员会包括来自多领域的成员：三名刑侦实验室主管、两位拥有博士学位的分子生物学家、两位检方律师、两位辩方律师、两位法学教授（一位从辩护视角，另一位从州刑事司法部门的视角看问题）、两名警察、一位法官和一位来自州警察协会的代表。这里只缺群体遗传学家和统计学家。

《纽约州法医 DNA 分析委员会报告》的最终版本于 1989 年 9 月 6 日出版，它出色地将所有不同参与者的关切纳入了一份主旨清晰明白的文件，特别是考虑到一位参与者曾经告诉我说，参与审议的各方利益代表者之间经过激烈争斗。[5]该报告最显著的特点之一是对 DNA 分析采取了批评的立场。尽管它很快又指出这项技术"在刑事司法方面有着不可估量的潜力"，这种乐观又很快被现实冲淡了：尽管 DNA 技术"吸引了有助于解决问题的思考"，但它无疑"不是完善的科学"。[6]因此，该委员会以压倒多数主张采取谨慎的做法，如前所述，这已经是在纽约采取的做法。它还概述了法律、科学和政治领域的潜在问题。

在其建议中，该委员会明确呼吁刑事司法系统的所有利益相关方，包括辩护律师和法律学者的积极参与。这些建议包括建立一个州委员会，以制定操作程序上的最低标准、最低质量控制和质量保证标准、实验室工作人员的最低资质以及向纽约法院提供 DNA 证据的所有实验室的授权制度。总的来说，委员会认识到有必要向法医科学界以外的人开放对 DNA 鉴定的同行审查和监管。他们认为，让科学家熟悉法医科学，但不让他们参与其中，是确保 DNA 证据可信度和可靠性的一种有价值的方式。这似乎也是确保委员会信誉的一种方式。

值得注意的是，在 1994 年 7 月题为《法医科学委员会和建立 DNA 身份鉴定索引》的《行政法》第 49-B 条款被通过后，该委员会的许多最具长远影响的建议最终在纽约州得到了实施。[7]也就是说，由于后来被揭晓的原因，FBI 被激怒了，因为它将被置于一个州监管机构的权力之下,特别是一个主要由法医科学家之外的人组成的机构。在对纽约州州长马里奥·科莫(Mario Cuomo)进行了激烈的游说后,该条款被搁置了一段时间,后来双方达成妥协,即该州的法规不适用于"联邦政府的任何机构运营的任何实验室,也不适用于任何此类联邦实验室进行的任何法医 DNA 测试"。[8]

FBI 决策

现在我们已经看到了 FBI 拒绝了什么样的监管方式,即由不同背景的科学家、律师、法官、执法人员和学者组成的小组领导州政府对获取 DNA 证据的监督,我们将看到 FBI 认为更可接受的是替代方案。最重要的是我们要认识到,这一过程并不是将现有的利益相关者聚集在一起,让他们就一套统一的标准达成一致,以便在他们的实验室中使用。相反,他们必须决定哪些人可以被吸纳入他们正在创建的专家网络中。该局主要通过行政命令决定,公共刑侦实验室的法医科学家负有制定法医 DNA 分析标准和进行法医 DNA 分析的主要责任。讽刺的是,这些人通常有很少或没有分子生物学或遗传学方面的经验,必须由 FBI 从头开始培训,以对法医 DNA 分析开展工作。

相反,早期 DNA 分析历史中最不可或缺的角色,即细胞标记公司和生命密码公司雇佣的科学家、辩护律师和草创的挑战 DNA 证据的辩护专家团体,被全部排除在 FBI 的网络之外。FBI 没有试图与他们接触,也没有试图在法医科学界和其他明确的利益相关者之间建立联系。他们只是把他们不想要的每个人都排除在他们的网络之外,只留下那些支持他们在法医科学方面承诺的特定工作并以他们的方式做事的组织和个人。最终,作为标准化过程的一部分,公共 DNA 实验室应运而生。

1988 年 12 月,在细胞标记公司和生命密码公司进入 DNA 鉴定市场一年半以后,FBI 开始向全国的执法机构提供法医 DNA 分析服务。FBI 于 1984 年底就对在法医案件中使用遗传标记分析的可能性产生兴趣，大约与亚历克·杰弗里斯发明 DNA 指纹鉴定的时间相同。他们在这一领域的第一次尝试没有显示出太大的希望，因此放弃了。[9] 然而，1985 年底，位于弗吉尼亚州匡提科（Quantico）的 FBI 学院法医科学研究和培训中心（Forensic Science Research and Training Center, FSRTC）得知了亚历克·杰弗里斯最近发表的关于在法医案例工作中发现和使用结合基因组多变区的探针的工作。此时，FSRTC 的助理科长詹姆斯·科尔尼（James J. Kearney）指派 FBI 科学家布鲁斯·布多尔（Bruce Budowle）在美国和英国各地考察，试图"确定 DNA 测试的实际情况"。[10]布多尔刚刚从弗吉尼亚理工大学获得遗传学博士学位，才加入 FBI。他并很快在该局主导了 DNA 技术的发展。

在花了一年多的时间参观了杰弗里斯的实验室、英国各刑侦实验室、细胞标记公司在美国和英国的设施，又到了鲸鱼座（Cetus）公司（一家为商业应用开发 PCR 的生物技术公司）和两国的许多大学实验室后，布多尔向科尔尼报告了正在使用的各种实验流程、方法和探针。[11]根据科尔尼的说法："我们听到的越多，我们就越兴奋。"[12]

根据布多尔的报告，1987 年的年中，FSRTC 决定组建一个研究小组开展实验工作，以提高其他机构和公司使用的现有 DNA 分析方法的效率和可靠性，并为将工作转移到州和地方刑侦实验室而简化该方法。[13]DNA 研究小组的第一项成就是编制了一份全面的清单，其中包括十四个"验证流程步骤，在我们实验室认证 DNA 分析技术可以为案件提供证据之前，这些步骤应该在科研层面上得到完善"。[13]该路线图的一半以上基于 FBI 对传统的血液蛋白质分析过程的验证，这是为该技术在应用前研发的过程制定的。这些步骤包括选择和完善一种既可在理想样本又可在法医样本上使用的特定方法，评估其在实验室内部和不同实验室内的可重复性，以确保无论在哪里使用该技术都可以获得类似的结果，建立等位基因分布数据库以计算两个样本之间随机匹配的概率，并进行实验以确定时间和因环境因素降解对样本的影响，均为确保该系统适用于法医案件工作。最后几个步骤直接涉及确认

第五章 公共科技服务 ·137·

FBI 的整个基础设施可以对实际法医样本进行 DNA 测试。以下是这些步骤：
- "选取并非用作证据的，但具有证据特性的样本中的物质，检验它们所含的 DNA 图谱，这些有证据特性的样本将作为可能暴露在诸多外来物质或极端气候下的样本实例。由于所有可能影响 DNA 分析图谱的污染物和环境条件不是都能通过实验来研究的，因此将特别关注从受害者血液中和留存在典型的犯罪现场环境内受害者血迹中获得的 DNA 图谱"。
- 建立实验方法的现场验证机制。
- "在同行评议的期刊上发表实验研究结果，并在科学会议上提交数据（这些机制为公开评判方法提供了一个场所）"。
- "在基因分型方法的使用和分型结果解释的所有方面训练破案工作组人员"。
- "为州和地方法医科学实验室的科学家开设正式的培训课程，并与其一起研究共同测试的步骤。该计划不仅有助于扩大能够进行分析的实验室的数量，还将证明这些方法在技术上是可靠的"。[14]

从这些步骤中可以清楚地看出，该团队打算采取极其保守的方法来验证其技术，以用于 FBI 实验室以及全国各地的公共刑侦实验室。这样做，他们不仅希望"确定 DNA 分析方法在审查证据材料时的科学有效性"，而且"直接应对"弗莱标准的要求。[15]

即使是对法医工作中快速引入 DNA 分析的最激烈的批评者，也赞扬了 FBI 声称的采取系统和有条理的方法进行验证的愿望。例如，埃里克·兰德尔在 1989 年 3 月向美国国会作证时说，他对 FBI 建立 DNA 分析方案的途径印象深刻，他希望该局在审判案件时继续保持这些高标准。在他看来，"FBI 一直特别对外公开，向科学界征求意见和批评。这种开放性是科学向前发展的方式，我对此非常满意"。[16]类似地，巴里·谢克在班伯里会议上评论说，很多法医科学家告诉他，FBI

正在尽职尽责地确保他们的技术和方法的有效性和可靠性。[17]然而，谢克和纽菲尔德对 FBI 的赞扬并没有持续很久。随着他们对 FBI 工作的了解越来越多，他们越来越清楚，当 FBI 实际上决定使用什么技术和实施什么标准时，他们仅愿意听到他们想听的。此外，由于 FBI 加快了引入 DNA 鉴定的过程，以便与生命密码公司和细胞标记公司竞争，他们没有完全遵循他们最初制定的许多步骤。例如，在他们开始接手来自全国各地执法机构的案件一年多之后，他们才在同行评议的期刊上公布他们的实验研究结果。

到了 1988 年初，FBI 的 DNA 研究组成员觉得他们在初步研究方面已经取得了足够的进展，就在 1988 年 1 月版的《刑侦实验室文摘》（Crime Laboratory Digest）上发表了他们的工作总结。在这篇文章中，该研究组"向刑侦实验室人员介绍了能够检测（基因多态性）的 DNA 分析原理"。[18]他们首先概述了 DNA、探针、限制性酶和 DNA 印迹法过程的基本特性。文章随后描述了单位点探针，并指出这些探针"已被朱斯蒂团队和坎特（Kanter）团队分别在 1986 年发表的文章描述为能成功地应用于体液检测"。尽管 FBI 的文章从来没有明确提到过生命密码公司，但这两个引文事实上都是该公司最初对其工作发表的文章，该文对细胞标记公司只是在介绍杰弗里斯的探针中提到过。[19]在这篇文章中，DNA 研究小组还列出了前面描述的 14 个验证步骤。

因为《犯罪实验室文摘》是一份由 FBI 出版的研究期刊，向全国各州和地方刑侦实验室传播法医学的最新发现，所以它的主要读者是公共刑侦实验室的法医科学家和技术人员。该杂志在学术界的发行量很小，参与关于 DNA 分析和相关统计计算有效性和可靠性辩论的许多科学家肯定不会阅读该杂志。同行评议和发行范围的问题将在辩护方对 FBI 的 DNA 证据和几起案件的挑战中发挥关键作用。这些案件中最著名的即为李案（合众国诉李等人案，United States v. Yee, et al.）。

他们的第一篇文章中，布多尔和他的同事们完全没有提到这样一个事实，即生命密码公司和细胞标记公司都已经开始向全国各地的执法机构和检察官提供法医 DNA 分析。然而，正如 FBI 官员约翰·希克斯（John Hicks）在 20 世纪 80 年代末多次评论的那样，"私营部门的发展使我们加快了努力"。[20]在 2003 年 3 月的一次采访中，希克斯说，细胞标记公司和生命密码公司的代表曾几次与联邦调查局接触，他们提出在 FBI 实验室中派遣训练有素的技术人员以便立即开始办案。[21]然而，FBI 一直试图与直接宣传某一特定公司的方法优于另一公司这种行为保持距离。"在政府工作中经常是这样"，他说："你可不想陷入一个推销某个特定产品或服务的境地。"[22]话虽如此，但希克斯和其他几位 FBI 的科学家多次向我重申，尽管基因分析领域的私有化是一个令人担忧的问题，但绝没有重要到局里在没有绝对准备好之前就开展 DNA 检测。[23]

技术选择和商业后果

在《犯罪实验室文摘》的文章中，布多尔和他的同事没有给出任何迹象表明他们正在做出一个表面上"技术性"的决定，而该决定将不可逆转地永远改变 DNA 分析市场的格局。具体来说，联邦调查局小组决定采用另一种限制性酶 Hae Ⅲ，而不是细胞标记公司的 Hinf Ⅰ或生命密码公司的 Pst Ⅰ。从表面上看，这个决定似乎相当平凡，甚至微不足道，因为 Hae Ⅲ在分子生物学中的应用与两家私营公司使用的酶一样广泛。只有当人们认识到任何 DNA 分析系统的不同特性是由各种探针检测到片段的大小，并且片段大小完全取决于限制性酶的选择时，决定的重要性才变得清晰明了。因此，通过选择 Hae Ⅲ而不是生命密码公司或细胞标记公司使用的酶，FBI 使他们的系统与两家公司现有的 DNA 分析机制不兼容。虽然两家公司都可以自由采用新的酶系统，并且仍然可以将其产品出售给公共刑侦实验室，但这意味着它们的所有验证工作都必须重做，它们的系统将不再自动被许多司法管辖区接受为先例。

布多尔和他的同事在《犯罪实验室文摘》中解释了这一选择，并提供了诸多的科学和技术依据。例如，他们指出，因为 Hae Ⅲ比 Hinf Ⅰ或 Pst Ⅰ更频繁地切割 DNA，所以它会产生更小的片段。较小片段的优势使它们在电泳过程中大片段更容易扩散，从而更容易精确地确定它们的大小。[24]他们为选择 Hae Ⅲ提供的唯一非技术理由是它相对便宜。[25]

根据细胞标记公司美国分公司第一任实验室主任丹·加纳（Dan Garner）以及多位我的受访者的说法，至少细胞标记公司对 FBI 的决定深感失望。加纳说，当 FBI 开始进入 DNA 分析领域时，细胞标记公司试图说服 FBI 采用 Hinf Ⅰ系统，因为它已经在英国和欧洲广泛使用。这一选择不仅对细胞标记公司来说是商业上的一项重大的成就，而且还可以立即实现国际兼容性。加纳认为，FBI 的决定并不完全基于逻辑或科学价值。他说："我认为（布多尔）只是想让我们慢下来，让联邦调查局赶上来，然后让它发挥领导作用。"[26]

无论选择 Hae Ⅲ的决定是否明确是 FBI 控制 DNA 分析领域的尝试，还是该决定的最终结果。重要的是要注意，FBI 并不想让这两家公司倒闭。事实上，FBI 团队选择使用了生命密码公司、细胞标记公司和其他几家公司生产的探针、试剂和其他产品（需要注意的是，FBI 使用了生命密码公司生产的三种探针，但细胞标记公司制造的只用了一种）。然而，生命密码公司和细胞标记公司已不再处于能够争夺行业标准的位置。从 1989 年开始，他们发现自己越来越多地在 FBI 后面亦步亦趋。

培训和传播

到 1988 年 4 月，FBI 的 DNA 分析系统已经足够完整，可以开始培训第一批成员，他们将组成 FBI 涉足的案件的 DNA 分析部门。在这段时间里，大多数 FBI 受训者来自实验室其他部门，缺乏理解遗传学分析所需的基本科学知识。因此 FBI 必须给他们提供一个 44 小时的分子生物学短期课程，以合同方式聘请弗吉尼亚大学的教师来讲授

（教师们没有参与FBI的DNA鉴定技术的创建或测试）。受训人员随后参加了DNA研究小组举办的一系列关于DNA分析的讲座，并对实际技术进行了大量操作实习。[27]在接受初步培训后不久，这些分析员成为确保FBI选择的各种技术和方法在法医案例工作中有效和可靠过程的核心。这一过程与两家私营公司进行的过程非常相似，重点是确保测试结果不会受到犯罪现场外部环境因素的影响，如阳光、温度、回收生物样本的环境以及从犯罪到采样之间的时间。FBI还做实验以确定各种生物和化学损伤对暴露在其中的犯罪现场样品可能产生的影响，例如细菌、清洁剂、汽油或有机溶剂。最后的验证过程是对以前提交给FBI进行血清学检测的122起实际案件的残留物进行法医DNA分析。这项研究发表在1988年10月版的《犯罪实验室文摘》上。在这篇文章中，德怀特·亚当斯（Dwight Adams）得出结论："实验结果有力支持了FBI实验室通过RFLP进行DNA分析的流程，认为它是有效的、可靠的和可重复的。"[28]本文没有特别提到FBI直接使用刚刚培训的技术人员来验证他们的系统。

从1988年4月开始，FBI还开始在法医科学研究和培训中心提供为期四个月的培训课程，专门向来自州和地方实验室的科学家和技术人员传授分子生物学和遗传学的基础知识，并让他们获得DNA分析技术的实践经验。这一努力的主要目的不仅是将联邦调查局的技术传授到州和地方刑侦实验室，而且是"提供技术资源，以尽快解决与DNA测试相关的有效性和可靠性问题"。[29]根据曾与我交谈过的几个州和地方刑侦实验室主管们的说法，无论他们如何看待FBI选择的技术，他们都对该局在全国范围内快速传播其DNA分析系统的能力印象深刻。正如扬·巴辛斯基（Jan Bashinski）在2002年2月的一次采访中所说：

> 我对RFLP技术最终的可控性和数据在各处的相似性感到震惊——因为我做电泳已经很多年了，而且它不是那么简

单。所以，他们真的做了很艰辛的工作，把整个技术变成一个真正可控的操作方法的集合。在这个过程中，他们做出了很多决定，他们必须做出决定，但是，在许多人看来，是以某种武断的方式，而且他们不一定足够重视其他人的有效和创造性的贡献。所以，这只是同一个故事的两个方面。但是，他们勇敢地面对困难，创建了一个框架，在这个框架内可以实现一些标准化，这一点应该得到高度赞扬。[30]

与 FBI 分析师在验证该局操作流程中发挥的作用类似，招聘的访问学者也为 FBI 提供了进行实验所需的劳动力，以确定哪些程序和流程应在全国范围内实施，以及开发人口频率数据库。希克斯说，当时，"FBI 没有资源……能快速做到这一点，所以这是一种解决资源问题的方法，正如我所说的，他们不仅接受了技术培训，而且获得了丰富的经验，并通过使用该程序完善了他们的个人技术"。[31]希克斯在 2003 年 3 月的一次采访中说，让那些同样对法医 DNA 分析知之甚少或一无所知的人来做优化该局检测制度的实验，我对此并不感到忧虑。[32]

也是在 4 月，FBI 决定出版一期专门针对"实施 DNA 检测"的《刑侦实验室文摘》特别增刊。其中描述了法医 DNA 分析的基本方面，介绍了在地方一级使用该技术的成本和挑战，并列出了与 DNA 分析有关的各种文章和书籍。该期的第一页指出，它正被分发给全国大约 300 个刑侦实验室。它却没有提及该增刊被递送至学术界的科研人员们，甚至没有给主要公共刑侦实验室之外的法医科学家们。[33]这意味着创建 FBI 的 DNA 图谱分析制度的人和其主要用户，与将承担大部分同行审查和评判责任的人是同一组人。

然而，这并不是说 FBI 在开发他们的 DNA 鉴定系统时没有寻求任何外部顾问。FBI 官员知道，为了让他们的技术在法庭上被接受，他们必须得到刑侦实验室以外人员的支持，尽管不一定需要他们做什么贡献。在增刊中，FBI 宣布计划于 1988 年 5 月 31 日至 6 月 2 日举行一次由 FSRTC 主办的 DNA 技术研讨会。最终，他们邀请了一百多名法医科学家、分子生物学家、遗传学家、执法人员和律师参加会议。因为当时在法律界和科学界都还没有对 DNA 鉴定有重大批评（班伯里会议直到 1988 年 11 月才召开），所以没有参与者内心倾向于批评 FBI 及其工作，也许私营实验室的代表例外。参与者中有麻省理工学院的大卫·豪斯曼，他经常在 DNA 案件中代表检方作证；犹他大学医学院遗传学家雷蒙德·怀特（Raymond L. White），他发明了许多最终被 FBI 使用的探针；鲸鱼座公司的罗素·樋口（Russell Higuchi）；英国内政部的伊恩·伊维特（Ian Evett）；伦敦警察局实验室的布莱恩·帕金（Brain Parkin）；帝国化学工业公司（Imperial Chemical Industries, ICI）的亚历山大·马卡姆（Alexander Markham）；生命密码公司的伊万·巴拉兹；法医协会的埃德·布莱克（Ed Blake）；细胞标记公司的罗宾·克顿；明尼阿波利斯纪念血液中心的戴尔·戴克斯（Dale Dykes）；圣迭戈地区检察官办公室的乔治·"伍迪"·克拉克（George "Woody" Clarke），他是全国 DNA 相关问题最有见识的检察官之一；以及几位 FBI 的科学家。这次会议的主题主要集中在技术领域。克拉克是唯一一个在其简短报告中谈到法律和道德问题的发言者。他谈到了由建立一个网络化的国家 DNA 数据库而引起的一些公民自由问题。该数据库将储存已定罪的罪犯和未决案件中受害者的 DNA 图谱，以及诸如哪个执法机构上传了该图谱之类的基本信息。[34]这些信息的组合将允许全国各地的执法机构将留在犯罪现场的 DNA 证据与已知的暴力罪犯进行比较，并检查他们正在调查的罪犯是否可能与全国各地的任何其他犯罪行为有关联，这将会加快对连环罪犯的识别和抓捕工作。

负责 FBI 实验室的助理主任罗杰·卡斯顿圭（Roger Castonguay）表示，这次会议是要讨论两个重要议题：在法医科学领域建立 DNA 分析标准和建立一个全国性的 DNA 数据库。

显然，在全国范围内协调这个系统的发展，建立适当的控制机制和标准，以便有效地在执法机构间实现 DNA 鉴定图谱交换，这将有利于执法工作。为实现这一目标，我们的团体必须就通用标准语言达成一致，从而促进关键调查信息的交流，同时使该系统具有灵活性，以适应技术不断发展引起的变化。这项工作的成功将在很大程度上取决于服务于执法工作需要的职业信念，以及法医界的协同互助精神。[35]

同样，他没有提到生命密码公司或细胞标记公司，尽管两家公司的代表都出席了会议，仅提到他们在 DNA 分析系统中已经更换了标记和限制性酶这个事实。这一选择表明，FBI 并没有为获得有价值的建议邀请他们加入，而只是觉得如果不邀请他们，会有损 FBI 的形象。

DNA 分析方法和技术工作组

从卡斯顿圭的评论中可以明显看出，标准化问题在 FBI 科学家的脑海中赫然可见，但他们需要的是能达成这个目标的快速且有效的方法。几位 FBI 法医科学家，最重要的是约翰·希克斯，意识到数据库的概念"满足了几个关键需求"：

第一很明显，如果你要建立一个数据库，你必须有标准化的方法和技术，这样数据才是兼容的。其次，在任何类型的数据库中，您都需要高度重视质量控制，以确保系统中有可靠的数据……第三，它显然将是一个潜在的非常强大的调查工具。[36]

也许 1988 年 5、6 月间 FSRTC 主办的会议最重要的成就就是组建了 DNA 分析方法技术工作组（Technical Working Group on DNA Analysis Methods, TWGDAM），这是一个法医科学家的非正式组织，他们于 1988 年 11 月首次会面。根据该组的使命，TWGDAM 主要目的是"在全国刑侦实验室就使用的 DNA 方法达成共识,以便为交换 DNA 测试数据提供一个媒介"。它的成立展现出了一种有趣的趋势:与法医科学界需要的严格监管和自我监督背道而驰的是,TWGDAM 没有获得"任何监管权力,也不是认证或授权机构。TWGDAM 工作结果和该组织的出版物仅可以被视为建议或帮助个别刑侦实验室建立它们的 DNA 测试项目的指导"。[37]虽然我将在下一章进一步讨论这个问题,但现在应该指出,TWGDAM 的确是为法医学界成员的论坛而设立的,目的是开发一套标准以建立全国 DNA 数据库。它的主旨是,开展工作的唯一办法是让别人自愿采用它的准则,而不是让他人接受一套明确的准则。正如 FBI 局长威廉·塞申斯(William Sessions)在 1989 年年中写道:"FBI 没有计划启动或以其他方式参与 DNA 测试实验室的许可或认证过程。FBI 实验室的立场是,作为全面质量保证计划的一个要素,有效的水平测试项目是确保测试结果可靠性和一致性的最有效和高效的方法。"[38]

不过,塞申斯的立场有些不真诚。他在信中没有提到的是,FBI 在法医学领域拥有巨大的权力。事实上,它是全国各地刑侦实验室和警察局的培训、支持、标准制定和技术传授的主要提供者。[39]此外,它免费向执法机构提供这些服务,而由纳税人买单。与细胞标记公司和生命密码公司不同,FBI 不必出售其方法,也不必根据一些主流的市场逻辑来证明其决定的合理性。FBI 不仅拥有大量准备好并愿意采用其产品和服务的受众,而且在开发全国 DNA 数据库上一马当先,因为该数据库需要统一的标准 DNA 分析方法。

第一届 TWGDAM 的 31 名成员中,有 18 名来自公共刑侦实验室或执法机构,其中两名来自加拿大;11 名来自 FBI,包括最初 DNA 分析研究组 4 名成员中的 3 名;只有两个人是学术界的成员。他们包括与加州执法官员合作的加州大学伯克利分校的乔治·森萨博,以及雷·怀特。怀特曾开发了许多被 FBI 选择用于其 DNA 分析制度的探针,也是其主要顾问之一。[40]值得注意的是,该会议没有邀请来自生命密码公司和细胞标记公司的代表参加,然而这两个公司在法医 DNA 分析上经验最丰富。尽管 TWGDAM 与会者征求了来自这些公司成员的意见,他们被刻意阻止在这个制定该工作指导方针的论坛上发表正式意见。

尽管 FBI 从未主张使自己或 TWGDAM 拥有明确的监管职能,但是很明显,一旦该局决定建立并维持一个全国性的数据库,任何一个司法管辖区如果希望将图谱加载到数据库或检查数据库中是否有图谱与犯罪现场获得的未知图谱相匹配,都必须符合该局选定的标准。因此,塞申斯向美国国会议员唐·爱德华兹报告说 TWGDAM "支持在全国范围内将 FBI 的 DNA 测试流程作为国家标准采用",并且许多州和地方刑侦实验室已经宣布他们计划使用 FBI 的流程进行法医 DNA 测试,这些都是不足为奇的事情。[41]

通过资助 TWGDAM,FBI 控制了大约三分之一的成员,又不邀请生命密码公司或细胞标记公司的代表,并自己制定议程,FBI 将自己置于非正式监管法医 DNA 分析的地位。尽管我从 FBI 那里采访的每个人都强烈否认他们以监管为目标,但从制定每个人都**必须**遵守的规则来讲,FBI 就是在监管。它开发并颁布了有关验证操作流程的指导方针和建议,以及被允许访问国家 DNA 数据库前必须遵守的要求。这一策略对于广泛接受 TWGDAM 的观点是必要的,因为法医科学家一想到他们的工作如同诊疗实验室或药品制造商的工作一样受到外部监管,就感到怒发冲冠。称规则为"指导方针"或"建议"可以使地方实验室感觉它们还保有独立性和灵活性,这种感觉是他们接受监管所必须的,即使他们是由法医科学家同行监管。

早期的国会辩论

TWGDAM 不像是兰德尔那样的科学家,或是纽约州法医 DNA 分析委员会成员或谢克、纽菲尔德和汤普森这样的辩护律师所倡导的监管团体。他们认为,在这种情况下,自我监管是不可能的,他们更希望由法医界以外的人监督。尽管他们没有就谁应该履行这一职责达成一致,兰德尔认为这是学术界科学家群体的责任,而大多数辩护律师认为这应该由管理类似技术的几个现有联邦机构中的任何一个来承担,但他们普遍认为 FBI 不能有效地管理法医 DNA 分析。因此,一场围绕谁拥有必需的权力和专业知识来指导或管理(根据某人对管理法医科学的观点)法医 DNA 证据获取的辩论就出现了。这些分歧在许多场合上是公开的,从法庭到《自然》杂志,但大多数辩论是在国会各委员会的会议室进行的。

国会对法医 DNA 分析的兴趣在 1989 年 3 月变得明显,当时参议院司法委员会宪法小组委员会举行了第一次关于"基因测试作为刑事调查的一种手段"的听证会,众议院司法委员会公民权利和宪法权利小组委员会在 1990 年 FBI 监督和拨款请求听证会上主要讨论了该局在美国发展法医 DNA 分析的作用。[42]大约同时,参议院劳动和人力资源委员会委托现已解散的技术评估办公室(Office of Technology Assessment, OTA)围绕该技术提出"美国国会在五个政策问题上的一系列行动选项",即标准、资金、建立 DNA 测试结果的计算机数据库、DNA 分析技术的标准化和隐私问题。[43]OTA 成立于 1972 年,为国会提供关于当今复杂科学和技术问题的无党派偏见的信息和分析,而不告诉立法者他们应该以何种方式投票。尽管 OTA 被广泛认为是一个严肃的研究机构,但它的很多报告触怒了工业界的大企业。在"金里奇革命(Gingrich Revolution)"之后(指美国国会共和党领袖纽特·金里奇在 1995 年带领共和党终结民主党对众议院 40 年的统治权,译者注),OTA 被第 104 届国会解散。[44]

以罗宾·Y. 西见(Robin Y. Nishimi)为首的 OTA 成员并没有受到国会的压力去追求一种特定的观点,所以他们能够召集不同背景的人来帮助他们写报告,每个人都带来了独特的兴趣和观点。参与者包括生命密码公司的迈克尔·贝尔德、埃里克·兰德尔,细胞标记公司的丽莎·福尔曼,美国公民自由联盟的詹洛里·高曼(Janlori Goldman),

一位将在辛普森案中名字变得家喻户晓的康涅狄格州法医科学家亨利·C.李（Henry C. Lee），卫斯理-巴雷案的辩方律师迈克尔·鲁特尼克，以及其他律师、法医科学家和法学教授。整个咨询小组由汤姆·卡斯基（Tom Caskey）领导，他最终会与 FBI 紧密合作并开发出今天正在使用的 DNA 鉴定系统。[45]与 TWGDAM 不同，该小组中没有联邦政府或 FBI 的代表。尽管 OTA 报告对随后几年做出的政策决定影响甚微，至少部分原因是 FBI 最终在制定标准时没有动力去认真审视该报告，但它比任何其他单一文件或报告都更能抓住正在酝酿的关于谁拥有监管 DNA 图谱的权力和专业知识的争议。

在概述了关于实际 DNA 分析技术的有效性、可靠性和宣布图谱匹配所涉及的群体遗传学问题的各种辩论之后，OTA 报告谈到了它认为更具有争议的问题。根据 OTA 的说法，为 DNA 测试设定标准是"最有争议和未解决的"问题。OTA 确定了两类标准：技术（即"适当的试剂和对凝胶的控制；电泳条件；匹配 DNA 条带图样的规则；应允许计算机辅助确定匹配的程度；计算匹配几率的人口数据"）和操作（即记录保存和水平测试）。也许是因为 FBI 不采用两家公司使用的限制性酶的决定全部影响还没有显现出来，OTA 认为操作标准更具争议性，因为"从历史上看，任何部门监管实验室做法的尝试都遇到了阻力"。因此，OTA 指出："容忍实验室之间差别的灵活性技术标准需要被评估，表述清晰、客观且有科学依据的规定和程序应被确立。当然，最重要的是被遵守。"[46]因此，虽然没有明说，但 OTA 的报告表明，FBI 制定的那种规章（不一定必须遵守的指导和建议）很有问题，需要加以修正。

在质量保证方面，OTA 涉及了监督法医实验室的监管手段（无论是由专业协会、联邦还是州政府）和非监管手段。尽管该报告确实承认介入和监管 DNA 检测实验室属于联邦政府的职权范围，但在监管部分的结论并不乐观："然而，一些人认为，像 1988 年《临床实验室改进修正案》（Clinical Laboratory Improvement Amendments）这样的立法更像是一个短期的解决方案。事实上，像目前正在发生的那事情一样，法庭冲突会提高法医 DNA 分析的检查和评估，并最终通过确定该技术的界限以确保质量。此外，有人提出了这样的问题，即高质量是否必然来自强制性监管。"[47]OTA 接着概述了联邦政府可以采取的一些非管制行动，包括批准法医学研究项目，特别是那些跨学科的和"将新出现的基础研究工具应用于现实世界案例工作"的项目，鼓励召开"共识会议"，以制定和推荐方案，并解决法医学中悬而未决的争议；建立监督委员会，如国立卫生研究院的重组 DNA 委员会，以监督法医 DNA 测试。[48]再次，OTA 报告建议，FBI 用于制定标准的过程（即在 TWGDAM 的封闭世界中）根本不足以创造一个有效的长期解决方案来确保有效和可靠的 DNA 证据。

OTA 报告还指出，已经有各种非监管机构可以来处理法医 DNA 检测问题，包括国家标准技术研究所。这是一个中立的联邦机构，有可能带给读者对 DNA 检测技术的信心。OTA 当时提到的另一个正在运行的非监管性的联邦机构是 FBI 的 TWGDAM。有些人称赞 TWGDAM 是"发展国家专业知识的核心"，另一些人则认为它对非利益相关方不够开放。[49]在结束这一部分时，OTA 承认，"在法医调查过程中，没有什么是日常事件"，因此任何质量保证计划都必须灵活，不能给已经不堪重负且资金不足的公共实验室带来不必要的负担。最后，他们认为任何解决方案最终都必须依靠标准的实施，而不是对技术人员的认证、培训或颁发资格证。[50]

由于 OTA 的任务是向国会提供政策选择，而不是建议，该报告总结了围绕 DNA 分析的五个主要政策问题可以采取的多种行动路线。这些建议包括不采取行动、鼓励自愿行动，到正式利用、公开的协商委员会乃至立法。如我到目前为止所展示的，这些立场在全国都有拥护者。然而，到目前为止，关于确保 DNA 证据有效性和可靠性的最佳方法的辩论是分散的，在加利福尼亚、明尼苏达和纽约的各种论坛上进行。国家一级尚未就这些问题展开讨论。

虽然3月15日的参议院听证会主要是介绍信息，希克斯介绍了FBI的DNA分析项目，各法医学教授概述了围绕该技术使用的基本问题，但一周后，在司法委员会公民和宪法权利小组委员会的支持下，众议院的听证会就FBI在确保这一新技术有效性和可靠性的工作计划中的作用引发了相当激烈的辩论。听证会开始时，约翰·希克斯重复了他前一周的证词，随后曾参与FBI的DNA技术开发的FRSTC助理科长詹姆斯·科尔尼介绍了法医DNA分析的技术背景。希克斯的证词基本上没引起关注。他以尽可能好的方式介绍了FBI的工作，并呼应了生命密码公司和细胞标记公司此前的说法，即如果法医DNA分析有任何问题，人们不会得到任何结果，也不会得到错误的结果。他进一步指出，FBI正在不断改进其人口频率数据库，使其数据库人群中的任何亚结构都非常微小。然而，与参议院听证会不同，希克斯（和科尔尼）被时任小组委员会主席的众议员唐·爱德华兹以及司法委员会的多名工作人员问了一些难题。他们的观点也受到听证会上其他证人的质疑——巴里·谢克、埃里克·兰德尔和菲利普·J.贝雷亚诺（Philip J. Bereano）。贝雷亚诺是华盛顿大学工程和公共政策教授，也是社会活动组织有责任心的遗传学理事会（Council for Responsible Genetics）和美国公民自由联盟的成员。旧金山公设辩护律师杰夫·布朗（Jeff Brown）在听证会后给小组委员会发了一封信，也加入了质疑的队伍。

三位非FBI证人以及布朗最关心的是谁有权力、专业知识和可信度来管理DNA证据的出具。这个问题的基础是一个更广泛的分歧，即在一个对哪些科学团体与法医DNA分析相关这个问题仍存在重大分歧的场合，同行审查指什么？正如我们将会看到的，FBI的证人声称，DNA鉴定制度的同行审查应由希望看到该技术成功的人来完成。毕竟，谁会比那些每天用它来破案抓罪犯的人更关心这项技术的可靠性呢？另一方面，FBI以外的证人认为，同行审查的标志是由科学家和其他对这项技术的成功无利益关系的人进行有组织的审查。在提出这一主张时，FBI 以外的证人不仅努力确保法律的平等保护原则和促进公民权利，而且保护同行审查过程免受开发这一技术并希望尽快使用它的人的偏见和既得利益的影响。在他们看来，他们不仅仅是维护刑事被告的权利，他们也在维护科学理念。

菲利普·J. 贝雷亚诺对 FBI 采取的 TWGDAM 方法最为不满。他指责该局召集了一个仅由技术专家和法医从业者组成的小组，而没有考虑其他人，如学术界科研人员、辩护律师、公民自由提倡者和政策制定者。贝雷亚诺援引了一种技术框架下的社会建构形式，他在国会作证说："今天的一些评论中让我特别担心的事情之一，是希克斯先生对理事会稍早问题的回答，这也存在于一些其他技术的应用之中，就是科学技术考量与政治考量被隔离在不同的空间里。当然，现实是，科学发展和技术发展发生在社会和政治框架内。正如人类学家会告诉我们的那样，技术是文化的产品。"[51]对贝雷亚诺来说，FBI 决定召集一个几乎完全由法医学领域人员组成的标准制定机构是完全错误的，因为标准化的概念本身意味着政治、社会、科学和技术决策的结合，把它们分开毫无意义。他在证词中说："每次他使用'科学家'这个词时，我都会敦促你们把它扩大到科学家和其他利益相关的政策制定者。再次说明，这些问题不仅仅是技术问题。它们将是技术和政策问题的混合体，我想重申我在前面的讲话中说过的话。"[52]换句话说，他认为相关的同行团体应该扩大到包括非科学家，谢克在他的证词中重申了这一观点。

在给小组委员会的信中，旧金山公设辩护律师杰夫·布朗概述了他认为用于出具有效和可靠的 DNA 证据的适当监管框架。他的体系核心是这样一种信念，尽管 FBI 在法医 DNA 分析发展中发挥了主导作用，值得称赞，但它"在使用 DNA 证据方面、执法方面也有正当利益"。因此，布朗认为，保持 FBI 作为该技术事实上的监管者的角色是很重要的。他写道，FBI "应该与任何其他实验室一视同仁，并遵守同样的标准和要求"。[53]

他认为，有必要由一个独立的联邦机构来履行这一职能，比如已经在监管其他诊断测试、医疗器械的食品和药物管理局（FDA），而不是由 FBI 来制定和维护这些标准和要求。在布朗的体系下，该机构将负责制定教育、培训和技术标准，如哪些探针、试剂、对照样本和方案步骤该被批准供法医实验室使用，以及制定判断匹配标准。它还将进行定期的水平测试，为 DNA 分析人员发放许可证，认证 DNA 实验室，并作为记录实验室错误的信息库。[54]

在随后给爱德华兹的一封信中，布朗重申了他的信念，即不能相信 FBI 会监管法医界，甚至自己。他写道，FBI 局长威廉·塞申斯最近强调的科学信息需要公开共享，并且在各地方之间"光速的传播"，与 FBI 实际行为从根本上就不相符。[55]布朗接着描述了基尔斯案和自我批评式的分析原则，并继续说："这个案件说明了 FBI 愿意在很大程度上保密其所谓的科学工作。根据 FBI 定义和塞申斯法官的指示，这应该是一个公开的过程。"[56]在信的结尾，布朗指出，他关于 FDA 监管法医 DNA 鉴定实验室的计划得到了纽约州专家委员会的响应，该委员会建议成立一个独立机构，对私人和公共实验室进行许可、授权和能力测试，并成立一个科学审查委员会，以通过标准和讨论其他技术问题。

尽管我没得到 FBI 对布朗让 FDA 监管法医 DNA 分析计划的回应，但从他们对纽约州专家组建议的反应来看，很明显，他们强烈反对任何将法医科学家，特别是 FBI 置于任何形式的外部监管之下的计划。在给纽约州州长马里奥·科莫的法律顾问伊凡·A. 戴维斯（Evan A. Davis）的信中，希克斯写道，这种努力将是"不必要的重复努力，将与法医学界正在进行的工作相冲突"。[57]他接着描述了 FBI 对 TWGDAM 的赞助，以及他们与美国刑侦实验室主任协会（American Society of Crime Laboratory Directors, ASCLD）的密切工作关系，该协会是一个全国性的刑侦实验室主任组织，与法医科学界通力合作设定标准、制定操作流程、开发质量控制和质量保证项目，并培训法医分

析师和实验室管理者,"以协调全国刑侦实验室实施 DNA 检测的政策问题"。[58]他继续写道:

> 为 DNA 检测设定标准和指导方针的努力是自愿的,这一事实不应被视为一个弱点。"指导方针"一词的重点在什么是期望的结果,而不是细致规定每个实验室如何获得结果。尽管遵守规定是自愿的,但仍有几股力量确保他们遵守这些规定。首先,同行评审和对技术指导的公开讨论是促进严谨思维的强力兴奋剂。《TWGDAM 准则》不是在真空中制定的,而是由具有进行 DNA 测试的实际操作经验的法医界资深成员经过几轮讨论和审查的结果。其次,辩护律师和法院对 DNA 测试程序的严格审查实际上保证了任何试图将其 DNA 测试结果作为证据的刑侦实验室都必须遵守相关标准和指导方针。从执行的角度来看,自愿的方法保留了刑侦实验室主任决定如何在不改变目前标准的情况下执行标准的特权。[59]

除了回应 FBI 将科学评审、水平测试、颁发许可或认证等问题的监管权移交给州政府的具体政策外,希克斯还阐述了他对确保 DNA 证据有效性和可靠性的合适方法的观点,即根据 TWGDAM 的自愿准则。他实质上贬低了一个州监管一个联邦实体的任何努力,称其为"至少可以说是全新的,在联邦-州关系中没有先例"。[60]他进一步指出,如果这样一项规定成为法律,它将是"站不住脚的,坚持将其应用于 FBI 实验室使其无法继续向纽约州执法机构提供 DNA 检测服务"。至于更好的办法,他敦促纽约州"在法医科学界的既定框架内努力推广国家标准和在州、地区、国家级数据库中的 DNA 图谱使用。各州应该通过具有全国视角的机构或组织与其他州进行协调合作,而不是单打独斗或与更广泛的国家举措背道而驰"。[61]根据希克斯的说法,FBI 没有必要组织外部或无倾向的同行审查,因为辩护律师团体的严格审查足以达到这个目的。

埃里克·兰德尔表示，如果 FBI 公布他们提出的标准，并允许科学界的大众对其进行同行审查，他将对 TWGDAM 的标准非常满意。这一立场有趣地融合了 FBI 的实际做法以及布朗、谢克和贝雷亚诺对加大干预 FBI 工作的呼吁。他说：

> 我对 FBI 的目的感到很满意，我认为他们希望看到好的结果。我们都知道，最好的东西来自同行评审，事实上，如果 FBI 制定了这样一个标准，他们应该按照我认为他们打算做的那样，与科学界合作，应该公布它，与 OTA 委员会的意见进行比较。如果对某些部分我们都觉得优秀，就应该做下去，因为这是一种技术，事实上我认为坐在桌子旁边的理智的人会赞同它的。我们确实有验证这个技术的对照实验；我们确实有可以应用的标准。我们能在这些事情上达成一致。我觉得从某种意义上来说，这在科学上是合理的。[62]

因此，兰德尔主张学术界在制定法医 DNA 分析标准方面发挥主导作用。在许多方面，兰德尔呼吁建立一个系统，模仿科学家们为了资助和在学术期刊上发表而在内部同行评审彼此工作的方式。最基本的原则是招募对 FBI 的法医 DNA 分析系统没有直接利益纠葛，但对相关的技术和科学问题非常熟悉的科学家来评估该局的操作流程和标准。在他的设想中，律师、决策者和其他人的唯一作用是为科技界提出意见并成为它的同行评审系统。[63]

FBI 继续前进

兰德尔希望 FBI 能等待整个科学界对他们的操作流程和 TWGDAM 的标准进行同行评审，但最终这个希望无法实现。尽管围绕法医 DNA 分析监管的争论在后来的五年内在国会继续进行，但 FBI 全速推进其制定自愿遵守的指导方针和开发全国 DNA 数据库的计划。此外，尽管 FBI 的验证方案明确指出，会尽快撰文发表这项工作，以便接受科学界的审查,但它只是在 1990 年 6 月才提交给《法医科学杂志》,并在 1991 年 9 月发表。[64]FBI 直到 1991 年才公布它用来确定两个 DNA 图谱中相似条带是否匹配的标准,以及它关于不同人群中等位基因频率的第一份报告。[65]在开始案例工作之前没有公布信息和接受同行审查,最终会受到辩护律师和专家证人的质疑。

FBI 没有试图隐瞒这样一个事实,即在它的所有工作都发表在同行评议的期刊上之前,它已经在引入一个 DNA 分析系统。他们认为,法医界对这项技术的需求太大,以至于他们无法去等待从九个月到一年不等的发表过程。正如约翰·希克斯在 1988 年 11 月的班伯里会议上承认的那样,尽管 FBI 试图负责任地、系统地验证 DNA 分析,但他们不能等到最初过程的所有 14 个步骤都完成的时候。"在没有发表的情况下,我们也要继续推进这项技术",他说道:"论文正在撰写中,它将会发表,但是根据对出版过程的了解,我们已经完成的研究还要在几个月,也许一年以后,才会发表。在此期间,我们还要工作。"[66]

FBI 专家:为检察机关和国家政府服务的科学家

针对他们不等待操作流程和验证实验完全发表的决定,FBI 代表给出的主要原因之一是,他们认为他们的工作已经接受了充分的同行审查。FBI 不仅在许多会议上介绍了他们的工作,他们还迅速与人类遗传学和医学研究界科研人员建立了密切的合作关系。除了犹他大学的雷·怀特以外,FBI 在学术上最紧密的盟友包括耶鲁大学和德克萨斯州休斯敦市各学术机构的遗传学家、医学研究人员和统计学家;北卡罗来纳州立大学群体遗传学家布鲁斯·威尔(Bruce Weir);印第安纳大学医学院的 P. 迈克尔·康奈利;来自耶鲁的团队包括群体遗传学家肯·基德(Ken Kidd)、生物统计学家伯尼·戴弗林(Bernie Devlin)、尼尔·里施(Neil Risch)和凯瑟琳·罗德(Kathryn Roeder);休斯敦的团队包括 C. 托马斯·卡斯基,他是贝勒医学院的讲席教授,并且是该校分子遗传学研究所的主任,他积极参与创建 DNA 鉴定市场,并为该市场提供商业化产品和服务的子公司；德克萨斯大学生物医学科学研究生院群体遗传学、人类生态学和生物统计学教授拉纳吉特·查克拉博蒂（Ranajit Chakraborty）；德克萨斯大学健康科学中心人类遗传学和眼科教授史蒂芬·戴格（Stephen Daiger）。

在这些个人和团体中，休斯敦的团队对FBI特别有帮助，因为他们在持续发展和完善他们的DNA分析计划。除了因代表检方作证而获得大笔费用之外，[67]该团队的成员还获得了FBI母组织美国国家司法研究所（National Institute of Justice）的大笔赠款。汤姆·卡斯基最终从发放他在贝勒医学院开发的各种技术许可证中获得了巨大的利润。这包括短串联重复序列（Short Tandem Repeat）系统的一大部分利润，该系统目前在世界各地用于法医DNA分析。

最值得注意的是，国家司法研究所向戴格、查克拉博蒂和他的同事埃里克·布尔温克尔（Eric Boerwinkle）的研究计划《法医应用中的DNA数据分析》提供了30万美元。这一资助申请是直接针对1989年全年法医DNA分析所面临的挑战而写的。在摘要中，他们写道："尽管用于DNA分析的实验室方法被广泛接受，但对分析结果的评估和对照所用数据的恰当性一直存在着激烈的争议。DNA数据分析中的争议最近导致了几次在法庭上关于接受这种证据广为人知的挑战。如果DNA分析要满足刑事司法系统对其的巨大期望，这些批评必须得到回应。这就是该计划的目的。"[68]根据他们的基金申请，近期目标是发表同行评审文章。当然，研究是由正常同行评审机制之外的资金支持的；同行评审机制是为了确定哪些研究是科学界觉得值得做的。这些文章将回答以下五个问题：

1. 法医科学界应该如何记录和发布来自对照组和案件中对象的DNA数据，以便有效使用？
2. 不同实验室生成的数据集有多大不同，是否适合汇集数据建立国家数据库？
3. 来自不同种族群体的数据有多大差异？这些数据中是否有证

据表明在被认为是同一群体的人群中存在亚结构？
4. 基因座内和基因座间等位基因频率与期望值的偏差程度如何，如何将这些偏差纳入每个案件的计算中？
5. 最后，新的突变和丰富的基因型对 DNA 分析的正确应用有什么影响？[69]

作为对各位辩方专家批评的回应，他们还希望创建标准化的人口数据集合，这些数据是可被机器读取的，任何人都可以通过适当的软件程序对它们进行分析。

然而，他们的最终目标是"确保检察官和法院使用的 DNA 分析证据的可信度和准确性"。[70]事实上，在题为"DNA 分析的争议"一节中，戴格、查克拉博蒂和布尔温克尔注意到，尽管大多数围绕实验室错误和人为影响的争论已经被解决，但对 DNA 分析中统计学工作的有效性的挑战还未能解决。他们指出，这些问题深深植根于科学、法律和公共环境中，他们写道："这些挑战已经在非专业媒体和科学期刊上得到广泛报道。知识渊博的科学家、消息灵通的律师和经验丰富的法学家也提出了批评。" 他们接着表示，大多数批评都是针对 FBI 和其他测试实验室做出的假设，包括条带对应的分子量可以被客观地重复确定；人口数据库在嫌疑人来自的种族或民族中是有代表性的；嫌疑人所属的群体处于 HWE 状态；用于 DNA 分析的等位基因是独立遗传。[71]然后，他们全部用大写字母写道：**"正是这些假设和对照数据承受了法庭挑战的冲击，有效性是本研究计划的主题。"** [72]

该研究基金的几个方面引起了刑事案件辩护律师群体的警觉。首先，他们惊讶地得知，FBI 实验室的一名代表就在基金评审委员会中，该委员会批准了 C. 托马斯·卡斯基的开发基于 PCR（Polymerase Chain Reaction, PCR）的 DNA 分析方法的基金申请，还有戴格和他同事用科学数据来对抗辩方对该技术挑战的基金申请。在目前的委员会中，FBI 代表是詹姆斯·科尔尼，他在该局的 DNA 分析发展中发挥了至关重要的作用，同样是他，还签署了 FBI 给戴格的信，这封信阐明了该局打算与休斯敦团队合作对基金申请中提出的项目进行研究。更令人不安的是，基金申请基本上就是概述 FBI 开发 DNA 鉴定系统的领导者布鲁斯·布多尔给戴格的任务，与布多尔在 FBI 统计学标准委员会参加的工作相关联。[73]

为了让法院相信这种安排是不合适的，谢克和纽菲尔德请求谢尔顿·克里姆斯基（Sheldon Krimsky）提供一份证词，他们后来收到了这份证词。克里姆斯基是塔夫茨大学哲学教授，他以投身于学术环境中生物研究的科学、社会、伦理和财务问题方面的工作而闻名。在他的证词中，克里姆斯基暗示对戴格的资助是不道德的。[74]他还写道："应该特别注意的是，戴格的资助似乎是一项'宣传性资助'，用于发表研究文章和在全国性会议上做报告，以应对在法庭上 DNA 证据受到的批评"，而不是促进该领域的科学知识的发展。[75]尽管克里姆斯基的陈述是基于戴格在李案中的一份证词，而不是通过基金申请的仔细阅读，但他的观点仍然有一定的价值，因为该基金申请明确针对法庭争议，而且毫无疑问，研究结果将有利于检方，而不是辩方。无论 FBI 的上级机构向 FBI 支持者授予大量基金资助是否符合道德，它都表明，为打击辩方的主张而做出科研结果不是那种独立的、价值中立的工作（而这种工作是传统科学概念的标志）。虽然没有明确对 FBI 的怀疑者们禁止提交基金申请，但他们没有机会获得资金，也没有在确定哪些科学家最有资格开展有助于解决 DNA 证据争议的研究这一方面发挥作用。作为消费者，美国国家司法研究所和 FBI 购买了用于在法庭上面对辩方专家占据上风的信息。

FBI 新 DNA 分析部门的早期发展

到 1988 年秋，FBI 在华盛顿特区总部为专门建造的 DNA 分析小组获取设备的工作已经进入最后阶段，该小组最初由特工亚当斯和三名技术人员组成。在建立实验室文化的过程中，FBI 特别注意制定一个标准化的方案，如果它被遵守，将确保能得到正确的结果。在 1990

年的一次审判中，DNA 测试员劳伦斯·普雷斯利（Lawrence Presley）解释说：

> 我们有一套完善的操作流程，而且对它几乎是逐字逐句的遵守。对它从来没有任何违反行为。这个操作流程就如同做菜方法、烹饪书一样……如果你正确地做了这些事情，你就能得到特定的成果。我们有一系列人员帮助我们完成特定的流程，但是他们绝不会在分析中做解释数据的工作。[76]

从这一声明中可以清楚地看出，FBI 的 DNA 分析计划的主要目标之一是消除测试中人为错误和被辩方团体质疑的可能性。至少从词意上来说，技术人员被认为是一双不受人体情感支配的、无偏见的手，它不会自己做决定。他们只是遵循该局科学家制定的操作流程。然而，FBI 实验室、休斯敦警察局刑侦实验室和其他地方最近的丑闻表明，DNA 技术人员经常做出偏离操作流程的决定，通常是出于完全合理的科学原因，但有时是为了节省时间或故意制造错误的结果。

在制定这一方案但未开始办案前，FBI 需要证明 DNA 分析部门得出的实际结果是有效和可靠的。这个过程的第一步是在 1988 年春夏进行的所谓开发性验证。需要进行的第二种验证是 TWGDAM 后来称为对既定程序的"内部验证"，它遵循美国刑侦实验室主任协会在 1986 年提出的方法。正如 TWGDAM 1989 年质量保证指南所述，在用一个新程序开始案件调查工作之前，法医实验室必须首先在自己的实验室中用已知样本上测试该方法来验证该程序，然后进行工作人员个人能力测试，这些测试可以在实验室内部、外部或内外合作进行。

在此过程中，实验室也有责任根据对同一已知样品的重复分析确定测量误差，设定合理的 DNA 条带匹配标准。如社会学家琳达·德克森（Linda Derksen）在她构建匹配标准的工作时解释的那样，FBI 选择的匹配标准与生命密码公司和细胞标记公司使用的完全不同。[77]生命密码公司认定两个 DNA 带（或等位基因）匹配的条件是当它们之间相差为1.8%以内时,细胞标记公司则取在凝胶上相差1毫米以内为匹配标准,而FBI选取了正负2.5%的标准。这意味着即使两个条带相差达5%,仍然会被宣布为匹配。[78](应该注意的是,细胞标记公司的方法不能与生命密码公司或FBI方法以数字比较,因为它不会随着凝胶上DNA条带代表的DNA片段大小而变化。辩方证人没有批评细胞标记公司的决定,而是批评了FBI,这一事实表明前者的方法是相当保守的。)

FBI还选择了一种不同的方法来确定条带的大小,以确定其在给定人群中的频率。生命密码公司和细胞标记公司使用了一种"浮动分箱"(箱是直方图各柱所包含的数据范围,译者注)方法,而FBI选择了"固定分箱"的方法,因为他们认为该方法会带来更保守的概率统计数字。简而言之,这两家公司认为有可能几乎精确地确定特定基因座的等位基因大小,并计算它们在相关人口亚群中的频率。当在法医工作确定某条带匹配时,与法医DNA图谱内该条带相差在1.8%以内的参考人群中该基因座的条带会被用于计算该条带在此图谱中随机出现的概率。另一方面,FBI认为,由于与电泳相关的分辨率问题以及测量不精确,不可能知道给定基因座的各种等位基因的确切大小。[79]FBI没有在每种情况下计算参考条带的大小,而是在每个基因座任意分配了一个固定的大小范围,称为箱。然后,他们确定在一个特定的参考人群中,在每个特定的大小范围内检测到多少等位基因。在法医案例中用肉眼判断匹配后,一个半自动的计算机系统使用一个特殊的照相机来确定条带大小。[80]这个数据然后将被"放入"一个特定的箱中,处于这个箱中的等位基因在参考人群中的频率就可以用来计算随机匹配的概率。如果等位基因落在两个箱之间,或者在某个特定箱的外缘,则使用最大可能频率进行概率计算。[81]

FBI和两家私营公司采取的每种方法都有几个优点和缺点。总的来说,在宣布两个DNA图谱中的条带(技术上称为等位基因)之间匹配的问题上,两家私营公司决定更加保守,两个条带只能相差相对较小的量（3.6%或2毫米），才能被认为是相同的。另一方面，FBI设置了一个大的匹配窗口，两个波段相差5%以内，都允许被认定为匹配。在宣布随机匹配的概率时，FBI比两家私营公司更保守，创建了相对较大的箱，把大范围的等位基因分在每一组内。然而，这两家私营公司计算的是在条带正负1.8%或1毫米内等位基因的频率，也就是说，它们的箱较小，里面的等位基因也就更少。（记住，两个等位基因匹配时，如果它们会被归入一个含有很多其他等位基因的箱，它的识别能力就不如只能被归入只含有少量其他等位基因箱的等位基因。）最后，很难说哪个系统客观上更好，因为两者在某些操作中都是保守的，而在其他操作中不是。

验证程序的第三个方面是正在进行的能力测试。在许多方面，这个问题将成为围绕法医DNA分析争论中最有争议的方面之一。尽管FBI声称，它一直在进行一系列盲测（意味着模拟案件的材料被制备出来，就如同执法机构送交样本那样递交给检验员）和公开能力测试（意味着审查员知道他正在接受测试）。但辩护律师和专家很快就会质疑这一说法的真实性和实际结果的合理性。为刑事案件中被告辩护的人声称FBI正在以不科学的形式做"自我验证"，且它还不惜代价躲避外界的能力测试。为回应这些观点，FBI指出，至少在20世纪80年代末，没有任何组织或公司进行操作水平的盲测。[82]在回答为什么FBI不再参加CACLD的水平测试时（第三章描述了第一次测试，在那时，细胞标记公司犯了很多错误，第二次测试应该是第一次的后续），布多尔认为，FBI感觉那个测试设计不佳。[83]

围绕能力测试出现的另一个争论是，辩方是否需要并有权索要FBI能力测试的原始数据，以便充分评估特定案件中所做的工作。虽然辩护律师和专家认为，证据的一个重要部分就是获得该案检验员在能力测试时的成绩，以便可以考虑审查员的潜在错误或技术上的意外问题，FBI相信水平测试的目的是对其程序的各个方面进行批评分析，尽可能完善他们的DNA鉴定系统，他们称之为自我批评分析的特权。[84]被迫公开分享结果可能会导致 DNA 分析实验室为其检查员提供更容易的水平测试，或者根本不进行测试。正如科尔尼在爱荷华州诉史密斯案（State of Iowa v. Smith）（一起在 1989 年鲜见于媒体的案件）中作证说："我个人的意见是，如果法院要求我们在所有的 DNA 案件中提交能力测试的原始数据，这将对 DNA 测试实验室的能力测试产生令人不寒而栗的影响……我们希望在那些实际做实验的人和那些管理测试的人之间信息可以实现自由交换，我们希望能够公开批评它们，但不要让它们成为全国法庭记录的一部分。"[85]科尔尼接着告诉法庭，一家参与非 DNA 测试的法医水平测试的大公司——合作测试服务公司（Collaborative Testing Service）就是对测试结果保密，不向外界公布。然而，科尔尼没有注意到合作测试公司是参与外部测试（即它是一个外部机构）而不是内部能力测试（即让 DNA 分析实验室自己开展测试）。

在被辩护律师辛西娅·莫伊桑（Cynthia Moisan）询问了几分钟为什么 FBI 对其能力测试的结果如此保密后，他脱口而出说，FBI 担心辩方会利用能力测试的结果来"鞭打"FBI 实验室。[86]尽管他没有详细说明这一评论，但很明显，他不同意莫伊桑的论点，即共享能力测试结果和原始数据以便它们可以被外部实验室验证，并认为是正确的科学实践和流程。因为没有这种公开性，她提出："辩方能够确认（哈罗德·戴德曼（Harold Deadman）博士（本案中的 FBI 分析员）遵守了你们的操作流程的唯一方法……就是你和戴德曼博士的谈话；对吗？"然后他们进行了接下来的谈话：

  科尔尼：是的，我是在这里宣誓后作证，是的。
  莫伊桑：福特博士难道没有机会自己做评估吗？
  科尔尼：他有一份操作流程。如同我们刚才的证词，我们在实验室内，在这两个过程中（案中的工作和能力测试）使用了相同的流程。

莫伊桑：福特博士确认这个事实的唯一方法就是通过你们的证词，不对吗？

科尔尼：正确。[87]

有趣的是，开放和信息的自由交换对科尔尼和科学发展的概念至关重要，但这种交换只能发生在特定的、友好的科学家之间。让FBI向太多人开放会妨碍它做好科研工作的能力。[88]这一证词也突出了FBI在工作中对其工作流程的神圣性的重视。对于科尔尼来说，当决定一项特定的DNA证据是否有效时，法医科学家之外的人只需知道该流程的存在就够了。

1989年晚些时候，当比尔·汤普森和西蒙·福特在另一起案件中获得FBI能力测试方案项目背后的原始数据时，[89]他们发现了几个小错误，但没有"明显的分析错误"。[90]他们注意到，戴德曼在他的一次能力测试中标记错了样本（他把一个样品记录为纯合子，但实际上那是两个不同的基因座）。这一错误后来被FBI确定为高分子量DNA（即非常大的DNA片段）随着时间推移而降解，因为戴德曼进行分析的日期远远晚于亚当斯和普雷斯利。在技术上不是一个错误，但它展示了利用法医样本工作时遇到的真正挑战。汤普森和福特还指出，FBI在普雷斯利的报告中发现了一个笔误，他在将计算机读数中的一组DNA片段大小复制到案件文件夹中的FBI工作表时出现了错误。因为计算机是根据其存储的数据进行计算的，虽然这个笔误并没有影响测试结果，但是FBI官员检测员将更细心地关注他们的工作表，以避免将来出现错误。[91]虽然辩方发现的这些错误令人不安，但FBI认为，在能力测试期间发现这些小错误正是该过程的设计目的。

早期的审案和苦恼

如前所述，到1988年12月，FBI官员认为已经做了足够的工作，可以开始接受州和地方执法机构的案件调查工作。在1989年初冬的几个月里，随着案件从全国各地的管辖区涌入，FBI 的 DNA 分析完成了判断匹配所需的人口基因频率数据库。他们还分析了第一套水平测试的结果。第一次引入 FBI 的 DNA 证据来审判是 1989 年 3 月在南达科他州合众国诉两头公牛案（*United States v. Two Bulls*, 918 F.2d 56）。在这起案件中，马修·西尔维斯特·两头公牛（Matthew Sylvester Two Bulls），一位美洲原住民（因为他是美洲原住民，所以姓氏采取意译，译者注）被指控在松岭印第安保留地（Pine Ridge Indian Reservation）对一名 14 岁的女孩进行严重性虐待。女孩的内衣被送到 FBI 实验室进行测试，根据 DNA 分析，该局得出结论，从内衣中获取的精液与两头公牛的 DNA 图谱相匹配，根据美洲原住民数据库，随机匹配的概率为十七万七千分之一。[92]显然，卡斯特罗案和施瓦茨案的消息还没有传到南达科他州。法官的决定呼应了当时司法上对 DNA 分析的无条件接受，在只听取了一名检方证人的证词而没有听取任何辩方证词的情况下，裁定该案中的 DNA 证据是可接受的。基于这一决定，两头公牛进入有条件的认罪程序，并开始对接受 DNA 证据这部分提出上诉。[93]在上诉中，第八巡回上诉法院裁定，审判法官应该对 FBI 的 DNA 分析步骤进行更详细的审查。因为此案将是第一个印象案件，巡回法院下令搁置两头公牛的有条件认罪。上诉法院还批准了对两头公牛的新审判，在新审判中，必须举行扩大的审前听证会。然而，在两头公牛意外死亡后，该上诉被驳回，且没有再继续被提起。在其他几起早期案件中，FBI 的 DNA 证据在没有被司法界严重怀疑或被辩方挑战的情况下被接受。[94]在许多这类案件中，当时定罪和抗辩是基于两个或三个基因座的等位基因匹配，而一年后是五个基因座，今天是十三个或更多基因座。

然而，到 1989 年底，"尔湾黑手党"和他们的同伙已经开始专注于质问和挑战 FBI 的 DNA 分析方法。事实上，如前所述，在几起案件中，汤普森、福特及其同事向 FBI 施压，要求其交出与其能力测试和人口基因频率数据库相关的所有原始数据和材料。在佛蒙特州的一起强奸案，即合众国诉雅科贝茨案（*United States v. Jakobetz*, 747 F.Supp.250, 1990）中，辩方对 FBI 的 DNA 分析系统提出了强有力的挑战，尽管最终失败了。

为了取代细胞标记公司和生命密码公司成为美国刑侦司法系统中 DNA 证据的主要提供者，FBI 同时对法医 DNA 技术的材料、结构和社会政治方面进行了调整。最明显的是，FBI 选择 Hae Ⅲ 而不是生命密码公司和细胞标记公司使用的限制性酶，使得私人实验室的产品、技术系统和验证工作远离了新的 DNA 鉴定市场。此外，FBI 决定根据自己的技术、标准和程序要求建立新生的国家 DNA 数据库，迫使私营公司采用其技术系统。

仅是选择不同技术并没有重塑 DNA 分析这一技术领域。从更高层次来看，为了成为该领域主要的标准来源，FBI 必须建立一个法医 DNA 实验室网络，这些实验室将随时采用其技术和做法。他们这样做并不是为了让生命密码公司或细胞标记公司确信，他们最好与该局的系统保持一致，而是为了努力将它们排除在新生网络的核心圈之外。为了做到这一点，无论是在字面上还是理论上，他们必须在现有的公共刑侦实验室体系内积极建设新的 DNA 分析设施。这些实验室已经将 FBI 视为标准、物质资源和指导来源，以使用它的系统进行 DNA 测试。因为在这些刑侦实验室工作的大多数科学家和技术人员几乎没有使用 DNA 方面的工作经验，所以 FBI 必须提供大量的教育和培训，以使他们新生的实验室网络顺利运行。此外，该局主要通过法令决定，法医 DNA 分析的新时代标准几乎应该完全由法医科学界制定。这意味着许多利益相关方，包括细胞标记公司、生命密码公司、辩护律师、辩护方专家和其他学术界科学家，都被完全排除在这个过程之外。因此，FBI 没有通过先前存在的人力和物力资源去建设法医 DNA 分析的实验室网络，而是在构建网络时同时发展它的人、物质和社会方面。

虽然不可能知道如果 FBI 在使用标准化技术和产品建立实验室网络的过程中没有同时对 DNA 分析技术的物质和社会方面进行调整，

他们是否会同样成功，但很明显，这种同时调整对法医 DNA 分析会对未来产生非常强大的影响。事实上很明显，到 1990 年中期，FBI 的流程和探针将很快成为行业标准。建立全国 DNA 数据库的承诺，加上该局作为执法机构法医服务提供者的传统角色，意味着这种情况几乎是必然的结果。尽管私营公司在法律体系中最初处于领先地位，但它们根本无法与 FBI 提供的激励措施竞争：免费服务和统一、标准化的 DNA 分析制度。从 1990 年开始，生命密码公司、细胞标记公司和越来越多的参与 DNA 鉴定领域的公司被迫改变策略，从直接向执法机构提供服务，到向新兴的、由公共服务部门资助的 DNA 分析实验室提供试剂、探针、设备和技术支持。

然而，这并不是说，FBI 有绝对权力决定如何确保他们在华盛顿特区的实验室以及无数其他州和地方实验室提供的证据的有效性和可靠性。尽管几乎所有利益相关方都很快地，但不情愿地承认，该局有权力和专业知识来确定全国 DNA 分析技术体系中最基本的方面，例如使用哪些酶、探针和试剂，但对于如何解释这一测试的结果，将制定何种质量控制和质量保证计划，或者谁将制定这些措施并确定如何实施这些措施，情况就不是这样。尽管有多次解决这些问题的尝试，但这些问题在未来几年仍将存在争议。

注释

1. 有关所谓的不可忽略的交叉点，见 John Law, "Technology, Closure and Heterogeneous Engineering: The Case of Portuguese Expansion," in *The Social Construction of Technological Systems*, ed. Wiebe Bijker et al. (Cambridge: MIT Press, 1987); and Bruno Latour, *Science in Action* (Cambridge: Harvard University Press, 1987).
2. Mary Ann Giordano, "DNA Test Pose New Dilemma for Courts," *Manhattan Lawyer,* 3 January 1989, 1.
3. Howard Harris to Lawrence T. Kurlander, 10 November 1987, Cold

第五章 公共科技服务 ·167·

Spring Harbor Laboratory Archive, Box Containing Jan Witkowksi's Materials Related to DNA Fingerprinting and the Banbury Conference on "DNA Technology and Forensic Science," [uncataloged], (hereafter cited as Cold Spring Harbor Laboratory Archive).
4. 同上。
5. Anonymous, interview with author, 25 April 2002.
6. New York State Forensic DNA Analysis Panel, "Report of the New York State Forensic DNA Analysis Panel" (Albany, N.Y., 6 September 1989), iv. A copy of this document can be found in U.S. Senate Committee on the Judiciary and U.S. House Committee on the Judiciary, House Subcommittee on the Civil and Constitution Rights, *Forensic DNA Analysis*, 13 June 1991, House Serial 30/Senate Serial J-102–47 (Washington, DC: GPO, 1992), 203-275.
7. NY CLS Exec §995 (1994, ch. 737). For more on New York State legislation, see George H. Barber and Mira Gur-Arie, *New York's DNA Data Bank and Commission on Forensic Science* (New York: Matthew Bender, 1994); Bureau of National Affairs, "New York Law Would Regulate Forensic DNA Testing Labs," *BNA Criminal Practice Manual* 4 (1990): 315–318; and Bureau of National Affairs, "Landmark DNA Law Stalled," *BNA Criminal Practice Manual* 4 (1990): 491–492.
8. NY CLS Exec §995 (1994, ch. 737), §995-e.
9. John Hicks, testimony, U.S. Senate Committee on the Judiciary, Subcommittee on Constitution, *DNA Identification,* 101st Cong., 1st sess., House Serial 30/Senate Serial J-101–47 (Washington, D.C.: GPO, 1992), 65.
10. James J. Kearney, testimony, *State of Minnesota v. Jobe*, 23 August 1990, 9, case files of *State of Minnesota v. Larry Lee Jobe*, 1990 [SIP

No. 88903565/C.A. No. 88–3301]; Hennepin County District Court), access provided to author by Hennepin County District Attorney's Office.

11. 同上。
12. 同上。
13. Bruce Budowle et al., "An Introduction to the Methods of DNA Analysis under Investigation in the FBI Laboratory," *Crime Laboratory Digest* 15, no. 1 (1988): 16. This group consisted of Budowle, F. Samuel Baechtel, Harold Deadman, Randall S. Murch, and four technicians.
14. 同上，第 19 页。
15. 同上，第 20 页。
16. Eric Lander, testimony, U.S. House Committee on Judiciary, Subcommittee on Civil and Constitutional Rights, *FBI Oversight and Authorization Request for Fiscal Year 1990 (DNA Identification)*, 101st Cong., 1st sess. (Washington, DC: GPO, 1990), 371.
17. Barry Scheck, open discussion in, Jack Ballantyne, et al., eds., *DNA Technology and Forensic Science*, vol. 32, *Branbury Report* (Cold Spring Harbor, N.Y.: Cold Spring Harbor Laboratory Press, 1989), 97.
18. Budowle et al., "An Introduction to the Methods of DNA Analysis under Investigation in the FBI Laboratory," 8
19. 同上，第 9 页。
20. 希克斯最少两次做出这一声明。见 John W. Hicks, "FBI Program for the Forensic Application of DNA Technology," in *DNA Technology and Forensic Science*, 209; and Hicks, testimony.
21. John Hicks, interview with author, 21 March 2003.
22. 同上。
23. 同上，以及 Harold Deadman, interview with author, 27 March 2003.

24. Hae Ⅲ是一种识别四碱基的限制酶（这意味着它能在特定的四个核苷酸 GGCC 序列处切割 DNA），而不是像 Hinf Ⅰ 那样识别五碱基的限制酶（GANTC，N 指任何核苷酸），或是 Pst Ⅰ（CTGCAG）那样识别六碱基的限制酶。Bruce Budowle et al.,"Hae Ⅲ— A Suitable Restriction Endonuclease for Restriction Fragment Length Polymorphism Analysis of Biological Evidence Samples," *Journal of Forensic Sciences* 35, no. 3 (1990): 532.
25. 作者还指出，当限制位点的第一个碱基发生甲基化时，Hinf Ⅰ 无法切割 DNA（核苷酸上甲基化最常发生在二核苷酸 CG 上）。这种特性是非常危险的，因为甲基化将以一种不可预测的方式发生，对同一个人的不同组织进行分析可能会产生不同的 DNA 图谱。布多尔等人还报告说，在某些条件下，Hinf Ⅰ 可以产生切割不完全的 DNA。Budowle et al., "Hae Ⅲ —A Suitable Restriction Endonuclease," 533.
26. Daniel Garner, interview with author, 24 January 2002.
27. 最初的受训者包括特别探员德怀特·亚当斯（Dwight Adams）和三名技术人员，劳伦斯·普雷斯利（Lawrence Presley），哈尔·戴德曼（Hal Deadman），其它一些谈技术人员在几个月后加入训练。
28. Dwight E. Adams, "Validation of the Procedure for DNA Analysis: A Summary," *Crime Laboratory Digest* 15, no. 4 (1988): 85–87.
29. John W. Hicks, "DNA Profiling: A Tool for Law Enforcement," *FBI Law Enforcement Bulletin*, August 1988, 3–4.
30. Jan Bashinski, interview with author, 7 February 2002.
31. Hicks interview.
32. 同上。
33. Roger T. Castonguay, "Message from the Assistant Director in Charge of the FBI Laboratory," *Crime Laboratory Digest* 15, supplement (1988): 1.

34. Randall Murch,"Summary of the [FBI] DNA Technology Seminar," *Crime Laboratory Digest* 15, no. 3 (1988): 79–85.
35. Castonguay, "Message from the Assistant Director," 2.
36. Hicks interview.
37. TWGDAM publicity material, undated, in FBI Academy, *A Resource Manual Compiled from the Legal Aspects of Forensic DNA Analysis Seminar*, 26–28 February 1990, 94, Simpson Archive, Box 2, Folder 43.
38. William Sessions to Representative Don Edwards, 9 August 1989, 2, in U.S. House, *FBI Oversight and Authorization Request for Fiscal Year 1990 (DNA Identification)*, 800–804, quotations, 801.
39. Dwight Adams, interview with author, 9 July 2002, and Hicks interview.
40. TWGDAM Participants List, undated, in FBI Academy, *A Resource Manual compiled from the Legal Aspects of Forensic DNA Analysis Seminar*, 112.
41. Sessions to Edwards, 8 August 1989, 3; Sessions to Edwards, 9 August 1989, 2, in U.S. House, *FBI Oversight and Authorization Request for Fiscal Year 1990 (DNA Identification)*, 800–804, quotation, 802.
42. U.S. Senate Committee on the Judiciary, Subcommittee on Constitution, *DNA Identification*, 101st Cong., 1st sess. (1989); and U.S. House, *FBI Oversight and Authorization Request for Fiscal Year 1990 (DNA Identification)*.
43. U.S. Congress and Office of Technology Assessment (OTA), *Genetic Witness: Foren sic Uses of DNA Tests* (Washington, DC: GPO, 1990), iii.
44. For more information on the OTA, see U.S. Congress, Office of Technology Assessment, "The OTA Legacy: 1972–1995," http://www.

wws.princeton.edu/~ota/.
45. OTA, *Genetic Witness: Forensic Uses of DNA Tests*, iv.
46. 同上，第 10 页。
47. 同上，第 12 页。
48. 同上，第 12-13 页。
49. 同上，第 13 页。
50. 同上，第 14 页。
51. Phillip J. Bereano, testimony, U.S. House, *FBI Oversight and Authorization Request for Fiscal Year 1990* (DNA Identification), 387.
52. 同上，第 415 页。
53. Jeff Brown to Don Edwards, 9 August 1989, 5, in U.S. House, *FBI Oversight and Authorization Request for Fiscal Year 1990 (DNA Identification)*, 807–808, quotation, 428.
54. 同上，第 5-7 页，in U.S. House, FBI *Oversight and Authorization Request for Fiscal Year 1990 (DNA Identification)*, 428–430.
55. William S. Sessions, "Invited Editorial," *Journal of Forensic Science* 34, no. 5 (1989): 1051.
56. Brown to Edwards, 29 November 1989, 1, in *U.S. House, FBI Oversight and Authorization Request for Fiscal Year 1990 (DNA Identification)*, 807–808, quotation, 807.
57. John W. Hicks to Evan A. Davis (Counsel to Governor Cuomo), 17 July 1990, 6; quotation, 2, Cold Spring Harbor Laboratory Archive. Letter cc-ed to John Poklemba, Dawn Herkenham, Howard Harris, and Robert Horn (NYS Police Crime Laboratory.
58. 同上，第 2 页。
59. 同上，第 2-3 页。
60. 同上，第 3 页。
61. 同上，第 4 页。

62. Lander, testimony, 415.
63. 同上。
64. Dwight E. Adams et al., "Deoxyribonucleic Acid (DNA) Analysis by Restriction Length Fragment Polymorphisms of Blood and Other Bodily Fluid Stains Subjected to Contamination and Environmental Insults," *Journal of Forensic Sciences* 36, no. 5 (1991): 1284–1298.
65. Bruce Budowle et al., "Fixed-Bin Analysis for Statistical Evaluation of Continuous Distributions of Allelic Data from VNTR Loci for Use in Forensic Comparisons," *American Journal of Human Genetics* 48 (1991): 841–855; and Bruce Budowle et al., "A Preliminary Report on Binned General Population Data on Six VNTR Loci in Caucasians, Blacks, and Hispanics from the United States," *Crime Laboratory Digest* 18, no. 1 (1991): 10–26.
66. John Hicks, open discussion, in Ballantyne et al., *DNA Technology and Forensic Science*, 101.
67. Leslie Roberts, "Hired Guns or True Believers?" *Science* 257 (1992): 735.
68. Stephen Daiger et al., "Analysis of DNA Typing Data for Forensic Applications: A Research Proposal for the National Institute of Justice Program in Forensic Sciences and Criminal Justice Technology, 1990–1992 (NIJ-90-IJ-CX-0038; total award: $291,317), 1, personal collection of Richard C. Lewontin; made public in *United States v. Yee, et al.*). Ranajit Chakraborty's CV at http://www.identigene.com/SWIMX/docs/Chakraborty-CV.PDF. 戴格，查克拉伯蒂，和布尔温克尔又拿到$105,000资助其1992–1994年的工作（NIJ-92-IJ-CX-K024）。
69. Daiger et al., "Analysis of DNA Typing Data," 1.
70. 同上。

71. 应该指出的是，到 1991 年，布鲁斯-威尔指出，实际问题是人口数据库是否代表了其他可能的嫌疑人的人口。这是与嫌犯所在的亚群体匹配的一个微妙但重要的区别。
72. Daiger et al., "Analysis of DNA Typing Data," 9.
73. Barry Scheck and Peter Neufeld, "Defendant's Reply Memorandum and Exhibits," *United States of America v. Yee, et al.*, 30 March 1992, 18, personal collection of Richard.
74. Sheldon Krimsky, affidavit, *United States v. Yee, et al.*, 26 March 1992, paragraphs, 22–25, personal collection of Richard C. Lewontin.
75. 同上，第 26 段。
76. Lawrence Presley, testimony, *State of Ohio v. Amos Lee*, 5 December 1990, 446–447, Simpson Archive, Box 1, Folder 21. 应当指出的是，规程无论多么严格，在地方一级都会保留一定的"解释灵活性"（即，为了始终获得相同的结果，必须对做法做出许多细微的改动，以应对特定法医样本或实验室情况下的具体问题）。见 Kathleen Jordan and Michael Lynch, "The Dissemination, Standardization, and Routinization of Molecular Biological Technique," *Social Studies of Science* 28, no. 5–6 (1998): 773–800.
77. 见 Linda Derksen, "Towards a Sociology of Measurement: The Meaning of Measurement Error in the Case of DNA Profiling," *Social Studies of Science* 30, no. 6 (2000): 803–845.
78. 见 Budowle et al., "Fixed-Bin Analysis," 844.
79. 同上。
80. 见 K. L. Monson and Bruce Budowle, "A System for Semi-Automated Analysis of DNA Autoradiograms," in *Proceedings of an International Symposium on Forensic Aspects of DNA Analysis* (Washington, DC: GPO, 1989), Simpson Archive, Box 2, Folder 43.
81. 因此，如果在 699 bp 发现匹配，而两个最接近的箱分别是 650-

700 bp（在 100 个人中出现 1 次）和 701-750 bp（在 10 个人中出现 1 次），联邦调查局就会使用十分之一这个数字来计算特定 DNA 图谱的随机匹配概率。
82. 联邦调查局的许多研究人员在访谈中都向我提到了这一点，而且在许多法庭案件中也提到这一点。例如，见 "Government's Response to Defense's Discovery Motion," in *United States v. Yee*, 2 January 1990, paragraph 4, personal collection of Richard C. Lewontin.
83. 见 Bruce Budowle's testimony in *United States v. Yee*, 86, personal collection of Richard C. Lewontin.以及其它早期涉及 DNA 的案件。
84. 1989 年 11 月，DNA 分析单位的一名成员向联邦调查局法律委员会司发出一份备忘录，要求就如何处理能力测试结果提供指导。该备忘录询问，是否有可能以"自我批评分析原则"为理由，拒绝披露这些材料的请求，并在这些材料对该局不再有用时将其销毁。（John W. Hicks [actual author's initials "J.L.M. Hicks," presumably written by James L. Mudd] to Mr. Davis [FBI Legal Counsel], 21 November 1989, personal collection of William C. Thompson.）联邦调查局法律顾问建议不要销毁这些材料，并建议将这些材料永久保存在 DNA 行政控制档案中，还认为应披露这些信息。（Legal Counsel to Assistant Director, Laboratory Division, 20 April 1990, personal collection of William C. Thompson.）最后，联邦调查局法律顾问得出结论："我们必须强调，联邦调查局正在寻求建立一个能被所有 50 个州和联邦系统接受的系统。因此，我们必须谨慎行事，因为联邦调查局的每项决定都将由许多不同的司法系统按照许多不同的标准进行审查"（8）。肆意销毁能力测试数据，或采取任何似乎有悖于 TWGDAM 规定的准则（该准则规定，能力考查的原始材料应至少保存一年）的行动，都会使联邦调查局面临在施瓦茨案中出现的那种决定。

85. James J. Kearney, testimony, *State of Iowa v. Smith*, 18 December 1989, vol. 2, 57, 65, personal collection of William C. Thompson.
86. 同上，第 64 页。
87. 同上，第 67-68 页。
88. 科技哲学的学者注意到，在不同学科背景下，都有类似的说辞，即使这种学科差距如十七世纪英国自然哲学和二十世纪晚期监管科学之间那样大。见 Steven Shapin and Simon Schaffer, *Leviathan and the Air-Pump* (Princeton, N.J.: Princeton University Press, 1985); and Sheila Jasanoff, "Contested Boundaries in Policy-Relevant Science," *Social Studies of Science* 17 (1987): 195–230.
89. *State of New Mexico v. Anderson*, 848 P.2d 531 (1989); and 853 P.2d 135 (N.M. Court of Appeals, 1993).
90. 见 William C. Thompson, memo to NACLD DNA Conference Participants RE: Proficiency Testing Errors by the FBI," 22 February 1990, 1–2, personal collection of William C. Thompson.
91. John W. Hicks to K. W. Nimmick, 22 December 1989, personal collection of William C. Thompson.
92. *United States v. Two Bulls*, 918 F.2d 56, 56 (8d App., 1990).
93. 同上。
94. 华盛顿特区最高法院法官小亨利·H. 肯尼迪在他决定接受 FBI 的 DNA 比对程序时也发现了这个现象，但是他拒绝承认 FBI 用于计算随机匹配概率方法的可采信性。该案见 *United States v. Porter* (*United States v. Porter*, 618 A.2d 629 [D.C. Sup., 1992])。又见 Judge Kennedy, "Order and Memorandum," in *Porter*, 20 September 1991, 59–60, personal collection of Richard C. Lewontin.

第六章　DNA 战争

FBI 在控制 DNA 鉴定技术方面的成功很快引起了一些辩护律师的注意，他们对该局的测试制度是否优于生命密码公司或细胞标记公司的制度深表怀疑。由于针对私营实验室使用的策略，即严格区分该技术的法医用途和法医之外的用途，在法庭上只取得了有限的成功，辩方决定将重点放在群体遗传学问题上，这些问题在卡斯特罗案和施瓦茨案等早期案件中仅起了次要作用。

在后来的一系列庭审中，辩护律师群体声称 FBI 在计算嫌疑人 DNA 图谱与案发现场发现的 DNA 图谱之间随机匹配的概率时犯了危险的错误。这一系列庭审的高潮发生在俄亥俄州的托雷多，即联邦法庭案件合众国诉李等人案（*United States v. Yee, et al.*, 134 F.R.D.161, 1991）。他们的核心主张是，该局在估计主要种族群体（用于确定某特定等位基因稀有性的参考人群）中特定遗传标记的稀有性时，没有充分考虑到一种被称为"群体亚结构"的现象。相反，他们假设给定种族中的所有主要族裔，如属于白种人的瑞典人、挪威人、爱尔兰人、犹太人和意大利人，倾向于互相通婚，并且基因频率与群体平均水平没有显著差异。尽管这些亚群体可能与种族总体特征略有不同，但对于 FBI 及其支持者来说，这些差异只会在学术界引发关注，并不影响法医案例工作中的概率计算。

做出这一假设使法医科学家能够进行简单的概率计算，但是如果正在被比对的两份 DNA 图谱的主人来自某亚群体，导致他们遗传物质上的相似度比随机来自白人群体的两个人之间相似度更高，则这种计算方法不能修正该可能性带来的影响。辩方和他们的专家认为，如果两个 DNA 图谱的主人处于同一个亚群体，而该亚群体的基因多样性水平比用于概率计算的较大参考人群的水平低,那么随机匹配的概率会显著升高,因为它们更有可能拥有共同的特定等位基因组合。

在李案过后,种族和群体遗传学成为美国法律体系中围绕DNA证据的主要争议来源,使得卡斯特罗案和以往案件中出现的许多问题没有得到解决。值得注意的是,这一争议并非来自科学界。相反,律师们,其中最著名的是巴里·谢克和彼得·纽菲尔德,通过招募另外一组专家证人来质疑检方及其证人的观点,在群体遗传学方面引发了争议。

与以前涉及私营公司的案件一样,在李案中,检察官试图控制参与评估DNA证据的相关学科和符合条件的专家。该过程被科学社会学家托马斯·吉恩(Thomas Gieyrn)称为"边界工作"。[1]在该案中,检方认为群体遗传学界可以被认为是"相关科学界",可以在法庭上证明FBI对DNA图谱的解释是有效的和可靠的。另一方面,谢克和纽菲尔德试图使法官确信,相关科学界应该更广阔,包括那些并不直接从事群体遗传学研究或法医调查的人。他们又采取了曾使他们在卡斯特罗案中获得巨大成功的计策,在那个案件中,他们展示出埃里克·兰德尔作为一名通晓法医科学的学术界科学家的资质,以使其可以被法官视为专家,尽管兰德尔未曾被法医学界本身视为其中一员。针对谢克和纽菲尔德在他们先前挑战为私营公司DNA分析系统作证的检方专家时的计策,检方和它的盟友们决定以其人之道还治其人之身。

虽然群体遗传学的细节对李案的结果很重要,但在这个案件和随之而来的争议中,有更多与各方相关的利害关系。控方和辩方就专家证人的身份进行争论。双方不仅在FBI的结论是否合理上存在分歧,而且在谁有权力和专业知识做出这些结论、如何进行法医学同行审查以及审查应该在哪个平台上进行等问题上也存在异议。这些问题背后是一个基本问题,即什么是符合科学方法的科学工作,或者说,在法律体系的背景下,什么样的科学工作符合科学方法。

主持李案审前听证会的联邦法官被迫暂时优先解决这些问题,因为他必须决定哪些专家与可采信性的问题最相关。在此过程中，他还确定了哪些关于人类群体遗传学的信息将在法庭上考虑。然而，法庭上达成的决议并不一定确保在它外面也能得到共识。尽管法庭上所需的专业知识已经被确定，并在法律体系中受到监管，但专家证人也开始参与关于法庭外的世界中发生的 DNA 证据辩论，在那里，没有这么多程序上的限制。

合众国诉李等人案

1988 年 2 月 27 日晚，在俄亥俄州的桑达斯基，大卫·哈特劳布（David Hartlaub）在银行停车场的面包车里被枪杀。他当时正要将他所在的音乐商店里的现金存入银行。行凶者开枪打死他后，又将哈特劳布的尸体扔出面包车，驾车离去。警方后来发现这辆货车被遗弃在附近一家汽车旅馆的停车场，凶器藏在座位之间，大量血液溅在枪和面包车内饰上。谋杀的动机似乎不是抢劫，因为在前排座位上发现了装有将近 4000 美元的存款包。血清学分析随后显示，血液属于哈特劳布和另一个人，很可能是杀死他的凶手。

根据旁观者的证词（没有直接的目击者，但有几个人报告了该地区的异常情况）、对枪支的调查以及大量确凿的证据，克利夫兰地狱天使（Cleveland Hell's Angels）摩托车黑帮的三名成员因被控谋杀哈特劳布而被捕。根据美国地方检察官下属的北俄亥俄州打击团伙犯罪突击队的推理，韦恩·李（Wayne Yee）、马克·韦尔迪（Mark Verdi）和约翰·雷·邦德斯（John Ray Bonds）三人原本计划"袭击"敌对的摩托车黑帮桑达斯基亡命徒（Sandusky Outlaws）的一名成员，那人开着一辆几乎和哈特劳布的面包车相同的车子。这三个人将哈特劳布的面包车误认为是他们的目标，然后误杀了他。

当警察逮捕邦德斯时，他的手臂受了重伤，用绷带吊着。根据法庭记录，"他后来被证实受了严重的跳弹伤"。当调查人员搜查李的车时，他们在后座发现了大量已经风干的血迹。这一证据使警方得出结论，邦德斯就是枪手。在他们看来，最有可能的情景是他被李和韦尔迪送到犯罪现场，枪杀了哈特劳布，然后开着面包车去了酒店，在那里他在李的车上遇到了李和韦尔迪。然后他坐在车后座，他们开车走了。这一理论得到了以下事实的支持：在犯罪发生后不久，三人因违法转弯被警方拦下，但没有得到罚单。

经 FBI 实验室分析，邦德斯的 DNA 图谱与在李的车后座和哈特劳布的面包车上发现的血迹中 DNA 图谱相符。在 1989 年 4 月 7 日 FBI 的初步报告说，血迹中的 DNA 和邦德斯的 DNA 之间随机匹配的概率为二十七万分之一。就在庭审快要开始前，FBI 又在 1990 年 5 月发布一份报告。FBI 修改了它在给定人群中计算等位基因频率的方法，并将该数字降低到三万五千分之一。[2]这一举措显然是为了使 FBI 的计算尽可能保守，尽可能在辩方挑战面前无懈可击。

1990 年 6 月下旬，联邦治安法官詹姆斯·卡尔（James Carr）主持的审前可采信性听证会即将开始时，人们很快发现，在李案中对 DNA 证据的质疑将极度受到关注。《科学》杂志呼应了《纽约时报》的标题，称听证会被宣传为对 DNA 证据的有效性和可靠性的"最终摊牌"。[3]当审前可采信性听证会正式开始时，没有人在得知巴里·谢克和彼得·纽菲尔德将作为邦德斯、韦尔迪和李的代理人时感到惊讶。从卡斯特罗案中收获的在全国范围内的名声和专业知识的支持下，谢克和纽菲尔德着手延揽全国顶尖学术研究人员，"以检查 FBI 方法的科学基础，因为这些方法基于未发表的研究。他们向法院提供有充足证据支持的观点"。[4]

审判和随后的法律争论持续了近两年，充满了让报纸记者和编辑垂涎三尺的戏剧和阴谋故事。在李案审判结束时，检方将谢克和纽菲尔德的努力描述为"对许多 FBI 特工、检察官和全国著名科学家的人格、道德和行动的恶毒、卑鄙和毫无根据的攻击"。[5]而辩方则抨击检方和 FBI 以"不惜任何代价赢得审判"的心态参与庭审。[6]

为了理解李案中出现的争议，首先是要理解审前可采信性听证会中涉及的基本问题。卡尔在他的报告和建议（联邦治安法官的判定极具影响力，但对联邦法院没有约束力）中写道，"尽管许多证据很复杂，但专家们作证的问题可以很容易地描述"。这些问题中的第一个与FBI确定DNA片段匹配的方案和步骤有关。为了使FBI的DNA证据被采信，政府必须"证明FBI能够可靠地宣布几个位点匹配的能力被科学界普遍接受"。卡尔强调的第二个问题是，FBI有能力"在观测到匹配后，对该匹配在美国白人人群中出现的概率，做出一个可靠且在科学上能被接受的估测"。[7]

辩方观点：法律是"科学步骤的替代品"

在陈述辩护理由时，谢克和纽菲尔德认为，FBI的DNA分析制度没有受到科学界内部足够的同行审查。尽管他们知道法庭不是科研实验室这个概念，但他们认为仍然有必要"使用法律程序作为科学步骤的替代品，以获取关键的先决数据，并首次进行独立评估"。[8]他们继续提出，"只有当实验验证不仅被重复，而且能被其他人重复时，科学研究才能被认为是可靠的……除非结果得到彻底的经验验证，否则这根本不是做科研的方法；这些结果被重复；其他实验室也重复了这些结果"。[9]

谢克和纽菲尔德认为，法院必须专注于特定应用于法医领域的DNA技术。在他们看来，检方证人只说该技术在其他领域被接受，或者只用未受污染的、并非用于法医调查样本进行水平测试和验证是不够的。他们写道："除非政府能够证明FBI应用的DNA技术及FBI宣布匹配和为法医样品计算概率的方法，被普遍认为是可靠的，否则即使DNA技术在其他方面可能是可靠的，证据也不能被接受。"[10]

对他们来说，法医DNA测试与大多数其他技术系统有很大不同，因为很难识别失败：系统中的错误会导致没有结果，而不是错误的结果，这一点很难被确切证明。与其他系统中出现的例如病人死亡、飞机坠毁或者化合物化学合成失败不同，"将DNA技术应用于法医学中的错误将不会被发现，因为很难区分是无辜被告人的申诉，还是有罪者的抗辩。"[11]此外，与其他科学研究不同，在其他科学研究中，随着新知识不断积累，大多数错误或矛盾的地方最终都会被发现，而DNA测试的结果是科研的终点。它将不再对任何其他实验或测试有用，因此它的正确性再也不会被检查；当然，系统性的错误除外。这种系统性的错误在日后会被发现，如最近休斯敦警察局的例子，有数百起案件将不得不被重新分析。

最终，谢克和纽菲尔德不单是对FBI的DNA分析制度的有效性和可靠性进行了争论，他们还对什么是正确的科研方法和合理的同行审查提出了要求，他们希望治安法官卡尔能利用这些来做出判断。[12]尽管他们承认FBI在开发其系统时确实咨询了科学界的一些人，但他们认为该局没有从所有相关科学领域获得帮助和批评。他们痛斥FBI和其他DNA分析实验室没有去寻求批评的声音，而只在它的合作对象中"保留了科学界中对DNA技术无限崇敬的成员——基因图谱绘制者。如卡斯基、康奈利、戴格和基德之类的博士，这些人要么是政府尚未决定资助的宏大人类基因组计划成员，要么就是在领导着对该计划极其重要的实验室"。[13]通过用这种方法描述这些证人，谢克和纽菲尔德试图纠正这一明显的问题。

辩方证人以两种主要方式攻击了FBI法医DNA分析系统的有效性和可靠性。首先，如前所述，他们认为FBI的程序没有经过充分的同行审查。其次，他们要求他们认定的相关科学家，或者更确切地说，是他们能在法庭上确立与案件相关，却被排除在FBI的同行审查过程之外的科学家，为治安法官对该局的DNA分析制度进行同行审查。因此，他们组织了一个替代FBI科学家的相关科学家团体，以检查FBI在DNA方面工作的有效性和可靠性。该团体的成员资格将不是基于是否是人类基因组计划群体的成员，或者是否是所谓的"基因图谱绘制者"。

第一个证人是彼得·杜斯塔西奥（Peter D'Eustachio），他是纽约大学医学院的生物化学教授,获得了洛克菲勒大学的遗传学博士学位。他总体的观点是,FBI在进行验证实验时确实使用了足够的控制措施,但没有在与实际案例工作相同的条件下进行验证测试。他还认为,FBI的初步测试产生了几个意想不到的结果,对这些结果本应随后进行额外的实验。他指责FBI使用的匹配标准远不如私人DNA分析实验室保守。[14]他的证词和专业报告的最终论点是,FBI在可重复性方面存在严重问题,他们的方法和结论在科学上有缺陷,如果FBI的方法要被认为是科学上可接受的,其中许多实验需要再次进行。

保罗·哈格曼（Paul Hagerman）是哲学和医学的双博士,在科罗拉多大学健康科学中心专攻核酸化学和分子生物学,也为辩方作证。他谈到DNA上样量的误差和FBI凝胶中溴化乙锭的使用如何影响该局测试结果的质量和可靠性的问题。溴化乙锭是一种与DNA结合的分子,当受到紫外线辐射时会发出橙色的光。它通常用于电泳凝胶中,以便在DNA片段沿电场梯度向下移动时容易观察到它们。和溴化乙锭的结合减慢了DNA在电泳胶中的运动速度。

根据他对该局的DNA分析体系审查,哈格曼得出结论,该局无法精确测定加入凝胶中进行电泳的特定样本中的DNA量。再加上使用了溴化乙锭,这就意味着他们的案件调查和人口数据库分析的可靠性都受到了严重损害。他指出,在样本量高和加入溴化乙锭的条件下对DNA移动的影响可能会导致案件工作中的条带识别错误和条带与数据库中数据不正确的对应。[15]谢克和纽菲尔德的重点是："我们现在有决定性的证据表明,由溴化乙锭导致的条带漂移彻底损害了FBI用RFLP条带图谱确定匹配的能力。因此,在溴化乙锭从FBI分析所用的凝胶中移除之前,FBI的方法不应被认为是可靠的。"[16]

谢克和纽菲尔德方面针对FBI的DNA分析流程的有效性和可靠性作证的第三个主要证人是康拉德·吉列姆（Conrad Gilliam）,他曾在卡斯特罗案中作证。除了赞同并引用杜斯塔西奥和哈格曼对FBI的批评之外,吉列姆特别谈到了用于制定匹配标准方面的专业知识问题。

他认为，开发检测离散等位基因的系统与 FBI 开发的标准连续等位基因系统之间有着根本的区别，前者是指在给定的位点上只有少数众所周知且其特点被透彻研究的等位基因，如同在医学诊断中遇到的基因；后者是指可以想象到的任何大小的等位基因。[17]在他看来，这个问题从未在医学遗传学界出现过，而且"只在法医学界出现过"。[18]因此，他暗示，检方为证明 FBI 的匹配标准是普遍可接受的，能邀请出庭作证的证人不是相关科学界的代表。

尽管丹尼尔·哈特尔（Daniel Hartl）的证词主要集中在人口遗传学问题上，但他也在 FBI 过宽匹配标准以及围绕 FBI 流程的准确性和可靠性的问题上作证。当时，哈特尔是圣路易斯华盛顿大学遗传学系的教授和系主任。他在当时被认为是全美最好的遗传学家之一，还与别人主编了美国人口遗传学最重要的教科书。在李案后的几年，他被哈佛大学争取走，并在那里得到了一个大实验室。

关于匹配标准，哈特尔认为 FBI 未能区分凝胶间比较和凝胶内比较：凝胶间比较具有较大的测量误差，因为两种凝胶的条件永远不可能相同，凝胶内比较应该具有较低的测量误差，因为条件在单个凝胶的泳道之间变化不大。因此，哈特尔声称，FBI 应该要么使用与其他实验室更接近的匹配标准，例如，加拿大警方使用的正负 2%的范围，要么根据碎片大小进行调整，也就是说，在测量较大的碎片时，考虑到更多的误差，在测量较小的碎片时，考虑到更少的误差。[19]尽管缺乏任何经验性证据，哈特尔在他的专家报告中宣布，"使用 5%的范围进行凝胶内比较的问题是会出现太多的错误（也就是不正确的）匹配"。[20]

关于有效性和可靠性，哈特尔最具指责性的证词是他认为涉及到 FBI 最近对 225 个分支机构的白人人群基因频率数据库进行重新测试时出现的严重问题。在 1988 年 FBI 对该数据库 DNA 图谱进行分析的一年多后，即在 1990 年，同样的生物样本被再次检测，当比对两次的结果后，哈特尔发现其中的一些并不匹配。在他看来，确定无疑的结论是，FBI"无法将自己的特工识别为他们自己的雇员"。[21]他进一步指出，第一次和第二次测试之间的差异表明："对样品制备和电泳方案的可重复性控制严重不足，把条带归入箱（见第五章对箱的定义，译者注）中的方法不一致，或者是对数据存储和检索不可原谅的马虎。"[22]

根据他在法庭上的反应，布鲁斯·布多尔对哈特尔的说法非常不满。虽然他在法庭上无法令人信服地解释这些差异，[23]在1991年7月的《刑侦实验室文摘》中，布多尔和FBI法律顾问约翰·斯塔福德（John Stafford）试图澄清事实。在这样做的时候，他们在几个方面攻击了哈特尔的可信度。

  首先，应该强调的是，①哈特尔没有联系任何FBI科学家讨论他报告中提出的基本假设，②他没有在报告中提出任何实证实验来支持他的观点，③该报告没有引用来自学术会议的任何信息，在这些会议上，FBI关于法医应用中的DNA分析技术的数据已经被提出，④该报告从未经过同行审查，⑤该报告的语气明显是敌对的，不同于哈特尔的同行评审文章的科学语气。[24]

布多尔和斯塔福德接着指出，1990年重新测试的目的不是测试FBI的DNA测试流程的可重复性。相反，它是利用一个更新后的流程建立一个新的人口基因频率数据库。FBI不仅将用于测试的DNA量减半，从而也减少了与溴化乙锭相关的条带偏移，而且他们还采用了一套来自生命密码公司的新DNA分子量标准物，其中含有的条带数是他们最初使用标准物的两倍。这将使精确测定未知DNA片段大小更为容易。他们认为，如果哈特尔花费工夫与FBI的任何人交谈，以了解他们在做什么，他就不会惊讶于发现第一次和第二次测试中的一些条带，特别是较大的条带，并不完全匹配。[25]相反，他应该会预料到这种现象的发生。

在回答辩方证人的另一个问题时，FBI和检方证人并不否认使用溴化乙锭，或向凝胶泳道中加入DNA量的变化，可能会导致条带偏移。相反，检方证人卡斯基、康奈利、戴格和基德认为，这种效应不可能导致两份生物样本中多个基因座相匹配。卡尔联邦治安法官认为基德的证词在这个问题上特别有说服力。他总结说：

> 要使实际是不同嫌疑人的DNA图谱看着像是来自相同的嫌疑人，那么真正能做到这点的DNA图谱中的条带必须成比例地分布在几个位置上，当嫌疑人的一个条带因为漂移导致与样品中的某个条带发生错误匹配，那么，同样的漂移率将使嫌疑人的所有其他条带都要与样品中的相应条带发生错误匹配。换句话说，法医样本中的所有条带必须处于特定位置，以至于当发生条带漂移时，即导致所有条带位置以相同的程度向同一个方向发生改变，会引发错误匹配。[26]

辩方试图通过将控方证人的论点称为"多点策略"来否定它。在听证会后的备忘录中，谢克和纽菲尔德将这一论点斥为"诱人的简单建议但不是科学"。[27]作为法庭的专家，埃里克·兰德尔赞同这种评论。（在卡斯特罗案后，兰德尔一再拒绝出庭作证，但在卡尔治安法官的劝说下，他在李案中担任了一名中立的、法院指定的证人。但是，在很大程度上，他的陈述倾向于支持辩方的观点。）然而，卡尔治安法官显然被检方证人的证词所说服。他还认为，由溴化乙锭和DNA浓度引起的任何条带漂移问题都与证据的说服力有关，而不是其可采信性。[28]也就是说，它不影响科学界对该技术的普遍接受，而是影响个别检测的结果。

在回答辩方关于FBI的匹配标准在科学界没有被普遍接受的说法时，布多尔指出，他的团队使用了实际的法医样本来确定他们的DNA分析系统的测量误差。他还指出，包括卡斯基的实验室在内的所有其他实验室都使用了未受时间或环境影响导致降解的纯DNA来制定匹配标准。所以 FBI 的匹配误差范围会比其他实验室略高是很正常的。他还指出，FBI 发现的所有匹配中，97%的匹配彼此相差在 3%以内，而不是 5%的最大差异。卡尔治安法官似乎被检方证人说服，认为 2.5%的范围是有效和可靠的，围绕其科学上可接受性的任何问题都与科学证据的说服力有关，而不是其可采信性。

在夏季的作证结束后，卡尔治安法官写下了《报告与建议》，法庭在 1991 年 1 月 10 日接受了这份文件。在文件开头，卡尔指出，尽管最近的案件要么增加了"遵守被普遍接受的数据解释理论的要求"，要么将此作为接受证据的主要要求，但弗莱标准仍然适用于他的管辖区。对卡尔来说，政府的责任是证明技术已被相关科学界普遍接受。为了应用这一标准，卡尔接下来讨论了三个主要问题：相关科学界的特征、证明标准和术语"普遍接受"的含义。[29]

关于相关科学界的问题，卡尔同意辩方的观点，即政府必须证明法医 DNA 分析在定期使用该技术的法医界之外也被普遍接受。他写道："政府的意图如此认真地表明，来自广义的分子生物学和群体遗传学领域的科学家，包括这些领域的理论学者，如果他们没有在法医界应用 DNA 技术和遗传理论的经验，就不被认为是可信的。我反对这种意见。"[30]他还指责检方"对许多辩方证人进行交叉质证，并强调 FBI 的 DNA 测试结果在其他法院通过的频率"，并赞扬辩方带来了各种各样的证人来证明法医 DNA 分析被普遍接受。[31]

然而具有讽刺意味的是，他基本上忽略了辩方关于相关专业知识的论点，并裁定法医 DNA 分析在所有相关科学界普遍被接受。"在做出决定时"，卡尔写道："我注意到检方证人和辩方证人在条带漂移问题上（即 DNA 浓度和溴化乙锭的影响）的出于职业特征观点。"[32]他接着指出，康奈利、卡斯基和基德都是应邀成为人类基因组的组织成员，卡斯基是美国人类遗传学学会的会长。"除了这种邀请所暗示的他们在科学界中的地位和判断力外，我认为，参与这种组织的活动和与这种级别的研究员共事，给了这些人一个更好的准备，来衡量他们同事对与其学科中新发展的可接受性看法。"[33]然而,卡尔没有努力证明为什么他认为加入各种人类遗传学学会,而不是辩方证人所属的那种享有盛誉的科学学会,可以让科学家个人更深入地了解电泳过程中DNA的行为。毕竟,条带漂移并不是人类遗传学独有的,而是所有研究DNA的分子生物学家面临的问题。

卡尔对相关专业知识看法的另一个有趣的例子是他对卡斯基的态度。尽管辩方基本上认为卡斯基是FBI的马前卒,不可相信,但卡尔对他的行为有不同的解释。尽管卡尔注意到卡斯基在FBI的DNA分析系统的可接受性上有着个人、专业和经济方面的利害关系,但是因为他在实验室中大量使用该技术,卡尔的结论是卡斯基接受FBI操作流程的事实给予了他的证词更大的可信度,而不是更小。这种说法背后的逻辑是,卡斯基必须真正相信一种特定的技术才能采用它,然后尽管辩护律师提出了严峻的挑战,他还是来到法庭为这个技术辩护。[34]关于卡斯基的专业知识,卡尔指出,尽管卡斯基"目前……还在法医DNA科学家群体之内,但是如同他在决定采取FBI操作流程的时候那样,他仍是一名杰出的学者和临床医生。因此,他的观点反应了可以同时被视作法医学界内和界外的那些人的观点"。[35]所以,基于他对检方证人的专业知识的理解,卡尔断定FBI的DNA分析系统产生的结果是有效和可靠的,足以被接受为证据。

估算随机匹配的概率

李案是第一个涉及DNA且使"人类遗传学界的领航灯"陷入了围绕人口亚结构和统计学计算的案例,在这些"领航灯"中,最著名的是丹尼尔·哈特尔和理查德·C.列万廷。[36]虽然这些问题在其他案件中曾被有限辩论,其中最著名的当属兰德尔在卡斯特罗案中的争辩,但它们在以前的任何审判或辩护中从未发挥过重要作用。然而,李案并不代表关于DNA分析争论的某种理性进展。如果谢克和纽菲尔德没有积极寻求哈特尔和列万廷的参与,并使法官相信他们可以展示关于 DNA 证据的有效性和可靠性的信息，也许这项技术的法律和科学史会有不同的面貌。

在审判中，列万廷的参与尤其引人注目，因为很多人在20世纪60年代和70年代将其视为分子群体遗传学的奠基人，因为他开创性地使用电泳来研究酶多态性的进化意义。此外，很大一部分在李案前后积极从事研究的学术界群体遗传学家要么在列万廷那里完成博士研究，要么在获得博士学位后在其位于芝加哥大学或哈佛大学的实验室中工作。在真正意义上说，无论从个人角度还是从知识角度上看，他都是群体遗传学界的一根支柱。

他在1972年的文章《人类多样性的分布》中认为，种族内部的遗传变异大于种族之间的遗传变异。这被认为是人类遗传学中的一篇里程碑式的论文，在围绕 DNA 分析的人口遗传方面的辩论中，各方专家们经常引用这篇论文。此外，他1974年的经典著作《进化的遗传基础》过去曾是，现在也仍是有远大志向的群体遗传学家的必读物。然而，列万廷的声誉并不仅仅基于他的许多科研和教学成就。他因其左倾的政治观点和对社会生物学、农业企业的商业化，以及用生物学来解释种族群体之间的社会和经济差异的无情抨击而闻名。他还因20世纪70年代初从国家科学院辞职以抗议科学院愿意为军方进行秘密研究而声名大噪。此外，正如彼得·纽菲尔德在最近的一次采访中告诉我的那样，列万廷有一种独特的能力，能够向他和谢克传达神秘的科学问题的本质，使他们能够将他的观点纳入他们的法律论点中。[37]

为辩方作证的人口遗传学家（列万廷和哈特尔）以及法庭证人（兰德尔）的基本主张是，FBI 计算随机匹配概率的方法在科学上是不可接受的，甚至可能是欺骗性的。他们认为，FBI 关于白人的种族群体缺乏亚结构，FBI 使用的各种 VNTR 基因座的独立遗传性，以及 FBI 的白人数据库的可靠性方面的论点在科学上是站不住脚的。

然而，在分析辩方的批评之前，有必要回顾一下 FBI 提出的基本群体遗传学方面的主张。首先，该局和它的盟友们认为，白人人群中没有相关的亚结构，因为白人倾向于随机结合，至少就他们的 VNTR 基因型而言。他们通过该局使用的各种 VNTR 位点，检测白人数据库与哈迪-温伯格平衡的预期值之间的偏差来证明这一说法。[38]没有显著偏差向他们证实白人人群确实缺乏显著的亚结构。[39]李案的检方证人声称哈迪-温伯格测试是识别亚结构的有效方法，此外，即使发现与哈迪-温伯格预期有微小偏差，这仍然不会使 FBI 使用其白人数据库作为参考人群来计算给定遗传图谱的稀有性变得无效。其次，FBI 和检方证人声称，由于白人随机通婚，只要不同的 VNTR 基因座位于不同的染色体上，他们就会独立配对，并以随机的方式遗传。因此，该局认为，它可以利用哈迪-温伯格方程中处理杂合子（2pq）的部分来计算给定位置特定等位基因形式的频率。[40]

在证词中，列万廷和哈特尔花了大量时间抨击 FBI 在科学方面的结论，这些结论背后的假设以及检方证人的可信度。首先，他们认为白人人群中很可能存在显著的亚结构，因此 FBI 的数据库中也会存在。列万廷声称，FBI 所谓没有相关亚结构的说法在科学上是站不住脚的，主要有三个原因：

- 第一、白人的亚群体（如西西里人、波兰人、犹太人、德国人和挪威人）在特定的 VNTR 基因座可能有不同的等位基因频率；
- 第二、自从这些人口移民到美国并开始相互杂居以来，只过了几代人；
- 第三、有大量的学术研究表明，人们倾向于与宗教、文化、语言和地理背景相似的人结婚。[41]

本质上，FBI 认为美国是一个大熔炉，至少在种族群体内部，个人从他们民族的小圈子中迁移出来，倾向与他们不同的人通婚，足以减轻各种族群体来到美国时可能存在的任何遗传差异。另一方面，列万廷和哈特尔认为，自愿或非自愿的种族和民族隔离在美国仍然非常活跃，并造成了社会和遗传的亚结构。

检方和 FBI 根据对哈迪-温伯格平衡的测试断定了白人人口的结构，与他们不同，列万廷引用了大量的非群体遗传证据来支持他的观点。他不仅钻研社会学、人口学和人类学的文献，试图证明即使美国白人在工作、娱乐场所或公共场合等处聚在一起，他们也不会随意通婚，他还引用了人口普查数据，表明大多数白人移民是在 1905 年至 1924 年之间来到美国的，而不是像人们普遍认为的那样在 19 世纪。[42] 在列万廷看来，这一短暂的时间并没有产生足够的世代来抹去各种祖先亚群的独特性质。然而，正如我们将看到的，尽管有大量的社会学和人口学研究反对他们的观点，但从遗传学的角度来看，FBI 的假设被证明是相对正确的。

列万廷和哈特尔还抨击了 FBI 使用哈迪-温伯格原理来确定白人人群中是否存在显著的亚结构，以及计算特定基因座杂合子的频率。在他们的专家报告、证词和随后在《科学》杂志上发表的一篇文章中，列万廷和哈特尔认为，如 FBI 和其盟友使用的对亚结构的统计学测试"在指示人群亚结构这功能上几乎是没用的，因为即使亚群体之间有很大的遗传差异，由此产生的结果与 HWE 的偏差通常也很小，无法通过统计测试检测到"。[43]他们继续论证说，没有统计学上与 HWE 的偏差并不意味着没有亚结构，并得出结论说："HWE 的统计学测试是如此无力，以至于它们可能是寻找一个群体中亚群体之间遗传差异的最糟糕方法。"[44]

哈特尔进一步作证说，他对 FBI 使用他的教科书《基础遗传学》中的一个说法严肃地持保留意见，[45]即对于罕见的等位基因，在某些情况下，只要已知一种纯合基因型的频率，就可以使用 HWE 原则计算杂合子的频率。

例如，如果大约一千七百分之一的白人新生儿患有囊性纤维化（这是一种隐性的单基因特征），人们就可以推断出，囊性纤维化基因在白人总人群中的频率为 0.024（因 $q^2=1/1700$，或 0.00059）。在知道 1-q=p 之后，就可以算出白人人群中杂合子的频率是 2pq，或者 2（0.024）

（0.976），等于0.047，或二十一分之一。

在哈特尔看来，教科书中提供的例子只是为了让遗传学初学者对如何计算基因频率有一个大致的了解。[46]因为这是一本基础教科书，而不是高级教科书，所以他几乎没有警告学生即使是微小的亚结构也对这些计算有影响。出于教育方法的考虑，他假设囊性纤维化基因的频率在白人人群的所有亚群体中都是一致的。如果一个人想把这种方法用于诊断、开处方或公共卫生目的，他必须进行研究以确保HWE原则成立所需条件，以及在特定情况下是存在的。正如他在专家报告中写道：

> 在法医应用中没有充分验证的情况下就做出哈迪-温伯格假设就如同声称，由于我们在组装前没有例行测试家用望远镜中的透镜，所以我们在发射哈勃望远镜之前不需要测试透镜一样。这两种情况下，显然需要不同的标准，因为错误的后果要大得多。虽然在人类群体遗传学的某些情况下，可能会调用哈迪-温伯格频率，但在法医应用中，必须收紧容错率。在某些时候，当在没有证据时就做出哈迪-温伯格假设，错误几乎不会带来显著的后果，除了可能让调查者尴尬以外，另一方面，没有一个心智正常的医生，或者一个珍惜行医执照的人，会根据哈迪-温伯格计算的结果来诊断病情或开药！[47]

在反驳哈特尔的报告时，布多尔和FBI律师约翰·斯塔福德写道，他们发现哈特尔关于法医学需要更严格标准的立场是一种社会评论，而不是科学评论，尽管哈特尔的两个例子来自天文学和医学。他们认为对法医学强加更高的标准是不公平的，缺乏法律先例的支持。[48]

列万廷和哈特尔用了以下的例子来表明他们的观点：假设一个人群是由两个同族通婚的亚群体组成的。每个亚群体在一个有两种等位基因（A和a）的基因座上有不同的等位基因频率。第一组的比率是

5∶5，第二组的比率是 9∶1。如果这些群体内是自由通婚的，那么哈迪-温伯格平衡就会产生如下的基因型频率：

	AA	Aa	aa
第一组	0.25	0.5	0.25
第二组	0.81	0.18	0.01

进一步假设，第一组占总人口数的 90%，而第二组则占 10%。那么在总人群中，整体的基因型频率为：

AA：（0.25）（0.9）+（0.81）（0.1）=0.306
Aa：（0.5）（0.9）+（0.18）（0.1）=0.468
aa：（0.25）（0.9）+（0.01）（0.1）=0.226

在忽略亚结构的存在时，我们得到的等位基因的平均频率为：

A=（0.9）（0.5）+（0.1）（0.9）=0.54
a=（0.9）（0.5）+（0.1）（0.1）=0.46

在 HWE 的情况下，相应的基因型频率为：

AA：（0.54）（0.54）=0.2916
Aa：2（0.54）（0.46）=0.4968
aa：（0.46）（0.46）=0.2116

因为在已知有亚结构存在下计算得到的基因型频率（第一组计算）与不知存在亚结构并假设 HWE 时的基因频率（第二组计算）没有显著差别，利用与 HWE 的偏差并非测试亚结构的好方法。根据 NRC（National Research Council，美国国家研究理事会，译者注）的报告，人们需要一个接近 1200 人的样本人群才能用 HWE 展现出亚结构，如果从每个亚群体中的人们身上采集 DNA 样本，则每组仅需 22 个样本即可决定一个特定种族群体中存在亚结构的程度,因为在这种情况下,人们可以直接获得每个亚群体中的基因频率。

最终，由于存在未能检测出的亚结构的可能性，列万廷、哈特尔和兰德尔都认为 FBI 不能使用统一的白人数据库来产生两份 DNA 图谱随机匹配的可能性统计数据。列万廷和哈特尔认为，开发一种在科学上可靠的方法去计算概率统计数据的唯一途径是人类群体从白人种族群体中民族亚群体的代表成员身上采集很多 DNA 样本。只有 VNTR 中的等位基因被发现在所有研究过的民族群体中分布是类似的，FBI 才会认为使用他们白人数据库计算统计学概率是有科学依据的。

在审判过程中，FBI 和检方证人从未直接回答列万廷和哈特尔的论点，即哈迪-温伯格计算不足以检查人口亚结构。康奈利、戴格和基德都作证说他们相信白人人群处在 HWE，而且美国人与他们所在的地区和种族群体外的人通婚。[49]虽然有大量文献表明在战后的美国这种情况越来越多，但控方证人没有引用这一点。他们没有提供任何重要的人口统计学、社会学甚至遗传学数据来支持他们关于白人群体中几乎不存在亚结构的断言。他们只是简单的假设，根据尝试，限于种族内的通婚不存在，而且仅通过肉眼检查不同白人亚群体数据库打印出的数据来支持他们关于哈迪-温伯格的观点。[50]

他们还花了大量时间说服地方联邦治安法官卡尔相信，白人人群中的任何亚结构都是极其微小的，FBI 分箱和处理纯合子的保守方法足以补偿亚结构造成的任何微小影响。具体来说，基德、康奈利和戴格都认为，FBI 在分箱的步骤是固有的保守，罕见的等位基因被合在一起置于同一大箱中，所以每个箱最少有 5 个等位基因，在计算表观的纯合子频率时使用 2p 而不是 p^2，[51]以及当一个等位基因处于两个箱之间时，他们使用最高的等位基因频率。这些努力都能从内部修正由亚结构带来的任何错误。与此相关的是，他们认为这种保守的方法是合理的，因为许多表观的纯合子实际上是电泳过程技术限制的产物。[52]

他们进一步指出，虽然存在的微小亚结构在理论层面上是有意义的,但与法医学的操作层面是不相关的。根据他们的说法,自然世界的这种特征与法医实践无关,因为乘积规则的目的是估计一个非常大的种族群体中随机匹配的概率。正如基德所证明的那样,对于数据库中一个特定的箱,FBI的分箱和等位基因分配方法的结果是"当观测到等位基因落入箱中,特定分布模式出现的频率就被估计出,而不是要估计一种分布模式的频率。这是一类相似模式的频率"。[53]

对列万廷、哈特尔和兰德尔来说,检方证人关于在法医环境中什么是足够准确的群体遗传学方法的观点根本不是合理的科学方法。兰德尔说,他不认为有充足的证据允许 FBI 的方法被使用。[54]列万廷和哈特尔都认为,其原因是群体遗传学界以前从来没有在未知的人口亚结构水平上确定特定一份遗传图谱在人群中的稀有性。[55]在他们眼中,只有 FBI 能够确定最能代表被调查个体的人群中等位基因的频率分布时,他们的乘积计算才是有效的。在他们看来,唯一在科学上有效的方法是对一个给定种族内的众多亚群体进行详细调查,凭经验确定哪些等位基因频率最适合用于确定一份特定的遗传图谱的稀有性。[56]

从一开始,卡尔治安法官就明确表示,决定控方证人或辩方证人是否最准确地代表了科学界普遍观点是一项超乎寻常的困难任务。他指出,他不能像在其他问题上那样凭借个人名誉判断,因为"这个问题上的每个主要证人都属于他的职业中的头等人才;事实上,公平地说,每个人都在最高等人才群体中占据着主要位置"。[57]为了取代这一标准,他构建了一个新标准,该标准考虑到给定科学家的观点在多大程度上"可供关注 RFLP 流程在法医中应用的科学家考虑"。[58]这个标准不是基于任何一种关于科学如何运作的社会学、哲学甚至科学研究;相反,它很大程度上是凭空创造的。卡尔似乎认为,如果控方证人意识到辩方证人对 FBI 无法准确估计基因图谱出现概率的看法,但仍认为 FBI 的方法在科学界普遍接受,那么这足以做出有利于控方的裁决。[59]例如,他指出兰德尔和列万廷的观点在兰德尔 1989 年《自然》

杂志文章以及卡斯特罗案中有所表达，因此为科学界所知。所以，卡尔认为，卡斯基很清楚这些观点，当他认定FBI计算概率的方法在科学界被普遍接受时，他已经考虑到了这些。[60]因此，卡尔不是通过援引科学原则或逻辑，而是通过对科学家如何思考和行动的无事实根据的直觉，在两种似乎同样可信的科学理论之间做出了决定。同样令人沮丧的是，人们意识到他本来更愿意只根据为各方作证的各种专家的声誉来做出决定，但他根本无法确定谁在科学界的地位更高。

在卡尔的判决中，他相当尴尬地承认，他在普遍接受标准背后的推理是多么的脆弱。他指出，卡斯基的主要专长是分子生物学和医学遗传学，他与列万廷、兰德尔和哈特尔相比不能被认为是群体遗传学的专家。"然而，"他说："我仍然相信卡斯基博士的观点。关于FBI概率估计的可靠性的接受程度问题，它更准确地描述了科学界的普遍接受程度。"[61]尽管卡尔没有为他的结论提供社会学、心理学或科学上的理由，但他认为卡斯基比兰德尔更可能反映科学界的观点。他确实列举了保持这种信念的三个原因：卡斯基与听证会结果的利害关系，他对围绕概率计算能力争论的熟知，以及他对自己程序的持续信赖，而这些程序与FBI的程序相似。[62]令人难以置信的是，卡尔没有承认，卡斯基有可能会依赖DNA鉴定的有效性和可靠性，导致他可能不太会像其他证人一样试图在公共场合发现其缺点。对卡尔来说，卡斯基的观点得到了另一个事实的进一步支持，即其他检方证人同意他的观点，尽管他们也知道列万廷、兰德尔和哈特尔的反对态度。[63]因此，卡尔得出结论，"科学界更有可能普遍接受FBI的实验流程、操作的可靠性和科学适用性"。[64]尽管卡尔的结论背后有法律效力，但实际上只不过是没有证据支持的个人想法。

对李案的反应

审前听证会结束时，卡尔治安法官裁定，FBI的DNA鉴定系统确实是可以接受的。实际案件中的法官接受了这一裁决，DNA证据被纳入邦德斯、韦尔迪和李的谋杀案审判。这三个人随后都被判犯有谋杀罪，他们立即对判决提出上诉，但没有成功。[65]因此，尽管谢克、纽菲尔德和他们的杰出科学家团队尽了最大努力，FBI和检方还是在李案中取得了胜利。

尽管全国各地的许多法官都注意到了李案的裁定，但只有一名法官不同意这一裁决。1991年，哥伦比亚特区最高法院在合众国诉波特一案（*United States v. Porter*, 618A.2d 629, 1992）中裁定。科学界对FBI的群体遗传学上假设的有效性确实存在重大争议。法院判定该案中的DNA证据不可采信，因为FBI计算概率统计的方法没有被普遍接受。因此，与卡尔治安法官相反，波特案的法官认为，概率统计数据是DNA证据的一个组成部分，因此决定的不仅仅是它的权重，而是它的可采信性。

虽然该案对随后的可采信性裁决影响不大，但科学界普遍对此有更强烈的感受。[66]在该案之后，科学期刊越来越成为学术界生物学家、法医科学家、律师和企业高管激烈争辩的场所。埃里克·兰德尔在1991年受《美国人类遗传学杂志》（*AJHG*）之邀对李案进行评论，[67]在一系列给编辑的信件中，围绕法医DNA分析中群体遗传学问题的争论各方纷纷回应了该评论并表明他们的观点，即在法律环境下，什么才是好的科学方法。正如*AJHG*编辑查尔斯·爱泼斯坦（Charles Epstein）在随这封信附上的声明中指出的：

> 几年前，《美国人类遗传学杂志》中给编辑信的版面里充满了关于根据血型和类似遗传标记计算亲子关系和非亲子关系概率的相对晦涩的讨论。虽然这种书信逐渐减少，但是本期刊再次被用来辩论遗传学研究成果的法医应用。这一次，言辞变得更加尖锐，或许是因为风险更大……由于这些问题具有重大的科学和社会意义，并且因为这些问题显然属于人类遗传学的范畴，我认为该期刊是进行科学交流和发起与分

子遗传学的法医应用相关评论的合适载体……作为编辑，我一直在努力使本刊成为一个讨论人类遗传学家所关心的许多问题的论坛，这些问题有时可能超出了纯粹的科学范畴。分子遗传学的法医学应用显然是这些问题之一。[68]

最终，这一大长串给编辑的信件将被视为阐明法医群体遗传学问题中众多观点所做的努力中的一个重要里程碑。

在回应来自包括哈蒙、伍尔利、卡斯基、查克拉博蒂、戴格，以及一群来自细胞标记公司的科学家等人的众多信函中，兰德尔分了三类来描述这场辩论中的各种观点。[69]他称第一类为"保持简单学派"，由像李案检察官詹姆斯·伍尔利（James Wooley）这样的人组成，他认为人口亚结构的问题应该"在法庭的环境中"解决。[70]尽管还需要通过对各人群的亚群体开展详细的研究来获取更多的信息，但主要是学术界的群体遗传学家，而不是法官，对这些信息感兴趣。在信中，伍尔利问道："如果我们要开发亚群体数据库，我们会在美国法庭上用哪一个呢？我们要对第四代意大利移民中的被告使用那不勒斯或西西里数据库吗？（在意大利统一前，那不勒斯和西西里都是独立的邦国，译者注。）我们是否不得不使用哥伦比亚数据库去检查一位身为哥伦比亚移民的被告吗？我们是否为一个非裔美国人被告选定非洲数据库？人口分类的限度在哪里，如何使用？"[71]根据他的观点，最好坚持依据标准的种族群体判断，而不是在精确决定嫌疑人来自哪个民族群体这个问题上纠缠不休。

在他们登在《刑侦实验室文摘》的文章中，布多尔和斯塔福德认为，列万廷和哈特尔不明白法医学环境下的相关亚群体是什么。尽管列万廷和哈特尔都在他们的证词和随后的《科学》文章中坚称，种族内部划分的关键是根据民族和祖先，布多尔和斯塔福德则认为应该是在地理上划分。根据这个观点，问题不再是在一个宽泛的种族群体中是否存在族群的亚结构，而在于该种族在美国是否存在地区差异。因此，FBI 认为，重要的是要确保主要种族群体中代表群体的 VNTR 等位基因在特定地理位置的分布（如马萨诸塞、德克萨斯、加利福尼亚和佛罗里达）与用于计算概率统计的国家参考数据库数据没有显著差异。事实上，这正是 FBI 所做的群体遗传学工作，并在李案后不久发表的一篇文章中作了报道。[72]

在李案中代表检方和 FBI 作证的遗传学家多数是在兰德尔所谓的第二个小组"统计学派"。统计学派的支持者认为，可以通过从宽泛划分的种族类别中的个体随机收集 DNA 样本，并根据由此产生的等位基因频率数据库测试哈迪-温伯格平衡和连锁平衡来解决人群中的亚结构问题。只要没有重大偏差，就可以使用这些数据库中的频率，利用乘积规则来计算特定 DNA 图谱的稀有性。

第三个学派与列万廷、哈特尔和兰德尔联系最紧密。"经验学派"的支持者认为，解决人群亚结构问题的唯一方法是确定作为研究对象的人类亚群体之间的实际差异水平。在他们看来，没有任何统计测试可以取代进入现实世界并收集来自众多种族背景人的生物样本的做法。[73]只有当这些收集样本的行动证明了在各"种族"类型中没有实质上的亚结构时，乘积规则才能在没有某种修正因素的情况下使用。

《科学》杂志事件

尽管兰德尔在回复给编辑的各信件中阐述了经验主义学派的基本观点，[74]但当列万廷和哈特尔决定在《科学》杂志上发表他们对 FBI 群体遗传学假设的批评时，这一观点得到了最完整的阐述。这篇文章导致了最近科学史上最激烈的争论之一，辩方和控方的支持者都多次指控对方不适当和不道德的行为。哈特尔甚至指控伍尔利（李案的检察官）威胁和恐吓他，试图说服他不要发表《科学》的文章。[75]然而，哈特尔和列万廷没有被吓阻，他们继续修改他们已经被接受发表的文章。然而，与此同时，《科学》的主编丹尼尔·科什兰（Daniel Koshland）开始受到来自 FBI、检察官和科学界某些成员的巨大压力，尤其是卡斯基和基德，他们要求对列万廷和哈特尔的文章采取行动。因为科什兰不能简单地撤下一篇已经在校样中的文章，他决定推迟发表这篇同行评议的文章，直到接受一篇更支持DNA分析的文章，该文章将反驳列万廷和哈特尔的许多说法。

最后，李案证人肯·基德和FBI的长期合作者拉纳吉特·查克拉博蒂实际抢在列万廷和哈特尔之前于1991年12月20日在《科学》杂志上发表了一篇文章。这篇题为《DNA分析在法医工作中的效用》的文章认为，与列万廷和哈特尔的说法相反，FBI的方法从根本上来说是合理的，并且在科学界得到了普遍接受。[76]基德说，他之所以写这篇反驳文章，是因为"列万廷和哈特尔计算的某些方面实际上是罕见的荒唐"。他说："而且，在我看来，这篇文章显然是由迪克·列万廷一贯支持被告且反对国家的哲学倾向所驱动的。"[77]他和查克拉博蒂以及为检方作证的其他几位科学家认为，这是"对科学的严重歪曲"，需要采取措施防止它对法律制度产生不利影响。[78]

他们论点中的关键部分是，必须"在DNA分析技术应用于法庭的背景下"理解亚结构问题。[79]虽然从学术角度来看，列万廷和哈特尔的主张可能很有意思，但查克拉博蒂和基德认为："区分精确值和有效的估计值是必要的。现在争论的问题是，当匹配发生时，是否可对DNA条带图样的出现频率做出有意义的估计。"[80]

虽然他们的结论比布多尔和斯塔福德的更有说服力，但它们本质上是一样的。他们认为，参考数据库的目的不是获取参考人群的确切内部结构，而是生成一个数据库，提供罪犯可能所在区域特定等位基因的"相对频率的保守近似值"。因此，人们不需要证明在给定的参考总体中有没有亚结构，只需要证明"它偏离HWE和LE带来的影响是如此之小，以至于在实际操作中不能被检测到"。[81]有趣的是，查克拉博蒂和基德并没有直接讨论列万廷和哈特尔的论点，即哈迪-温伯格平衡不能有效检测亚结构。他们再次声称这是一种适当的近似方法，而且FBI的保守方法足以纠正任何可能存在的亚结构。

不过，他们还是挑战了列万廷和哈特尔关于白人人群中婚配不是随机的说法。他们持续批评列万廷和哈特尔的观点，即人类群体在基因和人口水平上会形成小的、孤立的近亲结婚的群体，也称为种内通婚。他们首先指出，列万廷和哈特尔引用了人口统计研究，这些研究表明，不同的美国族裔群体"在很大程度上是族内通婚的"，"美国人倾向与隔壁的男孩或女孩结婚"。他们接着写道，"限定词'倾向'和'很大程度上'，在基因型概率计算中有着重要的意义，因为群体遗传学理论表明，即使是少量的超越种族和宗教边界的基因迁移也会迅速使人口均匀化。每一代人中，跨种族和跨民族婚姻比例（20%）以及和与 10 英里以外生活的人结婚比例（67.6%）都很高"。[82]查克拉博蒂和基德还批评了列万廷和基德（此处可能是哈特尔，译者注）用来概括美国婚姻模式的人口学和社会学研究，并认为这些研究已经过时。他们认为，自列万廷和哈特尔引用的研究开展以后，在战后"婴儿潮"时代，美国人口中总体的流动性和群体混合程度都有了很大的变化。查克拉博蒂和基德总结了他们对列万廷和哈特尔的论点反驳，并写道："美国白人的人口数据显示这个群体更接近于一个'熔炉'，而不是一个被严格细分的群体集合。"[83]

查克拉博蒂和基德在总结他们的观点文章时认为，列万廷和哈特尔针对他们认定群体遗传学中存在的问题而提出三种可能的补救措施是不必要的。具体而言，这些补救措施是：

1. 不要用乘积法则使每个点的频率相乘。
2. 通过研究为每个民族群体中的主要亚群体建立的不同数据库，采取"民族上限"方法。尽管某一特定被告的亚群体可能没有数据库来代表，但该种族群体内的变异范围仍可能会被准确地发现。用这种方法，"VNTR 表型的估计频率被作为在相关的种族亚群体中观察到的最大值，并且这些在特定基因座的估计值将被乘在一起以得到多基因座匹配概率的综合估计"。

3. 通过仔细研究在多个民族亚群体中 VNTR 的频率，修正当前的方法。当这些频率被收集到一起后，它们可以与乘积法则一起使用，以精确表明在相关人群中随机匹配的概率。[84]

查克拉博蒂和基德写道，列万廷和哈特尔的建议是误导性的，因为他们错误地认为必须知道嫌疑人或被告所属的亚群体中 VNTR 等位基因的确切频率。查克拉博蒂和基德认为只需要在嫌疑人或被告可能来自的总体人群中获得一个大致的频率。最后，他们得出结论，不仅 FBI 目前使用的方法"不需要'修复'"，而且如果列万廷和哈特尔的批评导致法庭上不接受 DNA 证据，那么"给真正的罪犯定罪以及为被错误指控的人开脱的前景将会暗淡许多"。[85]

在同时登载了列万廷与哈特尔的文章及查克拉博蒂与基德文章的那期的期刊上，《科学》杂志刊登了一则新闻文章，描述了围绕不寻常的两篇观点相对立文章的争议事件。这则新闻指出，关于 DNA 分析的辩论已经变得"明显令人厌恶"，其风险比典型的科学分歧要高得多。[86]在这篇文章的侧面还有一个问题，即让《科学》杂志委托（其他论文的）作者们对本文（新闻文章）做出回应是否合理。尽管没有明确说明，根据这篇文章，答案是肯定的。[87]

对这一事件的新闻报道出现在无数媒体上。《美国新闻与世界报道》(*U.S. News and World Report*) 在一篇名为《法庭遗传学》的文章中指出，"对 DNA 证据的攻击引发了科学与法律关系的问题"。[88]《萨克拉门托蜜蜂报》(*The Sacramento Bee*'s) 1991 年 12 月 28 日的主要社论哀叹道检察官对科学家和编辑施加越来越大的压力，企图操纵科学杂志的内容。[89]也许最令人窒息的报道发生在《纽约时报》中最严肃的版面上，以记录科学技术遇到的每一次挫折为乐的记者吉娜·科拉塔（Gina Kolata）集中报道了残酷的检察官和政府官员对"持不同意见的科学家"的骚扰。[90]媒体报道越来越多地使用诸如战斗和攻击的语言来指代围绕法医 DNA 分析的争论。[91]事实上，许多参与者和观察者开始按字面意义来使用这些词，并开始将这些争端称为"DNA

战争"。[92]

谁是 DNA 战士

虽然这些战斗大多数被限制在技术问题的范畴内，但所有这些战斗的背后都是一场严肃的讨论，即哪个或哪些科学领域拥有必要的专业知识来确定法医 DNA 分析的操作和方法是否有效和可靠。检方证人的研究几乎全是人类遗传学的方向，和他们不同，大多数为辩方作证的学术界科学家研究的是非人类的模式生物，比如果蝇。辩方证人的工作地点常常是文理学院的院系中，而不是医学院。在为辩方作证或主要支持辩方的证人中，只有兰德尔参与人类遗传学的研究。[93]

像他们的控方同行一样，辩方证人也不免被指控有不道德行为和经济问题。几乎就在辩护律师界找到科学家愿意就法医 DNA 分析的某些方面尚未被科学界普遍接受作证之后，检方嘲笑这些人是为金钱作证的雇佣杀手，而不是为真相服务。这一观点最强烈的支持者之一是来自加州阿拉米达县地方检察官办公室的洛克纳·哈蒙（Rockne Harmon）。根据《科学》杂志的说法，哈蒙"可以说是面对法庭上的挑战时捍卫 DNA 指纹技术的最积极的检察官"。[94]除了将绝大部分时间用于此类案件之外，他还被许多评论家认为是"检察官和 FBI 组成的非官方网络中的关键节点"，并与布鲁斯·布多尔建立了密切的友谊。[95]他在与几位为辩方作证的学术界科学家打交道时非常尖锐，其中最引人注目的是他和劳伦斯·穆勒（Laurence Mueller）的关系，以至于《科学》杂志用一整篇题为《检察官对阵科学家：猫鼠关系》来描述他们。[96]哈蒙不仅严肃质问穆勒，还给他写了很多封信，要求他为了社会的利益放弃对 DNA 分析技术的批评。他更进一步写信给《科学》与《遗传学》杂志的编辑，提醒他们应该对穆勒提交的两篇文章进行超严格的同行审查，因为他在许多庭审中提供了错误和低质量的证词。哈蒙甚至提出了四位他认为特别有资格对穆勒的工作进行同行评审的科学家：布鲁斯·布多尔、伯尼·戴弗林、拉纳吉特·查克拉博蒂和布鲁斯·威尔。[97]

到1992年初，检察官和FBI代表们，尤其是布多尔，与辩护团体成员之间的关系变得如此恶劣，以至于辩护律师彼得·纽菲尔德和威廉·C.汤普森发起给各种高级政府官员写信的行动，收信人包括FBI局长威廉·塞申斯和詹姆斯·X.邓普西（James X. Dempsey），后者是美国众议院公民和宪法权利小组委员会的法律顾问。在一封信中，汤普森写给邓普西：

> 我的印象中，对批评DNA检测的科学家的骚扰和恐吓一直是一个严重的问题。有关几乎每一个有勇气出庭表达对法医程序担忧的科学家的丑陋谣言已经传播开来。我和全国各地处理法医DNA案件的辩护律师保持联系。我经常听到检察官散布的谣言，涉及辩护专家的道德、财务甚至性方面的不当行为。其中共同的主题是，辩护专家从事欺诈性的收费行为，不道德地使用证据展示时交给他们的材料，并且是同性恋。在那些时候，当我能够追踪这种恶毒谎言的来源时，它经常要么来自FBI……要么是洛克纳·哈蒙……不应低估这一系统性抹黑运动的影响。我和几位科学家谈过，他们不愿在法庭上表达自己的观点，因为他们只是不想让自己受到这种骚扰，这是可以理解的。[98]

尽管哈蒙把自己描述为一个坚定自信又好斗的人，他最终还是认为自己是个公平的检察官。但是，穆勒在我面前把他描述为一个"恶霸"。[99]

除了向穆勒发送攻击他个人和职业可信度的信件之外，[100]哈蒙还定期向媒体透露诸多辩护证人为其攻击DNA证据的有效性和可靠性证词收取的费用。他特别批评了穆勒和西蒙·福特，以及他们的合伙人兰道尔·利比（Randall Libby）。穆勒在1991年获得6万美元的咨询费，福特在1991年离开学术界并全职为辩方提供咨询，而利比则在法庭上挣到了 8 万美元。他还指出，丹·哈特尔靠着李案的证词挣到了近 28,000 美元。当我问几位辩方证人为什么接受如此大额的报酬时，他们说这使他们能够向自己和家人证明准备一个案子遇到的困难和压力，以及所需的大量时间。[101]

然而，对于一些作证的科学家来说，在法庭上保持可信度的唯一方法是拒绝接受补偿。这是一些著名的 DNA 证据批评家的立场，如埃里克·兰德尔、理查德·列万廷以及他以前的学生杰瑞·科因（Jerry Coyne）等人。在接受《科学》采访时，列万廷说："一个人出现在法庭上是一个原则问题，做这件事是我们作为科学家的义务。我认为我们不应该得到报酬。"[102]然而，列万廷最终认为，在法庭上保持明面上客观性的所有努力都是相当有限的。他总结道："我认为无论你做什么，你的信誉都会受到损害。如果律师问你是否拿报酬，你回答是，他们称你为雇佣杀手。如果你说不，问题是，你是一个有政治目的的狂热分子吗？"[103]

为什么特定的科学家倾向于代表法律争议的其中一方而不是另一方作证，这是一个围绕科学和法律之间关系的长期问题。这个问题没有单一、简单的答案。相反，对它的每种解释只能基于特定的背景。然而，可以看出一些总的趋势。除了以被视为理论群体遗传学支柱而著称的布鲁斯·威尔（Bruce Weir）以外，所有与 FBI 合作并向其提供建议的科学家都研究人类遗传学，他们都是著名的科学家，也是人类基因组计划的大力支持者。尽管这些人从未将他们在法医 DNA 分析方面的工作与他们完成人类基因组图谱的愿望明确联系起来，但至少可以想象出，他们与 FBI 合作的一部分原因是为了提升遗传学研究在纳税人、政治家和资助机构心目中的形象。

更重要的是，FBI 研究人员表示，该局向人类遗传学界寻求指导和支持，是因为他们认为后者正在使用一种已经在医学研究和诊断领域广泛使用的技术。因为 FBI 研究人员最初通过雷·怀特与人类遗传学家群体取得联系，他们自然会继续与该群体合作。怀特告诉我，当时这个群体非常团结，经常就共同关心的问题互相咨询。[104]

然而，其他人认为这个问题与不同的科学哲学有关。这个阵营经验最丰富的代表人物之一是威廉·汤普森。他认为，不同的科学模型可能有一个要素：

> （学术研究者）更多是理论科学家，他们通过提出假说并验证的方法做科研。他们会问："是否存在可以推翻独立性假说的数据？"直到他们充分检验他们的假说，否则他们不会接受这些假说。所以，这就是一种更严谨的方法。然而，在医学研究中，我认为人们对证据不是很严格。他们更习惯于说："艾滋病毒会导致艾滋病吗？是的，很可能是，但是我们不须排除其他可能性，但是……"所以，我认为检察官从医学界找到了他们方法的支持者，辩护律师从理论界找到了批评者，这可能不是巧合。[105]

另一方面，理查德·列万廷认为，知识背景与不同科学家的立场几乎没有关系。相反，这只是谁先请求科学家帮助的问题，检方还是辩方。[106]在他看来，大多数科学家对围绕法医DNA分析的统计学和群体遗传学的争论未发表自己的意见，直到他们被刑事诉讼中的一方劝说才这样做。这种解释至少对一些在法庭上就DNA分析技术作证的人很合适。例如，丹·哈特尔是在辩方联系他并询问他是否赞同FBI对他所著的那本具有开创性的群体遗传学教材上特定说法的利用方式时，他才被卷入了李案。他给出否定回答，并同意出庭作证。[107]与此相似，布鲁斯·布多尔联系布鲁斯·威尔，询问他是否赞同劳伦斯·穆勒借用威尔在群体遗传学上的工作和他开发的一个计算机程序来认定FBI的人口数据库与HWE有显著偏差的方式。威尔并不赞同，于是同意在法庭上为FBI作证。尽管如此，如纽菲尔德、谢克、汤普森和苏利文，一般经验丰富的律师也不太可能向一位科学家求助而不希望他或她提供对他们的观点有利的证词。

然而，有趣的是，只有在少数情况下，专家为控辩双方作证，甚至公开声明他们的立场已经改变。这种现象的三个最明显的例子是：丹·哈特尔，他这样做主要是想对一个法医实验室提供支持，他认为该实验室正在认真和尽职地进行概率校正，[108]埃里克·兰德尔还有威廉·希尔兹（William Shields），他是纽约州立大学雪城（Syracuse）环境科学与森林学学院的生物学教授。除了这几个人之外，大多数学术界科学家始终坚持他们对某一特定观点的看法。对这一现象的一种解释是，一旦科学家声明了他们的最初意见并留下记录，他们被迫坚持这一观点并为其辩护，因为如果他们的观点发生变化，对方律师将能够使用他们最初的声明来反对他们的观点。这种解释是列万廷暗示给我的，但是它尚未可以用其他方式被验证。

最后，对于历史学家来说，很难阐释为什么特定的科学家团体在DNA分析技术的争论中成为某一方的支持者。然而，更容易分析的是，辩方和检方证人的总体背景的不同将在多大程度上对什么可以被称为相关科学界的争议产生深远影响，因为DNA分析技术必须得到相关科学界的普遍接受。DNA分析技术历史上最大的讽刺之一是，辩护团体用来贬损早期的检方证人的批评之词很快就会被检方返还给他们的证人。具体来说，正如谢克和纽菲尔德巧妙地论证了DNA分析的法医用途和医学用途之间有根本区别一样，到1990年秋天，检察官们将开始论证在法医环境中使用DNA技术和代表辩方作证的大多数学术界科学家所做的工作之间存在着根本的理论和实践差异。

注释

1. 见 Thomas F. Gieryn, *Cultural Boundaries of Science: Credibility on the Line* (Chicago: University of Chicago Press, 1999).
2. 为此，他们增加了适合每个箱中的片段长度范围，从而降低了箱内任何特定片段的稀有度。
3. Leslie Roberts, "Science in Court: A Culture Clash," *Science* 257, no.

5071 (1992): 732. See also Stephen Labaton, "DNA Fingerprinting Showdown Expected in Ohio," *New York Times*, 22 June 1990.
4. Barry Scheck and Peter Neufeld, affidavit, *United States v. Yee, et al.* (Case No. 3:89 CR 0720, U.S. District Court, Northern District of Ohio), 8 February 1991, 1, personal collection of Richard C. Lewontin.
5. James R. Wooley, "Government's Response to Motion for New Trial," in *United States v. Yee, et al.*, 20 February 1992, personal collection of Richard C. Lewontin.
6. Scheck and Neufeld, affidavit.
7. James Carr, "Magistrate's Report," *United States v. Yee, et al.*, 26 October 1990, 134 FRD. 161, 174.
8. Peter Neufeld and Barry Scheck, "Defendants Post-Hearing Memorandum on the Inadmissibility of Forensic DNA Evidence," *United States v. Yee*, 3, personal collection of Richard C. Lewontin. 威廉·汤普森也向我表达了类似的观点。他告诉我，他认为可受理性质疑是影响 DNA 分型方法的唯一杠杆。对 DNA 实验室施加压力，迫使其改变方法的唯一途径就是到法庭上说他们的方法、技术和规程没有被科学界普遍接受。他称这种质疑为"笨拙的"和"粗糙的"，但他说，对于没有与联邦调查局合作的非法医科学家来说，没有其他方法可以产生影响。William C. Thompson, interviews with author, 6 February 2002, 1 March 2002.
9. Neufeld and Scheck, "Defendants Post-Hearing Memorandum," 5.
10. 同上，第 8 页。
11. 同上，第 9-10 页。
12. 同上，第 13 页。
13. 同上，第 95 页。
14. 有关匹配标准的更多信息，见 Linda Derksen, "Towards a Sociology of Measurement: The Meaning of Measurement Error in the Case of

DNA Profiling," *Social Studies of Science* 30, no. 6 (2000): 803–845.
15. Paul Hagerman, "Loading Variability and the Use of Ethidium Bromide: Implications for the Reliability of the FBI's Methodology for Forensic DNA Typing Criteria ("Expert's Report," in *United States v. Yee, et al.*)," 2, personal collection of Richard C. Lewontin.
16. Neufeld and Scheck, "Defendants Post-Hearing Memorandum," 63.
17. 联邦调查局没有为系统中的箱固定大小。取而代之的是，在测量片段的每一侧加上标准偏差（2.5%），从而临时确定分区。因此，如果犯罪现场 DNA 样本中的一个条带经测定为 1,000 个碱基对，那么联邦调查局用于概率统计的分区就是 9975-1025 个碱基对【原文如此，似为 975~1025，译者注】。然后，联邦调查局将利用他们的数据库计算出这一范围内的片段占所有其他大小片段数量的百分比。而私营公司则利用由预先确定之频率构建的箱来计算匹配概率。
18. Conrad Gilliam, testimony, *United States v. Yee, et al.,* vol. 18, 42, personal collection of Richard C. Lewontin.
19. Daniel Hartl, "Expert Report," *United States v. Yee et al.*, 2, personal collection of Richard C. Lewontin.
20. 同上，第 3 页。
21. 同上，第 6 页。
22. 同上。
23. Carr, "Magistrate's Report," 208.
24. Bruce Budowle and John Stafford (legal counsel), "Response to Expert Report by D. L. Hartl (Submitted in the Case of *United States v. Yee*)," *Crime Laboratory Digest* 18, no. 3 (1991): 101.
25. 同上，第 104 页。
26. Carr, "Magistrate's Report," 209.
27. Neufeld and Scheck, "Defendants Post-Hearing Memorandum,"

addendum 1, 1.

28. 关于卡尔对此事的讨论，见 "Magistrate's Report," 209–210. 值得注意的是，卡尔对联邦调查局科学家的证词印象不深。治安法官卡尔在裁决中指出，"布多尔博士没有对杜斯塔西奥博士的批评做出有说服力的回应，他拒绝承认一位有能力的科学家的批评的潜在意义或价值，也拒绝考虑进一步实验的可取性"。
29. Carr, "Magistrate's Report," 188–203.
30. 同上，第 195 页。
31. 同上。
32. 同上，第 202 页。
33. 同上。
34. 同上。
35. 同上，第 203 页。
36. 同上，第 818 页。
37. Peter Neufeld, interview with author, 27 February 2002.
38. 有关群体遗传学和统计学问题的简介，见第一章。
39. Bruce Budowle et al., "Fixed-Bin Analysis for Statistical Evaluation of Continuous Distributions of Allelic Data from VNTR Loci for Use in Forensic Comparisons," *American Journal of Human Genetics* 48 (1991): 841–855; and Ranajit Charkraborty and Stephen P. Daiger, "Polymorphisms at VNTR Loci Suggest Homogeneity of the White Population of Utah," *Human Biology* 63, no. 5 (1991): 571–587.
40. Richard C. Lewontin, testimony, *United States v. Yee, et al.*, vol. 16, 51–53, 117–130, personal collection of Richard C. Lewontin.
41. Richard C. Lewontin, "Expert's Report," *United States v. Yee et al.*, 3–6, personal collection of Richard C. Lewontin; Neufeld and Scheck, "Defendant's Post-Hearing Memorandum," 70; and R[ichard] C. Lewontin and Daniel L. Hartl, "Population Genetics in iForensic DNA

Typing," *Science* 254, no. 5039 (1991): 1745–1750. For a recent review of the literature on mate choice, see Matthijs Kalmijn, "Intermarriage and Homogamy: Causes, Patterns, Trends," *Annual Review of Sociology* 24 (1998): 395–421.

42. 关于勒文汀所引用文献，见 Lewontin and Hartl, "Population Genetics in Forensic DNA Typing," 1750, references 19–23.
43. 同上，第 1747 页。
44. 同上。
45. Daniel Hartl, *Basic Genetics* (Boston: Jones and Bartlett Publishers, 1991).
46. Daniel Hartl, interview with author, 4 April 2003.
47. Daniel Hartl, "Expert's Report," 9.
48. Budowle and Stafford (legal counsel), "Response to Expert Report by D. L. Hartl (Submitted in the Case of United States v. Yee)."
49. 见 See Conneally's testimony (vol. 4a, 163 and vol. 5, 105–109); Kidd's testimony (vol. 13 426–427; vol. 14, 120); as well as Daiger's testimony (vol. 7, 214), personal collection of Richard C. Lewontin.
50. Carr, magistrates report, 186. 卡尔报告说，为了证明白种人数据库中没有实质性的亚结构，基德和卡斯基都亲自观察各种白种人数据库，并得出结论说，这些数据库 "非常相似"。
51. 在正常使用乘积规则的情况下，当发现纯和基因型时，只需假定该等位基因有两个拷贝，并将该特定等位基因的概率乘以其本身，即可确定这两个等位基因同时出现的概率。为了保守起见，许多 DNA 分型实验室选择将频率加倍，以防同基因型只是表面现象而非真实情况。例如，使用乘积规则，如果某等位基因在相关人群中出现的概率是 10%，其纯和基因型的频率为 1/100，而保守的 2p 模式的频率为 1/20。
52. Carr, "Magistrate's Report," 182.

53. Ken Kidd, testimony, *United States v. Yee et al.*, vol. 13, 376, personal collection of Richard C. Lewontin.
54. Carr, "Magistrate's Report," 182.
55. 见 Derksen, "Towards a Sociology of Measurement," 843.
56. 有关该论点的更深入解释，见 Lewontin and Hartl, "Population Genetics in Forensic DNA Typing."
57. Carr, "Magistrate's Report," 204.
58. 同上，第 205 页。
59. 同上。我的理解可能有误，但是这是我所能想出的最接近当时情况的分析框架，以解释卡尔用于判断哪些专家最有说服力的离奇讨论。
60. 同上。
61. 同上。
62. 同上。
63. 同上，第 205-206 页。
64. 同上，第 206 页。
65. *United States v. Yee et al.*; *United States v. Bond, et al.*, 12 F3d 540 (6th Circ. App., 1994).
66. 在与李案裁决相反的少量几个案件中，哥伦比亚特区最高法院 1991 年的案件 *United States v. Porter* (618 A.2d 629 [DC App., 1992]) 在联邦调查局人口遗传学假设的有效性问题上，科学界确实存在重大争议。法院裁定该案中的 DNA 证据不可采信，因为联邦调查局计算概率统计的方法未被普遍接受。因此，波特案中法官与卡尔法官相反，认为概率统计是 DNA 证据不可分割的一部分，因此关系到证据的可采信性，而不仅仅是证据的份量。
67. Eric S. Lander, "Invited Editorial: Research on DNA Typing Catching up with Courtroom Application [Plus Responses from Numerous Individuals and Lander's Reply]," *American Journal of Human*

Genetics 48 (1991): 819–823.
68. Charles J. Epstein, "Editorial: The Forensic Applications of Molecular Genetics— the *Journal*'s Responsibilities," *American Journal of Human Genetics* 49 (1991): 697–698.
69. Eric S. Lander, "Lander Reply," *American Journal of Human Genetics* 49 (1991): 899–903.
70. James R. Wooley, "A Response to Lander: The Courtroom Perspective," *American Journal of Human Genetics* 49 (1991): 892–893.
71. C. Thomas Caskey, "Comments on DNA-Based Forensic Analysis," *American Journal of Human Genetics* 49 (1991): 893–895.
72. Bruce Budowle et al., "A Preliminary Report on Binned General Population Data on Six VNTR Loci in Caucasians, Blacks, and Hispanics from the United States," *Crime Laboratory Digest* 18, no. 1 (1991): 10–26.
73. Lander, "Lander Reply," 901.
74. 兰德尔认为，"要确定 VNTR 等位基因频率在不同族群之间是否有显著差异，收集十几个并不相关的族群样本就足够了。如果没有明显差异，可能就不用担心。如果存在明显差异，统计计算可以反映观察到的变异程度。无论如何，知道答案似乎很重要。" Lander, "Lander Reply," 902.
75. 有关这些指控的更多信息，见 Gina Kolata, "Critic of 'Genetic Fingerprinting' Tests Tells of Pressure to Withdraw Paper," *New York Times*, 20 December 1991; Leslie Roberts, "Fight Erupts over DNA Fingerprinting," *Science* 254, no. 5039 (1991): 1721–1723; Leslie Roberts, "Was Science Fair to Its Authors?" *Science* 254, no. 5039 (1991): 1722.
76. Ranajit Charkraborty and Kenneth K. Kidd, "The Utility of DNA

Typing in Forensic Work," *Science* 254, no. 5039 (1991): 1735–1739.
77. Kenneth Kidd, interview with author, 30 May 2002, and e-mail to author, 18 May 2003.
78. Kidd interview.
79. Charkraborty and Kidd, "The Utility of DNA Typing in Forensic Work," 1735.
80. 同上。
81. 同上，第 1736 页。
82. 同上，第 1737 页。
83. 同上。
84. Lewontin and Hartl, "Population Genetics in Forensic DNA Typing," 1749.
85. 同上，第 1739 页。
86. Roberts, "Fight Erupts over DNA Fingerprinting."
87. Roberts, "Was Science Fair to Its Authors?"
88. Shannon Brownlee, "Courtroom Genetics," *U.S. News and World Report*, 27 January, 1992, 60-61.
89. Editorial, "Quashing the DNA Debate," *Sacramento Bee*, 28 December 1991.
90. Kolata, "Critic of 'Genetic Fingerprinting' Tests."
91. 例如，见 Roberts, "Fight Erupts over DNA Fingerprinting"; Roberts, "Science in Court: A Culture Clash"; and William C. Thompson, "Evaluating the Admissibility of New Genetic Identification Tests: Lessons from the 'DNA War,'" *Journal of Criminal Law and Criminology* 84, no. 1 (1993): 22–104.
92. Edward Humes, "DNA War," *L.A. Times Magazine*, 29 November 1992, 29.
93. 正如我们将要看到的，许多批评联邦调查局的学术界人士开始相信，兰德尔的研究计划可能至少部分影响了他在 1994 年底与布多尔共同撰写一篇论文的决定，文章认为，由于联邦调查局勤奋而谨慎的工作，围绕法医 DNA 证据的争议已经得到解决。

94. Leslie Roberts, "Prosecutor v. Scientist: A Cat and Mouse Relationship," *Science* 257 (1992): 733.
95. 同上。
96. 同上。
97. Rockne Harmon to Editor of *Science*, 27 February 1991, personal collection of William C. Thompson.
98. William C. Thompson to James X. Dempsey, 24 January 1992, personal collection of William C. Thompson.
99. Laurence Mueller, interview with author, 19 February 2002.
100. These letters were mentioned in Roberts, "Prosecutor v. Scientist: A Cat and Mouse Relationship."
101. 例如，见 Mueller interview.
102. Leslie Roberts, "Hired Guns or True Believers?" 735.
103. 同上。
104. Ray White, interview with author, 1 April 2003.
105. Thompson, interview, 1 March 2002.
106. Richard C. Lewontin, interview with author, 5 March 2003.
107. Hartl, interview.
108. 同上。

第七章　华盛顿争论

截至 1990 年，尽管参与过围绕 DNA 证据争论的所有人都承认，FBI 的技术标准已经凌驾于生命密码公司和细胞标记公司之上，但是该局用于计算随机匹配概率的群体遗传学方法和统计学方法，以及为确保其证据的有效性和可靠性而动员的社会力量，都面临强烈质疑。控辩双方的证人们都认为，这需要一位无党派的、法律界之外的调解人介入。正是在这样的背景下，美国国会就刑事司法体系中如何规范 DNA 鉴定进行了听证会。许多参与 DNA 分析工作的人都期待国家研究理事会即将出炉的报告《法医科学中的 DNA 技术》将向国会提供一套明确的建议，该建议涉及确保 DNA 证据的有效性和可靠性的方法，并将有助于解决出现在李案中的群体遗传学争端。最终，这个期待完全落空了。

为了理解国家研究理事会（National Research Council, NRC）的第一份报告没能解决"DNA 战争"的问题，首先要认识到 NRC 委员会显然试图将科学事实、技术标准、保守理念、监管以及正义的概念结合在一起，从而解决在法庭上困扰 DNA 分析的问题。NRC 委员会最终未能完成任务的一个主要原因是，FBI 和控辩双方的许多科研人员均迅速认识到报告建议的杂糅特征，不同意委员会所构建的科学和法律间的特殊秩序。具体地说，他们认为委员会为解决群体亚结构问题而提出的"最高限额原则"过于保守而且没有健全的科学根据。从许多方面来说，这是正确的，因为上限原则的基本目的是限制 DNA 图谱中特定等位基因的频率，使其不低于人为设定的一个较保守的水平（5%）。与用实际等位基因频率（例如，1%）计算的结果相比，这个原则使两份图谱的随机匹配概率相对较高。

FBI 利用其政治权力来控制法医科学界，并寻求一份新的报告，以更符合他们对世界认知的方式重新调节自然界（科学）与社会之间的关系。具体地说，他们试图在科学和法律问题之间保持明显的界限，让它们彼此独立地解决。NRC 发布的第二份报告更合 FBI 的意愿，部分原因是该局对 NRC 施加了巨大的政治压力，排除了仍坚持第一份报告中远大理想的那些委员会成员。

关于 1991 年 DNA 法案的辩论

1991 年 6 月，在众议院公民与宪法权利小组委员会以及参议院宪法小组委员会举行的联合听证会上，国会继续就法医 DNA 证据的有效性和可靠性进行辩论。[1]这些讨论大多围绕着法医学与其他科学领域的界限以及谁有权管理法医学实验室展开。FBI 及其支持者争辩说，法医科学是一个独特的分支，由于其运作的条件，因此只能从内部监管；而其他人认为，法医科学应该像其他科学一样从外界接受审查。

听证会以密歇根州民主党众议员唐·爱德华兹（Don Edwards）和约翰·康耶尔斯（John Conyers）的简短报告开始。该报告暗示了自 1989 年 6 月第一次听证会起围绕法医 DNA 证据出现的各种问题，也强调了能使 DNA 分析达到预期目的所需的适当标准和水平测试。有趣的是，尽管有近期在李案中出现的事件，听证会只是略微谈到群体遗传学。这次听证会的中心是对最近在众议院和参议院提出的为管理 DNA 分析技术提供正式法律框架的相关法案进行讨论。

第一个是众议员第 339 号法案，即《1991 年 DNA 检测能力法》，这是最近纽约州民主党众议员弗兰克·霍顿（Frank Horton）在众议院提出的。霍顿希望他的法案能够解决当时困扰 DNA 分析的两大问题：一是美国刑侦实验室缺乏有效的能力测试项目，二是缺乏必要的资金在地方一级实验室购买 DNA 分析设备。这个后来被称为《霍顿法案》的支柱是 500 万美元的联邦拨款，其用于帮助各州刑侦实验室获得 DNA 分析设备。然而，为了得到这笔资金，这些州刑侦实验室必须达到或超过 TWGDAM 在 1989 年 7 月制定的指导方针，并且他们必须同意每年至少参加两次能力测试。此外，FBI 还被赋予了制定能力测试标准的责任，如果局长认为私营公司提供的测试项目效率高、效果好，FBI 还负责批准这些项目。[2]

第二项法案，也就是《1991 年 DNA 鉴定法案》（参议院第 1355 号法案），于 1991 年 6 月由伊利诺伊州民主党参议员保罗·西蒙（Paul Simon）提交。除了包含《霍顿法案》提出的拨款和能力测试外，《西蒙法案》更进一步允许 FBI 建立一个全国范围内的 DNA 数据库，为州和地方实验室参与使用该数据库设定要求，指导隐私保护标准的设立，并创建一个对违反这些标准的执法者的处罚条例。《西蒙法案》还要求，实验室用于计算概率统计数据的人口基因数据库应向公众开放，并要求 FBI 局长将能力测试结果提交国会，以便对其进行持续监控。它还呼吁成立一个常设的跨学科顾问委员会，帮助决策者解决围绕 DNA 分析的复杂问题。

《西蒙法案》建立在《霍顿法案》基础之上，也呼应了后者。它还为州和地方实验室的发展提供资金，其条件是这些实验室每年至少参加两次 FBI 提供的能力测试。然而，它们之间有很大的不同。首先，《霍顿法案》给予 FBI 开发和批准能力测试的标准和系统极大的自由空间，而《西蒙法案》则将该权力交予国家标准与技术研究院（NIST）。NIST 已经参与法医 DNA 分析中对多种试剂、分子量标准物和其他化学品标准的开发。根据《西蒙法案》，NIST 主任不仅要负责最终批准 FBI 局长的 DNA 能力测试项目，还要任命一个顾问委员会，向 FBI 局长提供建议。该法案进一步规定，委员会应由"分子遗传学家、群体遗传学家、法律专家和隐私专家（因为涉及遗传信息在数据库中的存储）"组成。[3]这项要求的底线是，FBI 不能像组建 TWGDAM 那样创建自己的科学家团队来认可它对保证 DNA 检测的有效性和可靠性的看法。（然而，西蒙的团队工作人员没有联系 NIST 讨论这一条款。NIST 被发现不愿意承担明确的监管角色。）

西蒙法案立刻受到法医科学界的批评。FBI的杰伊·米勒（Jay Miller）在他的最初分析中指出,该法案的主要目标之一是"分散了开发DNA测试标准的权力"。他还指出,根据FBI的经验,由外部控制能力测试并不比内部运行的程序更有效。[4]FBI还收到了来自19名法医刑侦实验室主任的来信,回应了FBI对立法提案发表意见的请求。尽管他们对如何确保DNA证据的有效性和可靠性的看法有很大差异,但他们一致性的反应是,这样做的任何努力都必须直接来自法医学界。保罗·费雷拉（Paul Ferrera）代表学界的一种反应,他是弗吉尼亚法医科学部门的负责人,在该州带头建立DNA分析实验室和数据库。在写给约翰·希克斯的信中,费雷拉写道：

> 正如你所知,法医科学实验室有着独特的责任和作用,它不同于任何其他类型的分析实验室。当然,没有任何其他领域的检验员和检查结果像在法医环境中那样受到独立专家的监控和审查。由于这个基本原因,以及很多对我们这些法医学领域的人来说,在直觉上显而易见的原因是,我认为法医学领域的从业者有责任规范他们自己的职业,这是至关重要的……法医科学以外的人并没有认识到,历史上,法医科学家曾成功地从各种物理学中汲取和应用许多复杂的技术,并将它们应用于刑事司法系统。
>
> 因此,我坚定地认为,法医科学界应该保留住在DNA技术方面的领导角色。在这个群体中,FBI通过其FSRTC、位于匡提科的实验室和TWGDAM的支持,在使用DNA技术方面发挥了有效的领导作用。
>
> 因此,关于立法提案（S.1335）,目前,在任命一个负责法医DNA分析方法的顾问委员会和批准一种DNA水平测试项目方面,把最重要的责任交付给任何一个不直接提供法医实验室服务的机构负责人是不合适的。恕我直言,人们必

须质疑NIST和NRC对实际参与这项技术的法医学应用的专家们到底了解多少，是否有和他们合作的经验。[5]

佛罗里达州法医实验室系统的主任罗德·卡斯韦尔（Rod Caswell）代表了法医科学界中另一种主要的观点。和费雷拉一样，他认为任何监督委员会都必须由执法部门和刑侦实验室的代表来任命。如果不这样，法医科学家的手就会被"不可行的规则"束缚。[6]然而，与费雷拉不同，他认为FBI不应该成为能力测试计划发展和实施的主要推动者，或让它创建认证程序，除非它被一个联邦机构命令这样做。卡斯韦尔写道："监督的任务是如此关键……我认为这个问题不应该只留给一个实验室，不管这个实验室的资质如何。"[7]在他看来，最有能力处理这一任务的机构是美国刑侦实验室主任协会的实验室认证委员会（American Society of Crime Laboratory Director's Laboratory Accreditation Board，该委员会被缩写为ASCLD/LAB，而它的上级机构的缩写为ASCLD）。

ASCLD/LAB成立于十年前，其宗旨是作为一个设计和管理刑侦实验室认证项目的机构。该项目主要包括现场检查、能力测试以及对实验室人员的各种要求。在联合小组委员会听证会上，ASCLD主席理查德·L.坦顿（Richard L.Tanton）在证词中提出ASCLD/LAB应参与任何全国性的质量保证项目。他还告诫法医学之外的科学家不要过分热心地干预法医DNA分析技术的管理。在他看来，任何立法的主要目的都应该是为州和地方实验室引入技术以及参与质量控制项目提供资金。他还作证说，他的组织旨在支持制定有关质量保证标准的立法，"只要这些标准和法规是在法医学领域内制定的，并由管理和规范这些标准的专业监管机构负责"。[8]

ASCLD的领导层绝对憎恶任何试图削弱法医学界管理自身权力的立法。在坦顿的书面发言中，他将上述积极意义的立法与纽约州议会正在审议的那种法案作了对比。[9]他指出，纽约州的立法存在很大问题，因为它将法医科学界的监督责任剥夺了，并将其指派给州政府。在 ASCLD 看来，"最可行和有效的 DNA 质量保证程序将来自于法医科学内部，并在适当的时候使用外部专家。将此类项目的责任交给一个善意的、技术上胜任的但不熟悉法医科学领域的组织，这不仅是不明智的，而且很可能是不成功的"。[10]

最终，坦顿认为 ASCLD/LAB 应该像 FBI 一样，在监管法医 DNA 分析方面发挥核心作用。事实上，他相信这样做比起让 FBI 单打独斗会让这项技术变得更可信。在给唐·爱德华兹的一封信中，他认为处理对《西蒙法案》各种批评的一种方法是保留 FBI 的地位，但把分配给 NIST 的职责交给 ASCLD/LAB。这一变化将对法医学界广大成员开放标准制定过程；给予 ASCLD/LAB "法医学领域之外的重要认可"；帮助 ASCLD/LAB 获得实施其 DNA 认证项目所需的资源；并且"避免给人留下这样的印象：国会认为法医科学界没有能力监管自己"。[11] 有趣的是，让 ASCLD/LAB 负责与 FBI 合作管理 DNA 分析的四个结果中，有两个直接涉及到该组织的声誉和资金。因此，坦顿让 ASCLD/LAB 成为一个杰出参与者的理由似乎更在于提高他组织的声望，而不是确保 DNA 证据尽可能有效和可靠。

在坦顿演讲后的问答环节中，参议员西蒙明确表示，他对法医学界自我监管的能力持怀疑态度。他问坦顿，为什么全国只有不到三分之一的刑侦实验室在 ASCLD/LAB 成立十年的时间里得到了它的认证。当希克斯和坦顿都没有对这种情况进行解释时，西蒙表达了他的担忧：在自愿遵守的制度下，迅速成立的实验室在没有监管时就开始提供 DNA 检测。为了安抚他，坦顿对这种焦虑的回应是，尽管 ASCLD/LAB 认证项目是自愿的，但他相信对 DNA 分析的极大关注将导致它成为法庭上法医 DNA 证据可采信性的"事实上的标准"。[12] 然而，对西蒙来说，这并不是一个足够好的回答。在随后讨论的回应中，他表示，法医实验室不接受外部审查，这是不可接受的。"我并不是不尊重你有一个实验室以及在那里工作的事实"，西蒙对伊利诺伊州法医实验室的一位代表说:"但在我看来重要的是总得有人从外面进来,提醒说:'我们得到了高质量的工作吗?'"[13]

这种感觉是巴里·谢克在联合委员会听证会上作证的主要动力。在这次听证会上,谢克重申了他以前的证词,特别强调了建立一个外部的熟练度盲测系统的必要性,且该系统要尽可能模仿实际的法医案例工作(违背了 FBI 的意愿),以及 FBI 不应该相信自我调节机制。他认为,对进行测验机构的唯一要求是,它是独立的,并且该机构对测验结果没有既得利益。他的建议是 ASCLD 和美国病理学学院。谢克进一步认为,应该为法医 DNA 分析制定一个按照类似于最近通过的 1988 年《临床实验室改进法案》(Clinical Laboratory Improvement Act,CLIA)设立的监管方案。正如他指出的那样,每季度外部能力盲测是 CLIA 的关键,CLIA 也负责对医学诊断实验室进行认证和办理执照。有趣的是,谢克预感到了将来的发展方向,在总结他的证词时描述 DNA 证据可能用于把无辜人士放出监狱。因为他认为控方和辩论方都有既得利益,所以要使 DNA 证据尽可能准确和可靠。[14]

在听证会结束后不久,约翰·希克斯在写给唐·爱德华兹的一封信中,尖锐地反驳了谢克的证词。他在开篇指出了开展真正的能力盲测的巨大困难,即必须获得一个实际犯罪现场的证据,并且找到一个愿意提交该案件信息,然后能回答法医实验室可能在后来提出任何问题的执法机构。他还指出,CLIA 的指导方针最近已经被修改,其中删除了能力盲测的要求,并且 FBI 已经参与了一个重要的能力测试计划,该计划至少与谢克提出的一样好。然而非常讽刺的是,希克斯的结论引用了谢克 1989 年第一次在国会作证中用来批评生命密码公司和细胞标记公司时强调的公共科学和私人科学之间的区别。希克斯写道,CLIA 模式是针对商业临床实验室的并不适合于 FBI。

刑侦实验室是由政府来掌控的,并不是商业活动。它们通常是执法机构的附属机构,因此受到公众的关注和监督。

事实上，刑侦实验室的每一个测试结果都要经过法庭的详尽审查……相比之下，商业界和临床实验室很少受到外界的监督，通常只有提出要求的医生才能看到测试结果。商业界和临床实验室与执法刑侦实验室之间还有许多其他的区别，包括收到待检测样本的性质、使用检测实验的性质以及这些实验室所服务的客户群体的性质。虽然正式的法规对商业和临床实验室是必须的，但不清楚同样的法规是否适用于公共刑侦实验室。[15]

因此，希克斯试图利用辩方的说法，即公共科技服务和私人科技服务以及法医和诊断测试之间存在根本区别。辩护律师用这些二分法主张对刑侦实验室加强监管，而希克斯用它们主张减少监管。

基于这种在言辞上的争论，1991年的联合听证会几乎没有达成一致意见，也就不足为奇了。如果说这个过程取得了什么结果的话，就是暴露了在检方/执法团体和辩护/公民自由团体之间在谁拥有权威和专业知识来确保法医DNA分析的有效性和可靠性这一话题上分歧有多大。后者在很大程度上是基于他们在李案和其他案件中发现FBI工作的缺陷而一直呼吁外界对该技术的监督，而前者以同样的激情和信念抵制这些想法。

1991年底，由于众议院和参议院法案均未能获得法医科学界和FBI的无条件支持，针对这种情况，爱德华兹众议员在后期提出了一项替代性法案，即众议院第3371号法案，也被称为《1991年DNA鉴定法案》。该法案与《霍顿法案》和《西蒙法案》的主要区别在于，它没有赋予FBI明确的监管角色，而是使其成为颁布法医学界应遵循的有关标准的机构。这项决定的结果赋予该局建立专家小组为该领域制定规则的权利。为了确保这些规则和标准在全国范围内得到遵守，国会将对各州实验室的资助与符合FBI发布的标准挂钩。[16]《爱德华兹法案》最终成为《1994年DNA鉴定法案》的基础，该法案在参众两院获得通过，并成为管理美国法医 DNA 分析的主要联邦法律。它还作为国家 DNA 数据库的授权立法。

在它的诸项规定中，《1994 年 DNA 鉴定法案》要求 FBI 成立一个 DNA 咨询委员会（DNA Advisory Board, DAB），就其质量保证和程序标准的制定提供建议。FBI 局长有权根据国家科学院和刑侦实验室主任专业协会（即 ASCLD）的提名来选择委员会成员。国会采取了一项强有力的划界举措，要求该委员会由来自公共和私营实验室的科学家、学术界分子遗传学家和群体遗传学家以及一名 NIST 代表组成。和 TWGDAM 类似，律师、政策专家和科学家以外的人基本上不受欢迎。另一个对 FBI 的认可是，国会表示 FBI 局长在发布质量保证和能力测试标准时只需要考虑 DNA 顾问委员会（DNA Advisory Board, DAB）的建议就可以了，这些建议在任何方面都没有约束力。对于那些认为 FBI 是最适合监管 DNA 证据机构的人来说，这是一个理想的安排，但一些辩护团体对国会的决定深感不安。得知这一决定后，威廉·C. 汤普森哀叹道："让 FBI 局长任命 DNA 顾问委员会，有点像让奥斯卡·梅耶公司（Oscar Mayer Company，美国一个著名肉食品生产加工公司，译者注）的总裁任命一个负责监管博洛尼亚香肠中成分的委员会。"[17]

国家研究理事会（NRCI）

当国会在辩论 DNA 分析技术的时候，研究出如何管理这项技术的重要性被李案和 NRC 的第一份报告引发的关于群体遗传学的争论所压过。1992 年 4 月 14 日，国家研究理事会公布了人们期待已久的《法医 DNA 技术报告》。这份报告（以下简称 NRCI）在最初构思的三年半后才问世。作者用了两年多时间才写完它，那时已经逾期七个月。[18]报告涉及的范围很广，涵盖了从技术与统计问题在法律上的可接受性到发展 DNA 数据库相关的社会和伦理问题。NRCI 的主要目的是帮助解决卡斯特罗案后产生的诸多分歧和争论，以及为法医科学家、决策者和法官提供指导方案，方案涉及 DNA 证据的质量、有效性、可靠性保障以及相关概率统计。然而，它起到了相反的效果。

尽管委员会的大多数建议在法医、科研和法律界几乎没有遇到阻力，但是报告最具争议性的建议受到了来自四面八方的严厉批评。大部分的批评都是针对 NRC 委员会提出的"上限原则"，该原则是用一种非常保守的方法来确定两个 DNA 图谱之间随机匹配的概率。批评者指责上限原则既"不科学"又"不合理"，而且不必要地限制了 DNA 证据在法庭上的分量。然而，在这些主张的后面，又存在一种分歧，即在解决群体遗传学方面的争论中应纳入哪些科学和法律价值。当人们意识到上限原则既非科学问题也非法律问题，而是两个方面的问题时，这种批评就不足为奇了。

DNA 分析技术被引入美国法律体系后，一些科学家（最著名的是埃里克·兰德尔）和辩护律师开始呼吁 NRC 研究这项技术在刑事司法体系中的应用。他们认为，这项技术非常新颖，所以还需要严肃认真地研究，才能使它可以有效且可靠地给暴力犯罪嫌疑人定罪。

在许多方面，国家科学院（National Academy of Science, NAS）是着手解决在法庭上剖析法医 DNA 分析时出现问题的理想场所。长期以来，美国科学院一直被认为是向美国政府提供科学建议的主要来源之一，因它拥有丰富的经验，且将研究与政策相关科学问题的各类知识分子聚集在一起。美国科学院是一个由杰出的科学家、工程师和医学专业人士组成的"私人、非营利、持续发展的社会团体"，它是根据 1863 年国会的一项法案创建的，该法案规定科学院就"科学和技术问题向联邦政府提供建议"。它是一个极具影响力、受外界信任的强大机构，就一系列广泛的问题向决策者提供建议，其中包括营养、国防战略、交通、公共卫生、环境和科学教育以及对公众具有重大意义的各种科学、技术和医学问题。该学会的高可信度部分源于这样一个事实：成员仅限于该国最有成就的科学家、工程师和医学专业人士以及少数来自世界其他地方的人。事实上，当选院士通常被认为是一位科学家所能获得的最高荣誉之一。然而，值得注意的是，该学会的成员自己并不参与政策研究。这项工作由该院的运营机构国家研究理事会执行，该机构成立于1916年，旨在履行这项职能。还应该注意的是，NAS和NRC都不是联邦机构，因此都不接受联邦预算的资金。它们的收入几乎完全是通过与各种政府组织签订进行具体研究的合同获得的。

由于NRC初期的研究，在1988年8月，早在辩方对DNA证据提出质疑之前，NRC就要求FBI提供31万美元，以进行一项为期18个月的研究，该研究的题目为《DNA技术在法医学中的应用评估》。起初，FBI拒绝为整个项目提供资金。至少在早期阶段，将DNA分析引入法律系统对执法部门来说进展很顺利。事实上，正如埃里克·兰德尔在他1989年的《自然》杂志文章中略带幽默地写道，一位政府官员最近告诉他："这项研究是不受欢迎的，科学家们已经通过发现DNA完成了他们的职责；他们的工作不是告诉法医实验室如何使用它。"[19]

但是，到1989年中期，该局的看法发生了重大变化。他们现在需要一份权威的报告，以此结束卡斯特罗案后出现的争论，并防止他们的DNA分析系统卷入类似的争议中。1989年5月31日，埃里克·兰德尔、国家司法研究所主任詹姆斯·K.斯图尔特（James K. Stewart）以及FBI的实验室部门主任罗杰·卡斯顿圭，要求NRC的生命科学委员会执行主任约翰·布里斯（John Burris）提交一份基金申请，以组建一个专家委员会研究DNA分析技术中出现的争议。在他们的信中，他们估计这项研究的费用大约为10万美元。[20]尽管这个数字对NRC来说低得不现实，但他们还是决定提出了比他们最初预计的38.1万美元少得多的要求。1989年的夏天，布里斯致信各机构（包括州司法研究所、国家科学基金会、国家卫生研究所、斯隆基金会和国家司法研究所），请求支持一项缩减后的为期14个月的研究，这项研究估计只需要251865美元。所有征求的组织都同意为这项研究提供一些援助，该研究于1990年1月开始。[21]

据一位参会者乔治·森萨博说，许多参与NRC委员会的人认为，

这将大大减少卡斯特罗案引发的争议。正如他在最近一次采访中告诉我的那样，

> 事实上，FBI，还有其他一些人，包括我自己，都认为NRC的第一份报告将会是一种解决，这种解决不是通常意义上的，因为这里本来也没有很多问题，我认为这种解决更像一种批准。约翰·希克斯在一个公开听证会中说，他的确认为NRC第一委员会给出了一种类似于牙膏管上宣传文字的声明，即正确使用它，勤使用它，就将有利于身体健康……虽然我觉得埃里克·兰德尔提出了一些问题，但当时我不认为这些问题会对技术带来以后那样的挑战（即在法庭上的挑战，译者注）。[22]

在1990年的四次会议中，审议工作逐渐展开，几乎都是连续不断的辩论、分歧和谈判。它们在1991年中继续，并持续到1992年，那时所有有关人士都清楚地看到，最后报告将只是一个临时的解决办法。如果真正地解决问题，这还需要对越来越有争议的群体遗传学和统计问题进行更多的工作。《科学》杂志上的一篇新闻文章称，NRCI的出现是"在经历了多次冲突、少数派意见受到威胁和无数次机密草案泄露之后"，而且"被NAS的工作人员和委员会成员描述为近年来最具争议的报告之一"。[23]

不幸的是，关于NRC委员会的成员得出结论的过程在一段时间内仍不为人所知，因为该文件在出台后25年，也就是2015年才被公开。但是，基于小组的组成可以推断该小组尽一切努力把大约同等数量且观点相左的学术界科学家、法医学家、法学家和法官召集在一起，使这些人仍可合作并起草一份共识，以解决卡斯特罗案出现的问题。[24]然而，正如几位评论人士指出的那样，该委员会的工作因缺乏统计学家或群体遗传学家而受到阻碍。[25]虽然现在看来，不把群体遗传学家或生物统计学家包括进来的决定似乎是不明智的，但这在当时

并不令人惊讶，因为在1990年夏天发生的李案之前，群体遗传学和统计学只是一个次要问题。

事实上，至少在 NRC 最初的提案中，统计学和群体遗传学只被顺便提及过一次。该建议指出，这项研究总体上将涉及下列领域：
- DNA 技术在取证中的普遍适用性和适宜性
- 制定可接受的数据收集和分析标准的必要性
- 对仪器技术需求和支持 DNA 技术的法医应用所需基础科学知识的评估
- 管理 DNA 分析数据
- 围绕 DNA 分析技术的社会和伦理问题
- 法律问题和 DNA 分析技术对司法系统的影响[26]

然而，到该报告发布时，统计学和群体遗传学将成为围绕委员会调查结果的争辩中的关键问题。

根据我对委员会成员的采访，关于标准、方法和质量控制问题的谈判没有群体遗传学和统计学问题那么有对抗性。总的来说，这份报告更符合辩护团队一直倡导的内容。在大多数问题上，它都过于谨慎，承认存在不确定性，并强调了围绕 DNA 分析仍然存在许多问题。至少根据一位参与者，即乔治·森萨博的说法，许多法医科学家和倡导使用 DNA 证据的人都赞同某些建议，因为他们知道这些建议在现实世界中可能不会被采纳。他告诉我，NRC 委员会的许多建议都是强调一种信号，即在法医 DNA 分析日益被 FBI 主导的情况下，急需改进法医 DNA 鉴定市场的标准、质量控制体系和监督机制。[27]尽管该报告措辞是谨慎和合适的，但其最终信息是，DNA 分析是一种非常强大的法医技术，当 DNA 样本被适当收集和分析并在充分的质量控制和保证机制下进行检验时，它是非常可靠的。[28]

关于管理的问题，该报告以一种避免争议的方式开始，指出："对 DNA 分析技术在法医调查中使用的批评者和支持者均认同该方法缺乏标准化操作和能被全体接受的质量保证方法。这种缺乏在很大程度上是由于DNA分析技术的快速出现和在美国私营领域的引入。"[29]此外，缺乏标准化部分是由于法医工作的独特性，在这种情况下，"对实验室必须处理样本的性质、条件、形式或数量几乎没有或根本没有控制"。[30]此外，他们认为，重要的是要记住，法医DNA分析技术是一项相对年轻的并在实践中不断发展的技术。因此，委员会迫切需要的是，他们提出的任何建议都不应产生把法医科学家过早地锁定在某一特定技术上的效果。尽管如此，委员会认为，目前已经到了实施足够的标准化工作和监管的时候，以"向法庭和公众保证特定实验室的DNA分析结果是可靠的、可重复的和准确的"。[31]

最终，该委员会的建议是基于纽约州法医DNA分析小组的报告和最近在众议院提出的关于DNA鉴定的《霍顿法案》中的内容。[32]委员会建议中最值得注意的是联邦机构将发挥重要作用。尽管法医界基本上回避了政府的干预，但委员会认为这是向监管者提供权力以确保DNA鉴定实验室符合标准的最佳方式。

委员会认为，虽然TWGDAM的指导方针是为DNA鉴定实验室建立全面质量保证制度的一个非常不错的出发点，但由于没有机制确保法医实验室遵守这些准则，所以这些指导方针并不完全充分。为缓解这一担忧，以及解决TWGDAM过于封闭的问题，委员会提议由另一个机构，即国家法医DNA分析委员会（National Committee on Forensic DNA Typing，NCFDT）分担制定质量标准的责任。委员会认为，NCFDT将由一个适当的联邦机构（NIST或NIH）管理，并在出现科学和技术问题时为法医界提供专家建议。在为其将NCFDT置于联邦政府而不是执法机构的决定辩护时，委员会写道："因为它的基本任务是科学方面的，我们认为这个机构的主要任务应该是与科学而不是与执法有关。为了避免任何利益冲突的出现，本身使用法医DNA证据机构是不合适的。"[33]

该委员会还得出结论说："私人专业组织（如ASCLD/LAB）缺乏强制性认证的监管权力。"这就意味着，需要制定一个由卫生公众服务部（Department of Health and Human Services，DHHS）与司法部协商制定的强制性认证和许可计划。委员会认为，DHHS 是承担这项任务的适当机构，因为它在《临床实验室改进法》方面有充足的经验，而且通过国家卫生研究院得到了分子遗传学方面重要的专业知识。此外，这种系统是最有效的，因为实验室只需要获得许可和认证一次，而不需要在各州均被认可。有趣的是，尽管委员会暗示外部的水平测试是保障 DNA 证据的有效性和质量保证的关键部分，但它没有提出关于该测试是否应公开或是进行盲测，应该由谁，或者应该如何分析测试的建议。[34]最后，报告指出，国家司法研究所在法医 DNA 分析领域没有得到足够的资金进行充分的教育、培训和研究。[35]

除了为改进法医 DNA 分析技术的管理提出一些结构和组织方面的建议外，委员会还就实验室程序和匹配标准提出了许多技术建议。委员会的建议很少是新的，也没有引起任何显著的争议或辩论。例如，委员会建议只在电泳后将溴化乙锭添加到凝胶中；在只有单个条带被观测到的情况下，对数据的解释必须包括第二个条带丢失的可能——要么因为它太小而跑出了凝胶，要么因为分子量相似所以不能与可观测到的那个条带分开来，或者是由于降解；至少有一个空白泳道应该将凝胶上的证据 DNA 和嫌疑人的 DNA 样本分开，以便可以检测到从一个泳道到另一个泳道中的泄漏；所有异常结果应以书面形式在最终报告中陈述，关于 DNA 片段的测量，报告建议使用单一形态的探针，以检测条带漂移；使用减少偏见和主观性的计算机辅助系统；在每个测试中都放有一个未知的对照样本，以确保分析人员和他们的设备测量出准确的分子量。[36]委员会没有判断哪个 DNA 鉴定实验室的匹配标准是最佳的。它只是说这个标准应该基于使用带有法医特性的样本进行广泛的重复实验。最后，委员会指出，新的 DNA 分析方法和技术应该在引入法庭之前，而不是在引入法庭之后经过同行评议后公开发布。

上限原则

从 1988 年底到 1990 年中期，监管和技术问题一直是 DNA 分析辩论的主要焦点，而有关李案的审判将群体遗传学和统计学问题推向了前沿。李案中争议和列万廷-哈特尔/查克拉博蒂-基德的《科学》杂志事件的讨论指出，一些科学家已经表达了对种族群体中存在显著亚结构可能性的担忧，而另一些人则认为亚结构的程度与法医统计数据无关。该报告将这个问题归结为两个基本声明。简而言之，它指出，第一个阵营的群体遗传学家认为，必须证明没有亚结构，而不能假定，而后一个阵营认为，已经收集了足够的证据，可以假定任何亚结构都不会对统计学计算产生重大影响。

根据《科学》杂志关于该报告的新闻，这种分裂在委员会内部也开始出现，兰德尔持谨慎的观点，而卡斯基则强烈主张后一种观点。最后，报告采取了谨慎的措施来处理基础结构问题。在范围和措辞上，它在很大程度上与列万廷和哈特尔在其《科学》文章以及列万廷向委员会提出建议中的论点相似。[37]该报告指出，在美国种族群体中存在显著的人口亚结构的可能性很大，而检验人群中的基因分布与哈迪-温伯格平衡之间的差异在科学上并不是揭示这一亚结构的可靠方法。它接着指出："必须通过对民族群体中等位基因频率的直接研究来评估人群间的差异。"[38]

该报告还指出："为了讨论的目的，委员会选择假定人口亚结构可能存在，并提供一种估计群体基因频率的方法，以充分说明这一点。"这一决定从实用主义的角度是合理的，并试图将保守和正义纳入概率统计。委员会写道：

- "选择对法医 DNA 分析技术来说比较保守的数字是合适的"；
- "重要的是要有一种通用的方法，该方法适用于任何法医分析所用的基因座，而不仅仅是当前使用的基因座；

- "我们希望提供一种计算人口频率的方法,该方法与正在被研究的种族群体无关"。[39]

在这个体系中,我们可以清楚地看到,当概率统计被用于刑事司法系统和统计技术本身时,同时产生了被认为是合理的规则。当人们意识到埃里克·兰德尔在委员会论证中很大程度上控制了关于群体遗传学的最后讨论时,这种谨慎的语气就不足为奇了。由于谢克和纽菲尔德在他们对李案的上诉中强调了卡斯基潜在的利益冲突,[40]后者被迫在 1991 年 12 月从委员会辞职。卡斯基当时正在申请当今使用的 DNA 分析方法(短串联重复分析)的专利并将其商业化,因此他在经济上和职业上的利益与 DNA 证据的可采信性相关。许多辩护律师和其他评论人士认为,这种情况将使他难以客观地对进行 DNA 测试的标准和政策提出建议。

经过相当多的争论和分歧,委员会最终决定批准兰德尔在最近发表的一篇文章中提出,可能有亚结构的方法,列万廷和哈特尔在他们的《科学》杂志的文章中重申了这个方法。[41]该方法称为"上限原则",该方法将允许法医实验室使用乘积法则(也就是每个位点的基因型频率相乘得到随机匹配某个 DNA 图谱的总体概率),这样就与由民族成分或人口亚群体影响的条件概率无关。为达成可以使用乘积法则这个目标,应确定所谓的上限频率,该频率将作为法医调查中使用的每个等位基因的最低频率(可能是最高频率,存疑,译者注)。因此,在等待对众多个种族基因组成的详细研究(这需要花费数月的艰苦工作来调查)时,我们可以使用种族参考数据库中的上限频率来代替一般等位基因频率。

委员会内部讨论的许多问题之一是计算这个上限的最佳方法。委员会在其报告中指出,必须在严谨和实用之间取得平衡。因为不可能在每一个可以想到的亚群体中和计算法医案件中都使用所有等位基因的频率,所以委员会决定最好的方法是从 15 到 20 个组成相对单一的亚群体中随机从 100 人身上获得样本。然后,在每个与法医调查相关的位点上确定等位基因频率。最后,在这些人群中出现的最高频率和5%相比较大的一个就成为上限频率。[42]选择5%这个数字多少有些武断,因为该委员会得出的结论是:"等位基因频率过低估计值不会为其他未抽样的亚群体提供足够可靠的预测指标。我们的推理是基于群体遗传理论和计算结果,我们的目标是考虑抽样误差和遗传漂变的影响。"[43]

在做出适当抽样的研究之前,委员会继续提倡所谓的临时上限原则。该理论是"对各独立的美国'种族'群体,应计算出每个等位基因频率95%的置信区间的上限,其中最大值或10%两者中较大的那个应用乘积法则。至少那三个主要'种族'的数据……要被分析"。[44]简单地说,临时上限原则要求将最小等位基因频率设定在10%。

尽管上限原则只是NRC委员会发布的众多建议之一,但它很快成为最具争议的一个。争论双方的科学家和群体遗传学家都发表了自己的观点,谈及为什么这种方法是"不科学的""不合逻辑的"或"完全错误的"。大部分批评集中在两个问题上:第一,这些建议是临时的,没有可靠的科学依据;第二,这些建议是不必要的。

除了批评NRC对列万廷和哈特尔在《科学》上论文的依赖外,还宣称美国民族群体中显示出相当多的通婚现象(再次没有社会学、人口统计学或人类学的数据支持),伯尼·戴弗林、尼尔·里施和凯瑟琳·罗德还攻击了NRC的上限原则。他们一开始就认为5%和10%的上限是武断的,并表示整个方法缺乏科学依据。[45]他们还认为,通过在15到20个种族群体中抽样100个人来检查亚结构程度的提议充满了严重的缺陷。具体来说,因为每个位点有超过20个等位基因构成的箱(其定义见第五章,译者注),抽取个体的数量需要远远大于100个才能获得它们的真实分布。这种抽样不足将导致等位基因最大频率被严重夸大,并可能破坏法医DNA分析的统计能力和在公众中的可接受性。[46]在1992年12月的《美国国家科学院院刊》上,布鲁斯·威尔发表了类似的评论,例如,他指出:"上限原则的价值被NRC的报告所稀释,因为NRC报告随便把频率设定为5%或10%。"英国遗传学家牛顿·莫顿(Newton Morton)更进一步,把上限原则称为"没有逻辑"且"保守到荒唐的地步"。他讽刺地指出,该报告简单地鼓励法医实验室"把小数点挪几位"。[47]

FBI对上限原则的官方批评(尽管是微妙的)基于这样一种观念,即其方法和程序已经足够保守,而其方法与NRC委员会的方法唯一主要区别在于保守程度。[48]至少在FBI看来,"保守程度是一个法律问题,而不是技术问题,这与DNA证据的重要性有关,而不是它的可采信性"。[49]FBI在做出这样的声明时认为,使用上限原则的决定是一种选择,而不是有效结果的基本要求。如果个别检察官认为使用上限原则符合他们的最大利益,或者法院要求使用最高限额原则,FBI就会明确表示,他们会遵守这一要求。[50]

此外,该局指出,可能没有足够的科学证据来证明委员会建议的那种亚群体研究和之后得出的上限频率。FBI对NRC报告(FBI早在1989年就参与它的起草)的官方回应只是说,研究15到20个组成单一人群的等位基因频率的计划必须受到审查,以确定:

1. 如下问题是否存在,美国法医的研究目标人群中,如果这些人群中存在亚结构,亚结构是否会影响对某DNA图谱的统计学分析
2. 委员会建议的方法是否可以达到预期的结果
3. 建议的研究是实用和经济的[51]

FBI的回应还指出,它正在分析来自几个亚种群的VNTR数据,这些数据是由不同的外国法医科学实验室和美国TWGDAM成员实验室收集的。它指出,这项大型研究的结果将于1992年夏季出炉,任何有重要意义的人群亚结构都将显而易见。在此之前,FBI决定"对委员会建议的人口研究的适当性不采取任何立场"。[52]

FBI及其盟友并不是唯一对上限原则的批评者。例如,数学家和人口生物学家乔尔·科恩(Joel Cohen)在一封写给《美国人类遗传学

杂志》编辑的信中指出，当某个人群中没有任何亚群体在基因座之间出现连锁不平衡，或在一个或多个被调查的基因座上偏离了 HWE 时，上限原则才真正是保守的。[53]按照他的分析中，引出上限原则的问题并没有被该原则解决。因此，他下结论道，直到评估能使该原则变得不太保守了，该原则就不再使用。他建议，法医科学家目前应该用计算给定基因型频率的计数方法。在这种方法中，先建立一个大型的 DNA 图谱数据库，通过将某一特定基因型在数据库中出现的次数除以该数据库中个体的数量来计算其频率。同样，理查德·列万廷认为上限原则并没有充分解决他和哈特尔在他们的文章中提出的关于亚结构的问题。那篇《科学》新闻文章引用他的话说，武断地选择一个"凭空"的数字是"不理性的"。[54]

尽管如此，列万廷和哈特尔并不认为戴弗林、里施和罗德对 NRC 报告的批评是完全合理的。在戴弗林及其同事的文章发表几个月后，哈特尔和列万廷给《科学》杂志的编辑写了一封信，指责他们的评论是"从科学上讲……是重复了旧观点和不充足的数据"，这些都在他们（列万廷和哈特尔）1991 年 12 月的文章中已经讨论和驳斥过。[55]尽管哈特尔和列万廷批判上限原则"并不是过度保守"，他们的不满主要还是集中在戴弗林小组的论断上，即 NRC（还有列万廷和哈特尔）倡导的为获得与群体亚结构相关数据的额外研究并不会解决群体遗传学中的争议。在他们看来，"不需要新数据，因为新数据只会导致更多的对抗和争议"。[56]

事实上，哈特尔和列万廷引用了哈特尔和俄亥俄州怀特州立大学（Wright State University）的生物学家丹·克拉内（Dan Krane）与其他人最近合作发表的一项研究，[57]该文章似乎支持了列万廷和哈特尔在 1991 年的文章以及 NRC 的报告。[58]在这项研究中，克拉内和他的同事从两个白人的亚种群（芬兰裔和意大利裔）中获得了数据，然后做了一系列分析，以确定即使在参考人群中存在显著亚结构的情况下，利用乘积原则是否能得到与随机匹配概率足够相近的结果（即 FBI 和他们支持者宣称的那样)。克拉内和他的合作者得出结论,当使用整个白人数据库(即将从两个民族群体中获取的数据合成一个数据库)或使用对方民族数据库(即在研究一个民族样本中的随机匹配概率时,使用另一个民族的数据库进行分析,译者注)去计算随机匹配概率时,很大一部分估测的匹配概率都被人为地缩小了。[59]对这些研究者,以及哈特尔和列万廷来说,一个显然的结论是,在使用乘积原则时,亚结构的确对随机匹配概率的统计数字带来了深远的影响。[60]

上限原则的支持者,尤其是 NRC 委员会成员埃里克·兰德尔和理查德·兰珀特(Richard Lempert),反驳说,该原则从来就不是一个解决法医环境下群体遗传学问题的严格科学方案。因此,他们认为对上限原则的一致攻击是"武断的""不合逻辑的""不理性的"和"不科学的",尽管并不令人意外,但却是被误导的。[61]正如兰珀特在 1993 年的一篇《法律统计学》的文章中写的那样,他既对 NRC 的报告表示支持,也表达了他的疑虑。他认为:"上限原则将科学和价值方面的考虑混合在了一起;事实上,两者的结合在很大程度上使得上限原则容易受到科学批评。这也许使它成为比目前乘积原则更有吸引力的法医学方法。"[62]

在他看来,该方法的核心价值是,当计算概率时,犯错误也总是要朝着假定被告人是无辜的方向。尽管"这一价值没有科学依据",但它是 FBI 固定分箱方法和遇到纯合子时使用 2p 而不是 p^2 的根本原因。为强调他的论点,他写道:"NRC 委员会的中心任务可以说是确定科学上合理的程序从而更好地实现它的法律价值。它不同于决定如何确保最准确地估测某人随机(在犯罪现场)留下 DNA 证据的可能性。NRC 委员会不能因为建议了一种不能提供'最准确'估计的方法受到批评。科学自身并不是衡量委员会建议的尺度。"[63]

委员会其他成员也表达了类似的观点。例如,兰德尔在写给《科学》杂志的信中指出,上限原则有两个主要目的,均与找到在严格科学基础上解决亚结构问题的最好办法无关。从法律制度的角度来看,它被提出来的目的是促进未来 DNA 证据在法庭上的可采信性。这就要设计一套实际操作的标准,该标准"如此保守以至于不会有任何严肃的科学争论,来质疑证据可能会朝对被告不利的方向被夸大"。[64]

兰德尔提出上限原则的第二个目的更多地与法医 DNA 技术的统治力相关,而不是它的有效性和可采信性。正如他在最近的一次采访中告诉我的那样,"上限原则的整个要点简单得可笑,没有人需要花大功夫去理解它。它的要点是:不要过于重视任何一个基因座。如果你想要更大的数据,那就检测更多的基因座"。在他看来,上限原则"仅是一点点工程界的保守",用来抵消检测中可能出现的很多错误,从实验室错误到亚结构的影响。他通过将法医科学家对每个基因座赋予的权重限制在 5%或 10%,希望迫使他们对更多的基因座进行分型。这样,法医分析仍然能够产生检察官希望提交法庭的低随机匹配概率,同时显著降低了这种随机匹配发生的可能性。在他看来,正是上限原则的这一方面激怒了法医科学界。然而,因为他们不能以这些理由来攻击它(担心他们会被认为不够保守),他们决定从群体遗传学的角度来反对这一原则,尽管该原则严格意义来说根本不是科学的。[65]

对 NRC 报告的反应

正如科技哲学家史蒂芬·希尔加特纳(Stephen Hilgartner)指出的那样,美国国家科学院一直在开发一套精密的行政程序、话语系统以及戏剧化的表现技巧,不仅寻求提出最客观、独立和高质量的科学建议,而且还向决策者和公众展示它在这方面的贡献。[66]这些程序包括防止小组成员之间的利益冲突、预防赞助者影响研究结果,以及避免在不参与研究本身的人在充分审查前就发表报告。此外,尽管学术研究确实通过公开会议征求利益相关者的意见,但实际的讨论、报告草稿和内部文件都被严格地保密了 25 年。委员会成员不允许对达成共识的谈判进程发表评论。尽管这使得该学院的批评者(以及历史学家)的工作变得困难,但它旨在确保委员会成员能够坦率、公开地进行讨论,而不必担心外部压力或随后的报复。[67]至少在希尔加特纳的眼里,这也是学院在报告出台过程中的"后台"政治(即专家之间的强烈分歧,威胁要离开委员会等)与在"前台"展示合理、客观、值得信任的最终报告。[68]

这些保障措施以及对前台和后台之间界限的严格守卫,有时会在NRC调查的激烈争议问题面前崩溃。关于DNA分析的第一份报告就是如此。两名委员会成员,即来自应用生物系统公司(Applied Biosystems)的汤姆·卡斯基和迈克尔·洪卡匹勒(Michael Hunkapiller)由于与私营企业的关系,在审议过程中辞职;本应保密的草案被委员会成员泄露给了相关方;围绕上限原则的谈判中存在的分歧也被公开了。

更糟糕的是,一份对报告主要结论的错误陈述被泄露给了《纽约时报》科学记者吉娜·科拉塔。这份报告原定于在4月16日的新闻发布会上公开,但它在这之前几天可能被某个与辩护律师关系密切的人泄露出来。[69]科拉塔在4月14日的新闻"美国的委员会试图限制DNA在法庭上的使用"称,NRC委员会已经建议:"法院应停止采信DNA证据,直到实验室标准更加严格且该技术被建立在更坚实的科学基础上。"[70]她接着写道,委员会相信"就它的发展而论,这种方法可能过于强大和重要,因此它不能仅由检察官和执法官员掌握。该报告称,相反,它必须由与该方法的成功或失败没有利害关系的科学家和联邦机构进行监管和控制"。[71]

科拉塔的报道不仅迫使NRC提前两天发布了报告,NRC还安排了一场临时新闻发布会澄清了她对委员会建议的错误描述。委员会主席麦卡西克(McCusick)在新闻发布会一开始就指出,当他读到《巴尔的摩太阳报》刊登的这篇文章时,他非常沮丧。他接着说:"它严重歪曲了我们的发现。它的开头段落是错误的。它使我们的结论给人留下的印象是误导性的。"他继续说,委员会绝对没有要求暂停使用DNA证据,而且它证实了在法医案件工作中使用DNA分析的总体可靠性。此外,尽管报告呼吁更多的标准化、联邦监管和认证,但它却没有表明在建议的程序付诸实施以前,法院应该停止承认 DNA 证据。[72]

尽管在新闻发布会上的大多数问题都是关于委员会的建议或澄清技术细节,一部分记者问了更基本的问题:为什么委员会对已经被他们称为有效和可靠的技术和技术系统建议进行如此巨大的修正。例如,佩斯出版社(Pace Publication)的克莱格·费舍尔(Craig Fischer)问:"你似乎在说,当前的体系并没有崩溃,但你想用六种相当严谨的方式来修复它。如果目前的制度足以让一个人在监狱里呆上 20 年或更长时间,我们为什么要费神去执行你建议的这些步骤呢?这些都不是无关紧要的建议。"[73]奇怪的是,尽管该报告的主要任务是解决围绕该技术在其出现以来几年内产生的争议,但没有一个委员会成员提到了过去的问题。事实上,他们都称赞 DNA 分析技术行业能有效地管理自己。他们说,他们担心的是,DNA 技术发展得非常迅速,很快就会传播到全国各地的实验室,而这些实验室可能没有像 FBI、细胞标记公司和生命密码公司拥有的技术和专业知识水平。兰德尔在重申了这一基本观点后,继续说道:

> 这份报告的前提是,DNA 分析是一项非常强大的技术,我们不仅希望它非常好,从长远来看,我们还希望保证它总是完美的。因为这是一项如此强大的技术,它能带来绝对准确的身份识别,它不需要,也没有理由要发生错误。我们期待未来有更多实验室使用 DNA 技术,更多的技术人员在实验室使用它。我们必须做的是要让它从现在的非常好变到在未来能让我们保证它是完美的。正因如此,现在正是规范质量控制和新技术评估的恰当时机。不,我们不必为了想在未来保证某件事情绝对完美而在今天说某件事不好。[74]

尽管他们没有明说,似乎所有发言的委员会成员都尽可能地清楚表明,法院不应当以 NRC 报告为由将目前正在审查的 DNA 证据判定为不可采信，也不应重新调查之前依靠DNA证据做出判决的案件。

这就是NRC的解释，吉娜·科拉塔在第二天的《纽约时报》头版上关于这次新闻发布会的报道占据了绝大部分。[75]在这篇题为《委员会主席说委员会支持法庭使用基因检测：纽约时报的叙述有误》的文章中，科拉塔详细叙述了麦卡西克和委员会其他成员的陈述。她接着报道称，《纽约时报》之前的解释是基于"法律专家的观点"，并错误地宣称该委员会呼吁暂停使用这项技术。然而，科拉塔似乎不愿意收回她先前的观点，即这份报告有可能在DNA证据的法律可采信性方面造成严重问题。这篇文章强调了法律和科学界对于NRC报告的实际影响的巨大困惑。对于包括彼得·纽菲尔德、法律学者保罗·贾内利（Paul Gianelli）、爱德华·伊姆温凯里德（Edward Immwinkelreid）和兰迪·乔纳卡特（Randy Jonakait）在内的大多数接受采访的人来说，该报告就是在叫停这项技术，因为现在没有实验室符合委员会建议的标准。事实上，文章引用乔纳卡特的话："这里有一个公正的科学小组，从某种意义上说，他们是唯一以公正的方式看待此事的人，他们说，在质量控制体系到位之前，你不应该基于DNA证据把人送进监狱……当然，辩护律师会认为这应该是标准。"[76]有趣的是，4月15日的文章或许暗示了科拉塔在这个问题上的偏见。它没有包含任何反方的观点，尽管检察官洛克纳·哈蒙的话被引用在前一天的文章中，他说该报告没有明确解决这个问题，是不负责任的。

尽管委员会成员坚持认为NRC报告是一个前瞻性的文档，完全不谈及过去的法医DNA分析方式，但无论出于何种意图和目的，辩护律师的确迅速认为，NRC报告提出的建议和法律系统中有关普遍接受的标准是相同的。在1992年全国范围内的几起上诉案件中，NRC的报告以及围绕列万廷和哈特尔1991年的《科学》杂志文章的媒体炒作，都被引用为证据，证明科学界在适当标准和群体遗传学问题上存在重大争议。实际上，法律评论家戴维·凯伊（David Kaye）甚至把这些案件描述为"第三波案件……冲击着已经千疮百孔的保卫DNA证据的海防线"。[77]在这些案件中，最重要的是一起涉及法律意义上的强奸案——合众国诉波特案（United States v. Porter, 618A.2d 629, 1992），上诉法院决定把案件发回重审，以确定 NRC 委员会的建议是否可以被科学界普遍接受。[78]在其他案件中，没有使用 NRC 的上限原则的概率计算由于当时明显的争议而被判定为是不可采信的。[79]

在加州人民诉巴内案（People v. Barney）和加州人民诉霍华德案（People v. Howard）的加州联合上诉案中（10 Cal.Reptr.2d 731, 1992），辩护律师琳达·罗伯特森（Linda Robertson）和维克多·布鲁门克兰茨（Victor Blumenkrantz）认为，DNA 检测实验室分析的多个方面缺乏被普遍接受的标准、指导和管控方式。尽管第一上诉法庭拒绝了辩护律师在大多数问题上的观点，其中包括以标准化作为可采信性的前提以及在匹配标准和条带漂移的问题上缺乏共识，但是它判定阿拉梅达县的两名法官在接受 FBI（霍华德案）和细胞标记公司（巴内案）的概率统计数字时犯了错误。法院的裁决主要基于"1991 年 12 月的《科学》杂志的文章，这些文章清晰地表明，现在不仅仅是缺乏普遍接受，群体遗传学家之间有'挖苦'和'狂暴'的争论"，也是基于对 NRC 报告中分歧的讨论。[80]

法院接着指出，列万廷和哈特尔同查克拉博蒂和基德在亚结构的存在以及这种现象对概率计算的影响方面存在明显分歧。由于双方都得到了科学界在数量和专业知识上的大力支持，法院只能得出结论：在相关科学界中对概率统计没有被普遍接受的立场。[81]鉴于此前数百起案件中所有方面的法医 DNA 证据都被判定为是可采信的，法院认为"1991 年 12 月在《科学》杂志上爆发的辩论极大地改变了科学界的格局，并无可争议地证明目前的程序没有被普遍接受"。[82]

虽然法院认定巴内案和霍华德案的统计数字是不可采信的，但它乐观地认为，NRC 报告中所描述的上限原则将有助于指出争端中两派之间的一些共同点。法院下结论道："现在的问题是，NRC 报告中提出的临时的和未来的统计计算方法是否会被群体遗传学界普遍接受。如果，而且非常有可能，这个问题将在一次未来的凯利-弗莱标准（Kelly-Frye 标准，即 1976 年的加州人民诉凯利案确认并扩展了弗莱标准，译者注）听证会中获得肯定的回答，然后，DNA 分析的证据就会在加利福尼亚被接受。"[83]

当加州法院在八个月后的华莱士案中重新审视这个问题时，它给出了相同的判决，并提到："没有足够的时间来确认我们的猜测，即 NRC 报告新提出的统计计算方法可能会获得普遍接受并使 DNA 分析证据在未来变得更可采信。"然而，这一次，法庭对 NRC 的报告能否解决 1991 年《科学》杂志发表的文章引发的争议就不那么乐观了。法庭沮丧地说："最近事态发展表明获得普遍接受不是很容易。"法庭接着说，FBI 方法的支持者并没有"试图与 NRC 的报告协调，或者在统计计算方面做出其他妥协"，而是"采取了攻势，攻击报告提出的新方法……是不完善的"。

在波特案中，哥伦比亚特区上诉法院考虑了政府对 1991 年 9 月初审法院判决的上诉，该法院曾判定应在 12 起合并案件中排除 FBI 的 DNA 证据。亨利·H. 肯尼迪法官最初的裁决是基于这样一种信念，现在"在（群体遗传学的）科学界存在一场争议，它将带来进一步的研究，它的结果很快也就可以用来做研究"。法庭宣称："只有在这些研究和其他研究，例如由国家科学院准备进行的研究，**完成后**而不是在此之前，法院才应该被要求采信 DNA 证据。"[84]

在考虑原案的事实、最近发布的 NRC 报告以及检察官宣称的检方证人比辩方证人更能代表科学界总体的说法后，上诉法庭支持了肯尼迪法官的判决，将案件发回初审法庭重新研究。[85]裁定现有的 DNA 证据不可采信或将案件发回初审法庭继续研究的这种趋势在 1992 年余下的时间里持续不断，一直到 1993 年上半年。[86]

FBI 要求一个新的报告

检察机关、法医学界和执法机构都对围绕 NRC 报告和《科学》杂志带来的争议在法律界产生的新情况感到不满。他们认为,委员会将科学和法律上的考虑纳入上限原则的努力是错误的,同时他们拒绝了如兰德尔和兰珀特等委员会委员的看法。DNA 分析的支持者认为,科学与法律是相互独立的领域,应该尽可能地将两者分开。根据检察官詹姆斯·伍尔利和洛克内·哈蒙的说法,"法医 DNA 中的吵吵嚷嚷"不是基于可靠的科学,而是基于辩方证人提出的可能导致 DNA 证据在法庭上变得不可靠的假设性问题。[87]此外,他们认为,列万廷和哈特尔等人提出的对使用乘积规则的反对,已经被查克拉博蒂、基德、戴弗林、里施和罗德等人的工作彻底推翻。

在写给国家科学院统计学委员会主席伯顿·辛格(Burton Singer)的一封联名信中,由 FBI 发起的第二届国际法医 DNA 研讨会的 100多名与会者告诉辛格,NRC 报告中有关统计学和群体遗传学的建议"并没有被科学界认可"。[88]他们继续称:"已经发表的技术文章已经证明了当前 DNA 技术和适当统计学计算的有效性。"然而,在最近的几次法庭判决中,NRC 的报告使这个事实含混不清。这一组人最后的结论是,要求统计学委员会在一份新报告中解决这个问题。这封信中隐含的想法是,统计学界是由上限原则的审查者和适当的评价者组成的。

整个 1993 年春季,要求国家科学院组建一个新的法医 DNA 分析小组的压力不断增加。4 月初,约翰·希克斯至少两次会见了 NRC 的工作人员,表达了 FBI 和它的盟友对该报告和其所依赖的"已被否定的列万廷理论"的极度反对。[89]尽管一名 NRC 的工作人员建议希克斯道:"上诉法庭要下级法庭使用上限原则这个事实就表明了,在弗莱标准的意义上,我们已经使相关科学界建立了共识。"显然,希克斯并没有被这种逻辑说服。他的观点是,FBI 已经有了一种完美的统计方法,相关的科学团体认为上限原则是完全不可接受的。[90]

经过 FBI 和国家科学院之间几周的非正式的通信,FBI 局长威廉·塞申斯给国家科学院主席弗兰克·普莱斯(Frank Press)写了一封公函,要求 NRC 帮助解决围绕 NRCI 的疑惑和争论。在信的开头,塞申斯提到,在这个报告出台前,在58次上诉法庭的判决中,只有两次判定DNA证据是不可采信的。在报告出台后,该数字蹿升到30次判决中有11次被判定不可采信。塞申斯认为这次危机主要是由上限原则引发的。尽管该报告明确说明DNA仍然应在法庭上被继续使用,但这种情况还是发生了。他还抱怨说,这个原则含混不清,许多资深科学家都认为,和其他在第一个报告中很少被提到的成熟方法,如与FBI的方法相比较,该方法在科学上并非那么有效。另外,最近如戴弗林、里施和罗德的科学研究,"可以避开使用这种方法"。

塞申斯请求科学院立刻对这些问题进行审查,并"成立一个小组,该小组由统计学家、群体遗传学家、分子生物学家以及其他合适的专家中的优秀代表组成,以准备一份新报告"。除了这份报告,塞申斯还表示,如果研究院能发布一份对"前一个NRC委员会的澄清声明",承认上限原则只是"为了满足公共政策的需要",那将是有帮助的。该声明还应解决"有关使用DNA分析技术统计方法的报告在措辞上的模糊性",这种模糊性已经使专家们能得出截然不同的随机匹配概率。他总结道:"NRC可能对处理此事的最合适方法有其他的想法。无论它怎么做,由于DNA技术在刑事司法系统中是如此强大的工具,而且它可以解决其他方法无法解决的关于事实的问题,我要求NRC迅速行动,解决它的报告引发的争议。"[91]

NAS对FBI提出的要一份新报告的要求反应非常迅速。到1993年5月18日,该学院已经编制了一份初步提案,名为《DNA法医科学——更新》,它已将该提案送交司法部和其他各资助机构。[92]这份提案指出,FBI要求进行这项研究,而且NRC正在考虑建立一个委员会,以审查上限原则和其他统计学方法的优点,以及"对法庭有用的方式评价并描述DNA证据的准确性;考虑错误的来源,例如实验室或技术之间的差距;展示出针对不确定性的假设和评估提出的不同观点,并描述它们在法庭案件中的影响"。[93]最后,该提案承认了围绕第一份报告所产生的争议,并承诺在6个月时间内完成这项研究。它的时间表罕见的紧凑。

FBI 对科学院的提案不满意。该局的高层管理人员认为，NRC 的工作不是重新检验第一份报告中讨论的诸多问题，而是研究"现有的和计划中的统计方法在科学上的合理性和是否这些不同方法可以完成预期的任务"。[94]在给国家司法研究所的理查德·劳（Richard Rau）的信中（该信也送到了 NRC 的埃里克·费舍尔手中），[95]约翰·希克斯写道，FBI 的观点"肯定已经让 NRC 铭记于心，然后司法部才进一步研究拨款"。[96]在阐述他对科学与法律之间关系的看法时，希克斯继续写道，法院"不需要对不确定性的假设和评估进行理论上的探讨。正如几十个法律裁决中明确指出的那样，法院正在寻求科学界给出确切声明，确定各种统计方法的有效性被'普遍接受'"。希克斯还想确认 NRC 是否明确理解 FBI 想让新的委员会澄清的问题。他写道："在评估这种关联的重要性时，问题是，有多大概率另一个人（与嫌疑人无关）可能在犯罪现场留下物证？这个问题不是有多少美洲印第安人、意大利裔美国人、爱尔兰天主教徒或卡里蒂亚纳（Karitiana，巴西的土著人群之一，译者注）印第安人可能留下犯罪现场的物证。下一个问题应该是，是否能应用一种统计建构，它可以对关联的显著性给出合理的估测，且该估测足够保守，以适应由于民族多样性造成的不同情况？"[97]希克斯下结论说，鉴于该委员会的成功（至少在 FBI 的眼中）将取决于"委员会成员的自律，他们需要把精力限制在目前争议中的核心问题上"。[98]

当最终的提案准备完成时，NAS 已经完成了 FBI 要求的几乎所有修改，包括哪些问题比较突出以及科学和法律之间的关系。在 1993 年 8 月的最后一份提案中，NRC 多次指出，计划的研究"将强调使用 DNA 证据时的统计和群体遗传学问题"并且"关注科学问题，而不是法律问题"。根据提案，该委员会将在拟订其建议的过程中"审查有关的研究和数据，特别是自上一份报告以来积累的那些"。该计划继续提到：

所审查的关键问题将包括人口细分的程度以及在计算概率或可能性比率时能够或应当在多大程度上考虑到这一信息。该委员会将审查并在其报告中解释 DNA 证据统计评估的主要替代方法，以及它们的假设、优点和局限性。报告将包括特定的、内容充分的且存在于现实世界中的例子。它也将特别更正那些关于统计和群体遗传学问题的声明。这些在之前的 NRC 报告中的声明已经被严重误读，或导致了未预料到的发展路线。[99]

在最终草案完成后不久，该提案就被发送给了各种基金机构进行审查，包括国家司法研究所、国家科学基金会和国立卫生研究院。

国家研究理事会（NRC II）

1993 年 8 月 30 日，从未卷入法医 DNA 争论的著名人口遗传学家詹姆斯·克劳（James Crow）被邀请担任新的 NRC 委员会主席。尽管认为做后续报告很重要，但 NAS 发现很难为该委员会获得资金，因此它在将近一年的时间里毫无建树。[100]最后，在 1994 年 8 月，NRC 任命了委员会成员。与由很多持有非常不同观点的成员组成的第一委员会不同，第二委员会的成员不太可能写出激怒 FBI 和法医科学界的报告。该委员会没有包含对 FBI 的公开批评者和辩护团队的成员。委员会包括克劳主席在内的五位遗传学家和两位统计家，以及三位法学教授。宾州大学医学院遗传学系主任黑格·卡扎齐安（Haig Kazazian）和加州大学伯克利分校法医科学教授乔治·森萨博（他通常被认为是在争论中保持中立）是目前委员会中仅有的参加过第一委员会的成员。第二委员会在 1994 年 10 月会面，然后又在 1995 年举行了两次会议。

当 NRC 的第二份报告最终于 1996 年中期发布时，辩护团体的担忧在很大程度上被忽视了，FBI 几乎获得了它在要求做出新版报告时想要的一切。汤普森和其他对《DNA 鉴定法案》和 NRCII 持批评态度的人尤其关注的是,FBI和法医界会在多大程度上进行自我监督。虽然NRC的第一份报告大体上承认了法医DNA检测需要外部审查的必要性,该法案和NRCII都在很大程度上放弃了这一论点。事实上,虽然NRCI赞扬了FBI的TWGDAM工作,它还是要求建立一个国家法医DNA分析委员会(NCFDT),该委员会将被置于一个政府机构之下,而该机构与法医科学或者执法行业没有利益关系,比如NIH或NIST。[101]虽然就专业知识来讲,NCFDT的成员与TWGDAM或其他现有团体没有显著区别,但它不会受到由它提供建议的机构直接监督,而且它的成员组成非常可能与那些团体是不同的(DAB和TWGDAM的成员组成很大一部分是重叠的)。这种要求在NRCII中消失了,取而代之的是平淡声明:"1992年NRC报告建议成立一个NCFDT来监督DNA分析标准的制定。1994年的《DNA鉴定法案》把这个责任给了FBI任命的DNA咨询委员会。我们认识到有必要制定指导方针和标准,并由适当的组织进行认证。"[102]

在要求一份新的报告时,FBI坚持把科学和法律分开,而对于法律问题,比如什么对被告者公平,应该留给法官和陪审团来解决。在解决DNA鉴定争议的过程中,该局进一步试图控制专家的身份。为了取代起草第一份报告的那个充满矛盾的群体,FBI坚持第二个NRC委员会应主要由统计学家和群体遗传学家组成,第一个委员会并未代表这两个主要科学家群体。FBI从未建议辩护群体的成员进入第二个委员会,而且也未给该群体对其他形式的相关专业知识提出建议留下空间。如我们将在下一章中看到的,与在争论中起到积极作用的第一个NRC委员会不同,第二个NRC委员会在1996年发布它迟来的报告时,除了确认现有的政策和做法以外,基本什么都没做。

注释

1. U.S. House Senate Committee on the Judiciary, U.S. House Committee on the Judiciary, Subcommittee on Civil and Constitutional Rights,

Forensic DNA Analysis, 102nd Cong., 1st sess., (1991), House Serial 30/Senate Serial J-102–47 (Washington, DC: GPO, 1992) (hereafter cited as *Forensic DNA Analysis*).
2. H.R. 339, 3 January 1991, in *Forensic DNA Analysis*, 131–135.
3. S.1355, in *Forensic DNA Analysis,* 289–296.
4. Jay V. Miller, "Analysis of DNA Identification Act of 1991 (S.1355)," in *Forensic DNA Analysis*, 286–288, 287. 希克斯共向国会联合委员会转交了 19 封信。尽管没有必要评论每一封信，但可以看出这些信还是提出了一些普遍性的问题：绝大多数回信者认为，联邦调查局不应充当监管机构，而应继续为犯罪实验室提供研究和培训支持。在这些人中，大多数人认为 ASCLD 是一个很好的替代机构。少数人认为联邦调查局是监管法医界并为其制定标准的最佳组织。但几乎一致的意见是，法医科学应由法医界内部管理。受访者还一致支持联邦向地方犯罪实验室提供财政援助。许多受访者表示，联邦调查局法医 DNA 实验室应遵守与地方犯罪实验室相同的标准。
5. Paul Ferrara to John Hicks, 15 August 1991, in *Forensic DNA Analysis*, 308–310; quotation, 308.
6. Rod Caswell to John Hicks, 15 August 1991, in *Forensic DNA Analysis*, 306–307; quotation, 306.
7. 同上。
8. Richard L. Tanton, testimony in *Forensic DNA Analysis*, 59–60; quotation, 60.
9. 见本章注释第 62，以获取有关纽约州立法的更多信息。
10. Richard L. Tanton, statement in "Forensic DNA Analysis Joint Hearing," 68. 有趣的是，当 DNA 证据的可采性受到威胁时，法医界很快就辩称法医 DNA 分析与医学 DNA 检测并无不同。然而，当涉及到监管问题时，情况却恰恰相反。

11. Richard L. Tanton to Don Edwards, 15 July 1991, in *Forensic DNA Analysis*, 152–154; quotation, 153.
12. Tanton, statement in *Forensic DNA Analysis*, 68.
13. Senator Paul Simon, statement in *Forensic DNA Analysis*, 68.
14. Barry Scheck, statement in *Forensic DNA Analysis*, 122.
15. John Hicks to Don Edwards, 10 July 1991, in *Forensic DNA Analysis*, 156–159; quotation, 158-159.
16. 42 USC 136, §14131–14135.《DNA 鉴定法》是重新授权的《综合犯罪法案》的一小部分，该法案涉及执法的许多方面。
17. William C. Thompson, "Accepting Lower Standards: The National Research Council's Second Report on Forensic DNA Evidence," *Jurimetrics Journal* 37 (1997): 405.
18. National Research Council, *DNA Technology in Forensic Science* (Washington, DC: National Academy Press, 1992) (hereafter cited as *NRC 1992*). 有关 NAS 的更多信息，见其网站 http://www.nas.edu.
19. Eric S. Lander, "DNA Fingerprinting on Trial," *Nature* 339, no. 6225 (1989): 595.
20. James K. Stewart and Roger T. Castonguay to John Burris, 31 May 1989, National Academy of Sciences, National Research Council Archives, Committee on Life Sciences Board on Biology Collection (hereafter cited as NAS-NRC Archives), Box 1, File: "CLS:BB:Comm. On DNA Typing—Proposals, 1988–1989."
21. *NRC 1992*, viii.
22. George Sensabaugh, interview with author, 9 November 2002.
23. Leslie Roberts, "DNA Fingerprinting: Academy Reports," *Science* 256, no. 5055, (1992): 300.
24. *NRC 1992*, "Biographical Information on Committee Members," 173–175. 法律团体代表包括一名法官（布鲁克林联邦地区法院的杰

克·B. 温斯坦）和一名法学教授（密歇根大学的理查德·兰珀特）。法医学群体代表包括保罗·费雷拉（弗吉尼亚法医科学部门），亨利·C. 李（来自康涅狄格州警察部门），和乔治·森萨博（加州大学伯克利分校），但这些代表只是参与该群体，而在群体中起到支配作用。医学遗传学群体的代表影响力更大。除了担任委员会主席并被公认为该领域"奠基人"的维克多·麦卡希克（来自约翰·霍普金斯大学医学院）之外，汤姆·卡斯基，黑格·卡扎齐安（也来自约翰·霍普金斯），和玛丽-克莱尔·金（加州大学伯克利分校）。迈克尔·洪卡匹勒（应用生物系统公司），托马斯·马尔（冷泉港实验室），和埃里克·兰德尔虽然严格来说不一定属于医学遗传学领域，但他们也致力于研究遗传学与医学交叉领域的问题。由于该小组还负责研究与 DNA 数据库相关的伦理、法律和道德问题，因此委员会还包括两名生物伦理学家：鲁斯·麦克林（阿尔伯特·爱因斯坦医学院）和菲利普·J. 雷利（MD/JD，曾领导施来弗智力障碍患者中心）。值得注意的是，委员会中与生物技术产业有联系的两名成员汤姆·卡斯基和迈克尔·洪卡匹勒因为"利益冲突"的指控而退出研究。

25. 例如，见 Linda Derksen, "Towards a Sociology of Measurement: The Meaning of Measurement Error in the Case of DNA Profiling," *Social Studies of Science* 30, no. 6 (2000): 822–823.

26. NAS, NRC, Committee on Life Sciences, Board on Biology, Proposal No. 89–046(d), *An Evaluation of the Application of DNA Technology in Forensic Science,* July 1989, NAS-NRC Archives, Box 1, File: "CLS:BB:Comm. On DNA Typing—Proposals, 1988–1989."

27. Sensabaugh interview.

28. *NRC 1992*, x. 有趣的是，这一结论从未在报告文本中明确表述。相反，它出现在委员会所有成员的一份联合声明中，以回应《纽约时报》在报告公开发布前两天发表的一篇文章中对报告的错误概述。

29. *NRC 1992*, 97.
30. 同上，第 15 页。
31. 同上，第 15-16 页。
32. 同上，第 102-103 页。
33. 同上，第 71 页。
34. 同上，第 88，99，104，105，106 页。
35. 同上，第 16-17 页。
36. 同上，第 56-63 页。
37. 有关群体遗传学问题的详细讨论，见第 6 章。
38. *NRC 1992*, 82.
39. 同上，第 80 页。
40. 兰德尔和委员会的其它成员对我表达了这个观点。
41. Eric S. Lander, "Lander Reply," *American Journal of Human Genetics* 49 (1991):899-903.
42. 因此，如果在基因座 1，等位基因 B 出现的概率在群体 1、2、3 中出现的频率分别是 1%，7%，和 14%，14%将被视为上限的频率，用于所有涉及等位基因 B 的运算。如果等位基因 b 在群体 1、2、3 中出现的频率分别为 2%、3%、4%，计算频率的时候会使用 5%，因为它大于所有的实际频率。因此，如果在一个特定个体中出现了 Bb 的杂合子，那么计算频率时，就是 2x0.14x0.05。
43. *NRC 1992*, 84.
44. 同上，第 14-15 页。根据该报告，95%的置信上限是通过以下公式计算得出的：$p + 1.96 \sqrt{p(1-p)/N}$，其中 p 是观察到的频率，N 是研究的染色体数目。
45. B. Devlin et al., "Statistical Evaluation of DNA Fingerprinting: A Critique of the NRC's Report," *Science* 259, no. 5096 (1993): 749. NRC 报告的很多其它批评者也做了这个结论。

46. 同上，第 837 页。
47. N. E. Morton, "DNA in Court," *European Journal of Human Genetics* 1 (1993): 172–178; and Roberts, "DNA Fingerprinting: Academy Reports."
48. FBI, "FBI's Response to the Report by the Committee on DNA Technology in Forensic Science" (Washington, DC: FBI/DOJ, 1992), 13.
49. 同上，第 14 页。
50. 同上。
51. 同上，第 11 页。
52. 同上，第 12 页。
53. Joel E. Cohen, "The Ceiling Principle Is Not Always Conservative in Assigning Genotype Frequencies for Forensic DNA Testing," *American Journal of Human Genetics* 51 (1992): 1165–1168.
54. Roberts, "DNA Fingerprinting: Academy Reports."
55. Daniel L. Hartl and R. C. Lewontin, "DNA Fingerprinting Report (Letter to the Editor)," *Science* 260, no. 5107 (1993): 473–474.
56. 同上。
57. 值得注意的是，克拉内与威廉·汤普森和劳伦斯·穆勒最近开设了一家名为法提学生物信息（http://www.bioforensics.com）的咨询公司，为辩方提供统计和群体遗传学方面的协助和重新分析。
58. D. E. Krane et al., "Genetic Differences at Four DNA Typing Loci in Finnish, Italian, and Mixed Caucasian Populations," *PNAS* 89 (1992): 10583–10587.
59. 同上。
60. 尽管这超出了本章的讨论范围，但应该指出的是，克拉内等人的结论受到了联邦调查局及其盟友的强烈质疑和驳斥。事实上，布鲁斯·布多尔及其同事在重新分析了他们的数据后，将克拉内等人的结论主要归因于抽样误差。克拉内及其同事回应说，布多尔的重新分析存在缺陷。这场争论持续了数年。关于克拉内等人的分析是否正确的争论的详细历史，见 Bruce Budowle and K. L. Monson, "Clarification of Additional Issues Regarding Statistics and Population Substructure Effects on Forensic DNA Profile Frequency Estimates," paper presented at the Sixth International Symposium on Human Identification, Scottsdale, Ariz., 1995, http://www.promega.com/geneticidproc/ussymp6proc/budow.htm.

61. Richard Lempert, "DNA, Science and the Law: Two Cheers for the Ceiling Principle," *Jurimetrics Journal* 34 (1993): 41–57; and Eric S. Lander, "DNA Fingerprinting: The NRC Report (Letter to the Editor)," *Science* 260, no. 5112 (1993): 1221.
62. Lempert, "DNA, Science and the Law," 47.
63. 同上。
64. Lander, "DNA Fingerprinting: The NRC Report (Letter to the Editor)."
65. Eric Lander, interview with author, 5 May 2003.
66. Stephen Hilgartner, *Science on Stage: Expert Advice as Public Drama* (Stanford: Stanford University Press, 2000).
67. 同上，第 23-24 页。
68. 同上。
69. Federal News Service, "National Research Council Press Conference Transcript," 14 April 1992, Lexis-Nexis Academic Universe.
70. Gina Kolata, "US Panel Seeking Restriction on Use of DNA in Courts; Lab Standards Faulted; Judges Are Asked to Bar Genetic 'Fingerprinting' Until Basis in Science Is Stronger," *New York Times*, 14 April 1992.
71. 同上。
72. Federal News Service, "National Research Council Press Conference

Transcript. "
73. 同上。
74. 同上。
75. Gina Kolata, "Chief Says Panel Backs Courts' Use of a Genetic Test; *Times* Account in Error; Report Urges Strict Standards, but No Moratorium on DNA Fingerprinting for Now," *New York Times*, 15 April 1992.
76. 同上。
77. David H. Kaye, "DNA Evidence: Probability, Population Genetics, and the Courts," *Harvard Journal of Law and Technology* 7 (1993): 103.
78. 见 *People v. Barney* and *People v. Howard* (10 Cal.Rptr.2d 731; California 1992); *United States v. Porter* (618 A.2d 629; DC 1992).
79. 特别见 *People v. Barney* and *People v. Howard* (10 Cal.Rptr.2d 731; California Court of Appeals; August 1992), *People v. Wallace* (17 Cal.Rptr.2d 721; California 1992); *People v. Pizarro* (12 Cal.Rptr.2d 436; California 1992); *Commonwealth v. Langanin* (596 N.E.2d 311; Massachusetts 1992); and *State v. Vandebogart* (616 A.2d 843; New Hampshire 1992).
80. *People v. Barney* and *Howard*, 743.
81. 同上。
82. 同上，第 744 页。
83. 同上，第 745 页。法院认为，鉴于有其他大量证据证明两名被告有罪，原审法院的错误是无足轻重的。
84. Judge Henry H. Kennedy, order, *United States v. Kevin Eugene Porter*, 20 September 1991, unpublished, 90, personal collection of Richard C. Lewontin.
85. *United States v. Porter*, 618 A.2d 629 (1992), 631.
86. See, e.g., *State v. Bible* (858 P.2d 1152; Arizona 1993); and *State v.*

Cauthron (846 P.2d).

87. James R. Wooley and Rockne Harmon, "Forensic DNA Brouhaha: Science or Debate," *American Journal of Human Genetics* 51 (1992): 1164–1165.
88. Bruce Weir and more than one hundred attendees of the Second International Symposium on the Forensic Aspects of DNA to Burton Singer, 1 April 1993, NAS-NRC Archives, Box 6.
89. Al Lazen to Frank Press (e-mail, cc: Eric Fischer, Phil Smith, Paul Gilman and Jim Wright), 10 April 1993, NAS-NRC Archives, Box 6, Folder: "Comt. On DNA Typing: An Update."
90. 同上。
91. William Sessions to Frank Press, 16 April 1993, NAS-NRC Archives, Box 6, Folder: "Comt. On DNA Typing: An Update."
92. National Research Council, "Proposal for 'DNA Forensic Science: An Update,'" 1993, 1, NAS-NRC Archives, Box 6, Folder: "Cmte. on DNA Forensic Science: An Update."
93. 同上。
94. John W. Hicks to Richard Rau, 27 May 1993 (also sent to Eric Fisher via fax), NAS-NRC Archives, Box 6, Folder: "Comt. On DNA Typing: An Update."
95. NIJ 是司法部内负责资助外部团体研究的机构。
96. Hicks to Rau.
97. 同上。
98. 同上。
99. National Research Council, "DNA Forensic Science: An Update (Proposal No. 94-Cls-02)," 1993, NAS-NRC Archives, Box 6, Folder: "Cmte on DNA Forensic Science: An Update."
100. National Research Council, *The Evaluation of Forensic DNA*

Evidence (Washington, DC: National Academy Press, 1996 (hereafter cited as *NRC 1996*). For more on the NAS, see its website at http://www.nas.edu.

101. *NRC 1992*, 70–71.
102. *NRC 1996*, 37.

第八章　DNA 战争结束

当美国人想起在这个国家发生的围绕 DNA 证据的争议时，卡斯特罗案、李案和国家科学研究委员会可能没有在我们共同的记忆中留下太多的印记。相反，白色福特烈马车、戴不上的带血手套以及由"蠢驴"型布鲁玛妮牌鞋留下的脚印主导了我们对 DNA 在刑事司法系统中使用的认知。谁能忘记在高速公路上的低速追逐、伊藤法官不间断地对"世纪审判"的报道、高薪"梦之队"的演技以及对无罪判决充满种族色彩的反应。无论是否合理，前橄榄球明星和演员奥伦塔尔·詹姆斯·辛普森（Orenthal James Simpson）在 DNA 鉴定的历史上值得特别关注。

尽管 DNA 战争在审判前已得到广泛关注，但辛普森案在很多方面实际是本书所描述的争论结尾，而不是高潮。当辛普森案的刑事审判在 1995 年 1 月开始时，虽然第二份 NRC 报告还未起草，但围绕 DNA 鉴定的争论基本已经结束了。辛普森的辩护团队从未真正怀疑 DNA 鉴定作为一种技术的有效性，即使他也雇用了巴里·谢克、彼得·纽菲尔德和威廉·C. 汤普森来攻击本案的法医学证据。与此相反，辩方关注在犯罪现场采集、处理和储存生物样本的过程中的无意污染和警方的渎职行为。

没有任何一个事件或者一份文件能在审判前几个月结束有关 DNA 鉴定技术的争论。相反，围绕 DNA 证据在法律和科学上的争论是由一系列因素共同作用而逐渐消退的。这些因素包括：FBI 的主动性、司法判决、联邦立法、前辩方证人埃里克·兰德尔和 FBI 的布鲁斯·布多尔的精明公关策略，基于 RFLP 的 DNA 鉴定技术中的技术变革以及一种全新的获取 DNA 图谱的方法，即短串联重复序列分析，简称STR。

但是，并不是每一个参与DNA分析争论的人都认为在过去五年出现的问题已经被解决。结束争论的最重要因素之一是，在李案和问题百出的上限原则出现之后，群体亚结构得到了如此多的关注，以至于它被称为大众媒体、科学界和法庭上的全部关于DNA鉴定技术争论的代表。此外，在群体遗传学争论的案例中，辩方证人向FBI提出了一个明确的挑战：他们要求检查诸多种族群体的人口亚结构。在迎接这一挑战的同时，FBI成功地使群体遗传学成为需要解决的主要问题。在要求第二份NRC报告时，FBI没有要求国家科学院解决第一份报告中被它认为不合理的问题（例如，如何设计一种能力测试的盲测方案或如何估测实验室误差）。FBI只是希望得到一份文件，法庭可以援引它作为证据，DNA分析技术中不存在争议。基本上可以说他们得到了这份文件。

当第二份NRC报告终于在1996年被发表时，NRC第一委员会做出的各种社会和政治妥协已经不复存在。正如其执行部分的摘要所指出的，计算随机匹配概率的推荐步骤将完全基于群体遗传学和统计学——这是第一份报告的批评者抱怨该报告忽视的两个学科。第二份NRC报告最重要的结论是，随着FBI最近开展的对亚群体等位基因频率的研究经验，利用上限原则限定等位基因频率的方法就变得不必要了。[1]他们建议，当证据样本来自的亚群体是已知的时，就可以使用乘积原则和该特定亚群体的等位基因频率一起进行计算。[2]如果样本来源所属的种族群体已知，但亚群体未知，那么在计算时应该同时使用由该种族群体的参考数据库得出的等位基因频率和修正因子。修正因子考虑了该种族群体总体上种族内通婚（即非随机通婚）的数量。如果样本来源所属的种族群体和亚群体均不能确定，或某特定亚群体缺乏数据，则应使用来自几个与其密切相关或相似人群的几个参考数据库计算随机匹配概率。来自这些数据库的结果可以在法庭上单独报告，也可以计算平均值，或只报告最保守的概率计算结果。[3]在其他问题上，该报告总体上尊重了 FBI 和它的两个主要专家委员会——TWGDAM 和新成立的 DNA 顾问委员会的意见。

在辩方专家要求的经验性检验在 1992 年和 1993 年初开展之后，FBI 在群体遗传学上做的一些假设很明显不像 NRC 报告暗示的那么有问题，科学界也就没那么担心了。虽然许多早期的批评者仍然不满意，并认为诸如水平测试、实验室误差和不愿意让辩方群体充分接触 DNA 技术之类的问题还未解决，在 1992 年底至 1993 年，已经有足够的曾为辩方作证的科学家确信，FBI 领导下的法医学界已经为确保 DNA 证据的有效性和可靠性设置了必要的标准和实验室操作流程。因此，很多法庭认定，任何悬而未决的问题只与 DNA 证据的力量有关，而与它的可采信性无关。

到 1993 年中，几乎所有因群体遗传学争议而否定 DNA 证据可接受性的初审法院判决都在上诉阶段被推翻，其中也包括李案。这些法庭认为，DNA 鉴定作为一种技术系统，可以被认为是完全有效和可靠的，因为群体遗传学和统计学问题不再是主要问题，且已经存在可以避免因测试样本的损坏或者降解而造成问题的操作步骤。此外，它们认为，应由陪审团来决定在案件中特定结论是否是通过符合科学的流程步骤产生的。因此，在每个案件中评估 DNA 证据的责任被从法官的职权范围中移除，而直接由陪审团负责。例如，一位俄亥俄州上诉法庭的法官在俄亥俄州诉皮尔斯案（*State v. Pierce*, 597 N.E.2d 107, 1992）认为，初审法院在接受随机匹配概率的计算时没有滥用其酌处权，因为"如果陪审团认为证据不可靠或有误导性，陪审团可以自由拒绝 DNA 证据，并且陪审团可以决定给出这种证据多大权重（如果有的话）。"[4]

道伯特案和 DNA

司法界观点转变的一个重要原因就是最高法院在 1993 年的道伯特诉美里尔·道药物公司案（*Daubert v. Merrell Dow Pharmaceuticals,*

509 U.S. 579）中的裁决，它以基于相关性和可靠性的标准取代了以普遍接受为基础的弗莱标准。[5]由于道伯特案，联邦法官和在采用了类似道伯特标准的证据规则州中的州法官，成为科学证据的把关人和专家，所以不再需要判定是否有足够的相关科学领域专家将某证据视为有效的和可靠的。在道伯特标准下，法官被首先要求确定所提供的证据是否是相关的（询问它是否有助于事实的审理）。当它符合这个最基本的标准时，这些法官随后要自己做出决定，确定这个证据是否足够可靠，以供陪审团审视。尽管他们没有精确列出合格的科学工作具有的特征，但是最高法院的确给出了一系列关于科学证据的有效性和可靠性的总体意见，使法官在利用手头证据的时候可以灵活地运用它们。[6]这些判断因素包括如下几条：

- 案件涉及的理论和技术是否已经被检测过[7]
- 某理论或技术是否已经通过同行审议或被发表（然而，法庭指出，仅仅是发表不足以表示有效性，它只是判断科学研究的一个重要因素）[8]
- 正在讨论的技术是否有已知的错误率或管理该技术使用的标准[9]
- 根据弗莱标准，正在讨论的理论和技术是否被相关科学界普遍接受[10]

从根本上说，法庭认定联邦法官在评判科学证据时应该像科学家一样思考和工作。与弗莱标准所要求的听从相关科学界意见不同，法官处在判断什么算科学，什么不算的位置上。

十多年以后，道伯特案仍然悬而未决。尽管到那时人们只针对道伯特案影响科学证据的可采信性进行了为数不多的几次定性和定量的评估，但兰德公司在2002年的一项研究暗示，在道伯特案的判决后，科学证据被排除在法庭之外的百分比显著增加。[11]重要的是要认识到，这项研究只着眼于民事案件，而不是刑事案件。（应该指出的是，现在人们做出各种努力，用经验主义的方法评估道伯特案对法医证据的影响。）因此，被驳回的大部分证据来自原告的专家，他们希望出示证明被告（即大公司或工业界）提供的产品具有毒性或危害性的证据。民事侵权法改革和限制赔偿责任的支持者很自然地称赞道伯特案的裁决，因为它为使科学证据的可采信性标准变得合理化。而原告的支持者和社会运动组织则认为它会阻止很多高质量证据进入司法体系。[12]

无论如何，道伯特案对DNA证据的法律地位产生了普遍的积极影响，几乎所有的裁决都支持DNA证据的可采信性。其中，使用道伯特标准对DNA证据最重要的评估之一是对合众国诉李等人案的上诉（134 F.R.D. 161,1990），该案在群体遗传学和统计学方面引起了争议。在合众国诉邦兹案（*United States v. Bonds*, 12 F.3d540, 1993，该案名称发生变化显示了主要被告人的改变）中，第六巡回上诉法院支持初审法院接受DNA证据的决定，因为该决定既与本案相关，又经得起最高法院提出的四个问题的检验。应该注意的是，巴里·谢克和彼得·纽菲尔德并没有在李案的上诉中出庭。

在邦兹案中，第六巡回法庭裁定，尽管FBI的内部能力测试计划存在"严重缺陷"，它足以检测该局的方法和技术。因此，它通过了第一项道伯特标准的审查。法院还裁定，尽管FBI的DNA证据受到了该局测试系统的某些方面的影响，它仍然符合第二和第三项标准。

第六巡回法庭利用道伯特标准的审查最有趣的方面是它对第四个标准，即原先的普遍接受标准的分析。在认定DNA分析技术和FBI特定方法的基础理论需要被相关科学界普遍接受以后，第六巡回法庭急需描述它如何看待"普遍接受"。在邦兹案中，法庭没有使用旧有的关于在科学界取得共识的概念，而是认为"只有当一个理论或者程序没有被相关科学界大多数人接受，并且事实上科学界的相当一部分人不喜欢这个原则或程序时，它才不会被普遍接受"。[13]换句话说，仅存的坚持者，如丹·哈特尔、迪克·列万廷和劳伦斯·穆勒不足以表明DNA鉴定技术在科学界缺乏普遍接受。尽管第六巡回法庭并不否认群体遗传学对某些人来说仍然是一个有争议的问题，但他们认为争议应该仅影响证据的分量，而不是它的可接受性：

> 由于 DNA 鉴定的结果是基于在科学上合理的原则，且是通过在科学上合理的步骤得出的，那么，有一些科学家因可能存在种族亚结构就强烈认定概率预测不准确、不可靠就不再是决定性因素了。存在种族亚结构的可能并不意味着 FBI 使用的理论和步骤不是被大众普遍接受的，它只意味着在结果是否尽可能准确的，或者陪审团是否给予该结果任何权重或给多少权重上，存在一些争议。[14]

有趣的是，第六巡回法庭在做出结论时拒绝考虑第一份 NRC 报告的内容。它说：

> NRC 报告的存在是毫无争议的，但是关于它内容的重要性却有非常大的争议。我们承认，几个上诉法院回过头去考虑了 NRC 的报告，让各方简述了报告的重要性，或者由于考虑了该报告而把案件发回重审。然而，我们不能赞同那些法庭的做法，并且我们拒绝对一篇在被告被定罪一年后发表的文章上的内容进行司法认知（即把其内容作为日后不许举证即可进行认定并作为判决依据的行为，译者注）。[15]

因此，与先前将在 NRC 报告公布后把案件发回初审法院重审的法庭不同，第六巡回法庭不愿意用在获取某证据时并不存在的标准来评判该科学证据。[16]邦兹案的裁决凸显了道伯特标准在多大程度上可以使原先不如弗莱标准那么严格的证据审查成为可能，尽管它在理论上也可能对证据进行非常严格的审查。[17]

这种趋势并不仅限于联邦这一层面。在联邦法庭，乘积原则已经在它审理的所有案件中被判定为是可接受的。到 1994 年末，几乎全国所有的州和地方司法管辖区都接受了乘积原则，除了亚利桑那州、华盛顿特区、新罕布什尔州和华盛顿州。[18]在这些区域，上限原则最终取代了乘积原则并被认定为是可接受的。辛普森审判就发生在 DNA 证据在司法界被广泛接受的背景下。

辛普森审判

1994 年 6 月 12 日晚，妮可·布朗·辛普森（Nicole Brown Simpson）和罗纳德·戈德曼（Ronald Goldman）在布朗位于洛杉矶的布伦特伍德（Brentwood）公寓外被人残忍地刺死。6 月 13 日凌晨抵达现场的洛杉矶警察局（Los Angeles Police Department, LAPD）的警探们描述了一个特别血腥的场景，但这个场景也提供了大量的法医证据——包括一顶帽子和一只可能属于凶手的皮革手套，离开犯罪现场时留下的带血脚印以及在距两具尸体 120 多英尺位置的五滴新鲜的血迹。凌晨 4 点 30 分，警探们离开犯罪现场，开车来到 O. J. 辛普森在洛杉矶罗金汉姆的豪宅，通知他，他的前妻（和辛普森育有两个孩子）和一名熟人一起被害。在他们到达时，却找不到辛普森。在环顾四周一段时间后，其中一名侦探马克·富尔曼（Mark Fuhrman）注意到辛普森的白色福特烈马车门上似乎有血迹。根据后来的证词，富尔曼说，他在车上看到了更多的血迹以及一些可以证明发生犯罪的物品。

基于这些观察，警察们在没有首先获得搜查令的情况下进入辛普森的庄园。一进他的庄园大门，他们就叫醒了睡在庄园客房中的辛普森的客人加图·凯林（Kato Kaelin）和辛普森 26 岁的女儿阿内尔（Arnelle）。警探们得知辛普森在谋杀发生后不久就去了芝加哥，后来，他们又得知他的豪车司机在到达他家准备带他去机场时,等待了 40 分钟都没有得到他的回应。这位司机还作证说，在辛普森最终接听他的电话前不久，他看到有个人进入了这栋漆黑一片的房子。

在讨论过程中，凯林告诉警方，在辛普森去机场之前不久，他听到他的客房后面有噪音。当富尔曼独自去调查这一地区时，他声称发现了一只被鲜血浸湿的右手手套，似乎与在犯罪现场发现的左手手套相匹配。在审判中，被告方会充分利用富尔曼在没有其他目击者在场的情况下去调查平房后部的事实。辩护律师团队竭尽全力将富尔曼描绘成一个憎恶跨种族关系（妮可·布朗·辛普森是白人）的无可救药的种族主义者，并传唤了几位证人出庭证实这一说法。有两个证人让这场审判的观众特别感兴趣，他们作证说富尔曼在谈话中反复使用"黑鬼"这个词，尽管他在宣誓后作的证词中说他一生中从未使用过这个词。在他的结案陈词中，辩护律师强尼·科克伦（Johnnie Cochran）甚至将富尔曼比作阿道夫·希特勒，并声称必须阻止他，以免他会对洛杉矶黑人社区造成严重的伤害。"不久前，世界上还有另一个人"，他告诉陪审团："有同样的（种族主义）观点且想烧死人。"[19]

当太阳升起时，警探们报告说在辛普森的福特烈马车内发现了血迹，此外还有洒落在人行道上和罗金汉姆住宅门厅里的血迹。基于这些发现，LAPD 得到授权搜查房子的其余部分。根据搜查令从房子里没收的唯一物证是在辛普森的卧室里发现的一双袜子。尽管犯罪调查专家在发现袜子时没有注意到袜子上有血迹，但几周后，LAPD 刑侦实验室报告称，其中一只袜子上有一个厚厚的血迹，与辛普森前妻的 DNA 图谱相符。虽然被告辩称血迹是由一个种族主义且无能的警队伪造的，但检方认定血迹证明辛普森犯有谋杀罪。

凌晨时分，辛普森终于在芝加哥酒店的房间里与警方取得联系，并乘坐第一班航班返回洛杉矶。在家中短暂停留后，辛普森前往警察总局接受问询。在那里，他声称豪华轿车到达时他正在睡觉，直到晚上 11 点左右才醒来。在询问过程中，侦探们注意到他左手手指上有一处伤口。尽管辛普森对伤口提供了几种解释，但警方认为这是一个至关重要的证据，因为脚印旁边的血迹表明凶手左手在流血。

问询结束后，LAPD 值班护士塔诺·佩拉提斯（Tano Peratis）从辛普森身上提取了血样，并将其放入一个装有一种被称为 EDTA 的保护剂的试管中。佩拉提斯把试管直接交给了 LAPD 警探菲利普·凡纳特（Phillip Vannater），后者立即把它放进了口袋。因为直到下午晚些时候，试管才被列入证据记录中，所以当它离开佩拉提斯的保管后，没有关于试管内容物的官方记录。之后，凡纳特开车回到辛普森的庄园，把它直接交给 LAPD 犯罪学家丹尼斯·冯（Dennis Fung）。后者当时正在采集犯罪现场和辛普森庄园的血迹证据，给他提供协助的是一个叫安德里亚·马佐拉（Andrea Mazolla）的实习生，此人几乎没有犯罪现场调查的经验，于是在审判中，爆发了关于到底抽到了多少血的争论。佩拉提斯最初在一份证词中说，他抽了大约 8 立方厘米（cc），但 LAPD 只记录了 6.5cc。辩护团队称，这丢失的 1.5cc 被用来制造不利于辛普森的罪证。一些在犯罪现场中找到并被认为是来自辛普森的样本中出现了 EDTA，进一步支持了辩方的说法，即警方在犯罪现场伪造了辛普森的血迹。另一方面，检方认为，佩拉提斯没有准确地测量或记住他从辛普森身上抽取了多少血。

冯和他的助手收集的样本被送到 LAPD 的科学调查部门（Scientific Investigation Division, SID），在那里，犯罪调查学家科林·山内（Collin Yamauchi）进行了各种各样的研究测试。从辛普森审判的大剧一开幕，大多数法律专家和评论家就认为，DNA 证据将是辛普森无罪或有罪的关键。至少在早期，证据对他不利。6 月 15 日，从冯送交给 SID 的样品中得出初步的 DNA 结果。利用一种名叫 HLA DQ-alpha 的低分辨率、以 PCR 为基础的 DNA 分析技术，山内确定辛普森的血液样本与从犯罪现场找到的血迹一致，富尔曼在辛普森家发现的手套含有辛普森和两名受害者的血液混合物。尽管这项测试远非结论性的（辛普森的血型约占总人口的 7%）但这足以成为法官签发逮捕令的证据。

在初步结果出来的同一天，辛普森意识到自己有麻烦了，于是开始召集一群辩护律师，他们后来被称为"梦之队"。除了罗伯特·夏皮罗（Robert Shapiro）、F. 李·巴雷（F. Lee Bailey）、强尼·科克伦和阿兰·德舍维兹（Alan Dershewitz），这些已经因在重要刑事案件中担任辩护人而远近闻名的律师外，辛普森还聘请了两位不那么知名但具有丰富挑战法医学证据经验的律师：巴里·谢克和彼得·纽菲尔德。谢克和纽菲尔德后来又邀请了以"尔湾黑手党"而闻名的威廉·C.汤普森加入他们。洛杉矶县地区检察官办公室也开始组建一个引人注目的加州检察官团队来提起诉讼，其中包括几位法医学证据的专家。他们中最著名的是阿拉梅达县（奥克兰）地区副检察官洛克内·哈蒙和圣地亚哥县检察官乔治·"伍迪"·克拉克（George "Woody" Clarke）。

在辛普森应该投案的那天早上，他却不见踪影。九千五百万电视观众很快就会得知，辛普森写了一封看起来像是自杀遗书的信，然后由一个朋友把他接上车，那人开着现在已经是臭名昭著的白色福特烈马SUV车。辛普森坐在后座，拿枪指着他自己的头，似乎是要自杀。在6月17日的整个下午，辛普森的白色烈马在高速公路上被一个由12辆警车组成的车队和7架媒体直升机紧紧跟随。当他的朋友最终把辛普森送回他在布伦特伍德的住所时，那里已经有几十名LAPD的警察等着他，里面还包括二十多名特警队成员和一个突击车队。根据寇尔特电视台（Court TV）对该事件的记录，这次慢速追逐成为电视历史上收看人数第二多的事件，而排列在榜首的则是登月。[20]这样的公开宣传确保了在所有主要电视媒体上播出的审判将有大量观众收看。这将前所未有地将DNA证据公之于众。事实上，首字母缩略词"DNA"在审判过程中会提到一万多次。[21]

辛普森最终投降，并被警方逮捕。LAPD科学调查部门在接下来的几天里建立了针对辛普森的卷宗，为听证会做准备，以确定是否有足够的证据对他进行全面的刑事审判。由于在1994年DNA检测要持续数周，检方先提交了大量的血型鉴定证据，以支持他们关于辛普森犯了两项杀人罪的观点。该案的市级法官表示赞同，世纪审判就开始了。

从预审听证会到1995年初审判开始的这段时间里，实验室送回了DNA检测结果。由于被告的名人身份和该案件在世界各地的知名度，洛杉矶县地区检察官办公室决定最好将犯罪现场证据分开，将生物样本发送到多个实验室。这样一来，他们把样本送到了马里兰州的细胞标记公司和伯克利的加州司法 DNA 实验室（是该州法医工作的中心实验室）检验。总共有超过 45 处血迹被用于 DNA 分析，几乎所有这些都提供了不利于辛普森的罪证。这些结果表明，在离开犯罪现场的脚印旁边发现的血迹符合 O.J. 辛普森的 DNA 图谱，在手套上的血迹符合戈德曼、妮可·布朗·辛普森和 O.J. 辛普森的图谱，在 O.J. 辛普森的卧室发现的袜子上的血迹符合妮可的图谱。

法医调查中的 PCR 技术

这些血迹中的 11 份是由细胞标记公司和加州司法 DNA 实验室用基于 RFLP 技术检验的，其余 34 个则由 LAPD 的 SID 实验室使用叫做"DQ-alpha"和"多标记（Polymarker）"的基于 PCR 技术的方法分析。[22] 与 RFLP 检测不同，LAPD 的 SID 使用的基于 PCR 技术并非依靠长度多态性获得结果，而是根据核苷酸顺序的微小不同进行判断。在这些测试中，使用聚合酶链反应扩增已知在每个个体中不同的特定 DNA 区域。PCR 是一种化学过程，通过这种过程，在特定区域的 DNA 可以一次又一次地被选择性复制，产生该区域的数百万份拷贝。后文将更详细地介绍该技术。PCR 产生的 DNA 将被移到卡片上，而该卡片则镶嵌有识别需要关注的特定序列探针。当一个 DNA 片段附着在探针上时，在反应发生的地方可以看到颜色的变化。举个例子，如果一个人有一个 DQ-alpha 变异体 1 的拷贝和一个 DQ-alpha 变异体 3 的拷贝，来自这些基因的 DNA 片段将与卡片上的变异体 1 和变异体 3 探针结合。没有经过 PCR 的产物会与其他变异体结合，但它们不会被发现。基于 PCR 检测的优点使它们相对快速，只需要少量的 DNA，因为第一步是目标研究区域的指数扩增。

但是这些测试有两个主要缺点。首先，它们分辨率低，因为只有六种 DQ-alpha 变体，它并不比传统的血型检测有更强的辨别个体能力。为了缓解这个问题，五个附加标记被用来和 DQ-alpha 一起使用，它们被统称为"多标记"，但是这些基因的多样性甚至比 DQ-alpha 更小。由于这个问题,这些标记系统几乎不再用于法医检验。[23]更重要的是,PCR 的污染,有令人难以置信的敏感。由于这个过程一开始只有几股 DNA 链,但它们要通过 30 多个复制循环,最终产生几百万个拷贝,所以即使是反应混合物中含有极少量的 DNA 也有可能成为反应的主要产物。尽管在基于 RFLP 的检测中,假 DNA 的污染仍然是一个问题,但是只有在反应混合物中有相当多的 DNA 情况下,不正确的结果才能显示出来。这是因为在 DNA 杂交法中,极少量的 DNA 往往不能被观测到。这样,PCR 有可能放大证据收集和实验室程序中最微小的错误,甚至单个细胞或 DNA 链的污染也有可能产生错误或误导性的结果。

DNA 黄金时期的首次亮相

在长达九个月的审判过程中显而易见的是,对人们利害攸关的不仅仅是一名明星运动员兼演员的有罪或无罪,许多支持 DNA 证据的人认为,它的法律效力和公众信誉也将处于关键时刻。谢克、纽菲尔德和汤普森是被所有参与围绕 DNA 鉴定争议的人所熟知的。这些参与者担心,他们运用法律的策略将不可逆转地改变美国公众对 DNA 证据的看法,甚至是他们对科技工作的总体理解。

这种担忧导致早期最直言不讳的 DNA 证据反对者之一埃里克·兰德尔在《自然》杂志上公开宣布与 FBI 的 DNA 鉴定系统总设计师布鲁斯·布多尔休战。在他们共同署名的文章中,他们宣布 DNA 鉴定的有效性和可靠性已不存在任何争议。[24]所有导致他们开战的问题已经被解决,再也没有必要担心错误或误导性的结果。对于那些嘲笑这篇文章是机会主义宣传的人来说毫不奇怪的是,两位作者将解决在之前法律战中辩护律师和证人所强调的功劳归于 FBI 的问题,即主要交战方之一。[25]

理查德·列万廷在写给《自然》杂志编辑有关兰德尔与布多尔之间休战的信中,没有掩饰他的观点,即有某种阴谋在起作用,将辛普森审判与约翰·肯尼迪遇刺直接联系起来。他写道："为何兰德尔和布多尔选择在一份科学界顶尖期刊的页面上拥抱对方，而且时间点就在布多尔马上就要在数以千万计的电视观众面前作为检方证人，参与一场自肯尼迪遇刺以来最受瞩目案件的审理工作？如同法国人所说，这会让人去思考。"[26]当然，没有人质疑为什么布多尔会同意写这篇文章，尽管有些人对兰德尔的决定感到疑惑（但不是完全出人意料）。在很多次交谈中，和我谈话的人把兰德尔描述成一位主要关心推动自己计划的投机分子——他当时正在MIT筹建一个中心来绘制人类基因组图谱。很多人也说，他们认为他并不想在基因组科学正得到国会日益增多的注意和拨款时，被人认为反对美国政府。尽管很多科学家和律师都这么想但没有人愿意把这种想法记录下来。

当我问兰德尔如何看待这种指控时，他笑了，他指出是受诺贝尔奖获得者、人类基因组计划的第一任负责人詹姆斯·沃森（James Watson）的邀请，申请成立基因组中心的资助，他的提议是由科学同行而不是政治家审查的。在他看来，如果有人对他与布多尔的文章有任何反应，那应该会是负面的，因为他的同行倾向于怀疑政府本身。[27]然而，兰德尔确实向我承认，他对人们在反对DNA证据的有效性和可靠性时援引他名字的方式感到不安，他认为，他在1989年卡斯特罗案中所做的陈述已经如"护身符"一般，即一名律师想批评DNA证据时都会援引这些陈述，根本不管DNA证据是在什么背景下产生的。他觉得，在辛普森的辩护团队与数百万电视观众面前援引他的名字之前，他需要做出一个强烈声明，表示他的旧观点不再适用，还有什么比与布多尔发表联合声明更好的方法呢？

无论兰德尔的动机是什么，他和布多尔都没有试图隐藏他们新友谊的源泉。他们在文章的开头指出，即将到来的辛普森审判会使美国公众对DNA证据着迷，这在很大程度上要归功于媒体对这一主题源源不断的报道。[28]他们随后指出，这次审判"可能是有史以来教给美国人民的最详细的分子遗传学课程"。虽然这种教育通常会受欢迎，但是兰德尔和布多尔感叹道:"问题是教学大纲是由律师准备的,他们的主要角色是搞对抗,可能的结果是造成混乱。"[29]

在他们看来,造成这种混乱很可能是因为媒体已向美国人民报道科学界围绕该技术仍存在斗争和争议。根据兰德尔和布多尔的说法,没有什么比它更偏离事实的了。他们认为,这些问题与技术本身没有多大关系,而是由私人公司在没有适当的质量控制、标准或法医学经验的情况下仓促介入庭审导致的。"现在已经广泛达成共识",他们写道:"很多早期的做法是不可接受的,有些是站不住脚的。至于它(FBI)在开发测试程序时远比它们小心谨慎,它寻求公众的意见,并且选择了保守的程序。"[30]这些程序包括在法院要求对DNA证据可采信性进行评判的案件中,采用"精确的指导以使用上限原则"。尽管他们认为上限原则在科学上有问题,而且过度保守,但他们愿意基于务实的理由接受该原则(即安抚那些由于李案后出现的争议而宣布乘积原则不可采信的司法管辖区的法庭)。[31]

文章还强调,列万廷、哈特尔和兰德尔要求的对亚群体等位基因频率的经验性调查已经完成。[32]在一部名为《数目可变串联重复序列的人口数据:一项世界性的研究》的多卷本研究报告和相关出版物中,FBI报告了分布在50多个地理位置的25个以上不同亚群体中使用的主要用于RFLP的等位基因频率。[33]这份报告代表了世界各地学术界人士、法医科学家、研究机构和刑侦实验室之间的巨量工作和全球合作。最终,FBI得出结论,虽然他们使用的主要种族群体参考数据库中存在一些统计上显著的亚结构,但是亚群体之间等位基因频率的任何差异都是"适度的",没有"法医学上显著的影响"。[34]换句话说,至少根据FBI对他们收集数据的解释,列万廷、哈特尔和兰德尔对群体亚结构会产生破坏性影响的担心是毫无根据的。这些担心在李案中出现且曾在1991年被公开发表。FBI认为,在主要种族群体中出现亚结构的事情是微不足道的,只有学界对它有兴趣。[35]

在给《自然》杂志编辑的一封信中,哈特尔对兰德尔和布多尔在他们的文章中的说法表示震惊。[36]他指责他们忽视或拒绝承认关于DNA分析技术的许多方面的争议，并把它们称为"纯学术"问题，而在他看来，这些争议是真实的，与法医实践密切相关。他指出，统计学上显著是"一个客观、明确、普遍接受的科学证明标准。当不同种族之间的等位基因频率差异具有统计学意义时，这意味着它们是真实存在的一种族之间的基因差异可以忽略不计的假说无法得到支持"。[37]哈特尔认为，FBI和它的支持者不能简单地将"真实"的区别视为与法医工作的环境无关；在他看来，真实的亚结构要求对乘积原则在科学上和法律上进行适当的修正。他暗示，如果不这样做，就是不诚实和虚伪的。

他挖苦了一下FBI，问道："什么时候统计上的显著差异会变成'法医意义上的显著差异（引用联邦调查局科学家写的一篇文章）'嗯？[38] '当DNA图谱出现的概率显著性不同的时候'。猜一下谁来决定什么样的区别是'有意义的区别'？"[39]答案当然是FBI，根据最近颁布的《1994年DNA鉴定法案》，FBI被授权制定DNA分析标准，涵盖相关群体遗传学和统计学的问题。在他看来，FBI应该诚实地说明，两种计算随机匹配概率的方法是在保守程度的两端，乘积原则是在非保守的一端，而上限原则是在更保守的一端。当给予陪审团两种方法得出的结果时，"真实数值"有可能被限制在两端间的某一点。[40]

虽然人们可以质疑哈特尔的总体观点，并声称他预先倾向于反对兰德尔和布多尔的文章，但他在指责二人忽略了很多未解决问题的重要性上是正确的。兰德尔和布多尔在他们的文章中没有提到，DNA鉴定最初糟糕的使用是在辩护律师们的协同努力下才暴露出来的，而且这些律师现在正忙于为国家讲授的分子生物学课程制定教学大纲。他们也没有提到FBI在辛普森一案的调查中没有参与DNA分析（布多尔将在非DNA问题上作证），或是LAPD的SID没有服从TWGDAM的指导。事实上，在庭审中的一个重要发现是，实验室的一些人根本没有严格和常规地遵循任何指南。

兰德尔和布多尔也没有提到辛普森案调查中的很多 DNA 证据是通过新的 PCR 方法得出的，而这些方法只在法庭上受到了有限的审查。尽管他们正确地指出，许多与 RFLP 分析相关的问题已经通过对抗性法律程序被揭露和纠正，但对于 DQ-alpha 和多标记检测却不能这么说，而它们是检察官对辛普森提起诉讼的核心。因此，他们的结论"科学辩论已达到了它们的目的……但是现在是继续前进的时候"[41] 是特别不真实的，因为它没能区分多种形式的 DNA 鉴定。事实上，这种说法公然无视 1992 年 NRC 报告中最重要的信息，即 DNA 分析是一个"'包罗万象'的术语，广泛地指研究遗传多样性的多种方法"。[42] NRC 报告继续说，虽然支持 DNA 分析基本原则的准确性已经不存在科学争议，但"特定的 DNA 分析方法可能适合也可能不适合法医使用。在一种方法在法医应用中被接受为有效之前，必须在科研和法医环境中对其进行严格的分析，以确定在什么情况下它会产生和不会产生可靠的结果。笼统地谈论 DNA 分析的可靠性是没有意义的，即没有具体指出要接受评价的方法"。[43]

尽管哈特尔在写给编辑的信中批评兰德尔和布多尔，但他有关 DNA 证据的观点自他在李案作证后也在变化。尽管他仍然明确不同意 FBI 在 DNA 证据方面的许多政策，但在 1994 年初，他在明尼苏达州诉布鲁姆（*Minnesota v. Bloom*, 516 N.W.2d 159, 1994）一案中代表检方作证。在一次采访中，他告诉我，从一开始，他就相信 DNA 分析对于法医科学来说将是一种有用且难以置信的强大工具。他在李案中作证，只是因为他认为 FBI 使用乘积规则从根本上说是不科学的——他总体来说对执法机构没有恶意。因此，当全国各地的辩护律师引用他反对 DNA 分析时，他很难过，所以他开始寻找一个他可以代表检方作证的案例，在这个案例中，DNA 分析方法和统计学计算都做得正确。[44]

他的机会来了，当时明尼阿波利斯检察官史蒂夫·雷丁（Steve Redding）询问他是否会就围绕 DNA 证据的群体遗传学和统计问题作证。在这个案子中，一名男子被指控强行从一名妇女的家中绑架她，并在她的汽车后座强奸她。明尼苏达州在五十个州中是独一无二的，因为它的州最高法院已经在连续三起案件里禁止在刑事审判中使用统计概率证据来证明身份。[45]这一决定的根本理由是"陪审团使用（统计学上的人口频率）证据作为衡量被告有罪或无罪概率的标准，这种证据将因此破坏无罪推定，侵蚀合理怀疑标准的价值，并使我们的司法系统失去人性，这是一个真正的危险"。[46]布鲁姆案的检察官寻求这一规则对DNA证据的豁免，这就需要专家的证词，说明NRC的上限原则提供了必要程度的保守性，以确保嫌疑人和犯罪现场样本之间随机匹配的概率不会造成过度伤害。

当哈特尔开始检示检察官发给他的信息时，他对明尼苏达刑事拘押局（Bureau of Criminal Apprehension, BCA）所做的工作印象深刻，当细胞标记公司提供的证据在施瓦茨案件中被裁定不可受理后，该局开始进行DNA测试。然而，最值得注意的是，哈特尔的证词只限于群体亚结构和统计学计算的问题。他在1991年与理查德·列万廷合著的《科学》杂志一文中提到的其他问题——最突出的是FBI实验室程序中的不足之处和缺乏有效的DNA分析技术质量控制机制，在他对该案的最初证词中被主动且有意地避免了。当哈特尔向法庭陈述他所收到的关于BCA的基因鉴定系统的文件种类时，没有提到质量控制步骤、水平测试结果或者有关该实验室和其人员总体表现的信息。[47]

在他的证词中，哈特尔认为，当只有很少的位点被检验时，人口亚结构的问题才是尖锐的——就像生命密码公司、细胞标记公司和FBI在这项技术的早期所做的那样。每增加一个基因座，特定亚群体成员共享完全相同的DNA图谱的可能性就会降低。尽管乘积规则在严格的科学基础上仍然是无效的，但它在法医上效果会不那么令人担忧。[48]他说："当到达某一个点时，统计学就无关紧要了……随机匹配的概率……是如此之小，身份很容易推定。"[49]在他看来，BCA使用的9个VNTR基因座构成了压倒一切的证据，证明来自受害者阴道拭子的DNA属于本案被告。他说："根据我最好的判断，9个基因座的

VNTR匹配等于确定身份。"[50]奇怪的是，哈特尔在给《自然》杂志编辑的信中指责兰德尔和布多尔时，同样提到了与法医工作相关性的判断（见上文，在他的那封信中，他认为亚结构问题不仅仅是个纯学术问题，也与法医调查相关，译者注）。

公设辩护律师帕特里克·沙利文（Patrick Sullivan）在布鲁姆案的交叉询问中指出，哈特尔在做出这样的声明时没有考虑到潜在的实验室错误。[51]沙利文分析，如果出现一个调换样品这样简单的人为错误，那么无论是9个位点还是100个位点的匹配都是毫无意义的。遵循这一逻辑，他继续论证说，为了完全理解在任何数量的位点上匹配的概率值，人们必须知道所讨论的实验室出错的频率。尽管哈特尔大体上承认了这一点，但他仍然坚持认为BCA在这种情况下完美地完成了他们的分析。他说，该案件的特殊情况意味着BCA犯任何严重错误的可能性极小：只有当特洛伊·布鲁姆在明尼苏达州DNA数据库中的遗传图谱（他曾经是被定罪的强奸犯）与强奸犯图谱匹配时，才被当成嫌疑人。随后，警察从他身上获取另一份血液样本，该样本与他在数据库中和犯罪现场发现的精液中的DNA图谱都相符。最终，哈特尔用下面的声明来表明他所谓9个位点匹配等于身份匹配说法的合理性："我在宣誓后的证词中隐含的观点是，根据我最好的判断，且加上合理的科学准确性，犯罪现场的样本与据称来自被告的血样相匹配。"[52]

哈特尔在作证时也主张使用上限原则。他作证说，该原则被明确地设计成尽可能最保守地展示DNA证据的方式，并且它充分地防止了夸大随机匹配的可能性。即使当专家证人认为随机匹配的概率比上限原则计算低得多时，他也认为陪审团应该听取最保守的计算，这样，专家给出的更高计算结果将不会带来损害。[53]这也是他在给编辑的关于兰德尔和布多尔文章的信中提出的想法。

当他认为计算随机匹配概率的适当方法得到支持并已经被法庭记录在案后，哈特尔就不在法庭上就该问题作证，且退出了有关DNA证据的争论。随着兰德尔和哈特尔的出局，理查德·列万廷仍然是唯一一位没有放弃或修改他早期对这项技术观点的杰出遗传学家。尽管有其他几名科学家继续为辩方作证，但到了辛普森审判案开始的时候，他们的不满逐渐被科学界的集体发声淹没，该声音称，DNA 证据已经不再是几年前那个存在问题的技术。这个现实最终决定了辩方在辛普森审判案中对 DNA 证据的挑战。

梦之队准备战斗

在审判的早期准备阶段，辩护团队计划依靠这样一个概念，即每种新的法医 DNA 分析方法都必须经过科学审查、验证和严格的可采信性听证会。除了熟悉的指责，即计算随机匹配概率的方法仍有争议和相关科学界没有接受任何统计方法以外，辩护团队还计划称该案中使用的 PCR 技术在法医工作中是新出现的，因此在法庭上不能自动被接受，尽管几个上诉法庭曾做了相反的判决。

正如他们在《排除 DNA 证据的动议》中所说，[54]PCR 技术在法医环境中使用需要的不只是使用这个技术的法医学家，还要被了解该技术化学基础的分子生物学家对收集、运输和处理犯罪现场样本方法普遍接受。根据辩方的说法，他们是唯一完全理解这项技术敏感性的人。辩方写道，因为加州还没有关于这个问题的可采信性听证会，所以在辛普森一案中，在 DNA 证据被认为是可采信的之前，必须举行听证会。另外，因缺乏统计技术来估计这种技术错误的机会，所以使用 PCR 产生的 DNA 证据不应该被法庭采信。[55]直到庭审进行一段时间过后，辩方才计划请 PCR 的发明者凯利·穆利斯（Kary Mullis）来作证说明 LAPD SID 的工作方式极差，所以几乎肯定他们的检测受到了污染。穆利斯此人在吸毒和玩弄女性方面与他在科学上的出众能力齐名，所以最终他没有来作证，因为辩方害怕他的可信度很容易就被检方质疑。辩方还反驳了兰德尔和布多尔的说法，他们认为第一份 NRC 报告中提出的上限原则并没有证实它是双方可以接受的妥协。[56]

尽管没有明确说明，但似乎辩方的观点是，在 NRC 发布即将出炉的第二份报告之前，DNA 证据不应被采信。

辩方律师群体的一个较新的策略是，辛普森的律师称，两份 DNA 图谱的匹配在没有开发统计学方法以计算由操作错误造成的随机匹配概率之前，是不可采信的。在初期的挑战中，辩护律师和他们的证人不同意检方的说法，即 DNA 图谱给出正确的结果或根本没有结果——换句话说，他们认为假阳性是一种无时不在的危险，因为人类是 DNA 测试过程中不可分割的一部分。虽然这种策略经常被使用，但通常是不成功的。在 20 世纪 90 年代初引入 TWGDAM 标准和流程后，它在法庭上基本上是行不通的。如法官在佛蒙特州诉施特赖希（State v. Streich, 658 A.2d 38, 1995）一案中说，尽管 DNA 鉴定当然不能被认为是一种不会产生错误的技术，"遵守公认的程序和质量控制可使错误最少化……我们不能找到最近根据任何可采信性标准做出的任何判决，因检测技术可能无效或有错误风险而拒绝采信 DNA 匹配的结果"。[57]

然而由于围绕 DNA 证据的争论在李案之后转向了统计学问题，批评者开始将错误视为需要测量并纳入证据解释的东西，以使证据能够被采信。最高法院的道伯特裁决刺激了这一转变，因为可测量的错误率是法官用来评估 DNA 证据可靠性的主要标准之一。辛普森的法律团队提出的基本论点是，陪审员需要准确了解 DNA 作证中出错的频率，以恰当的方式使非常小的随机匹配概率的值具有意义。[58]尽管对于如何将这一错误率信息传达给陪审团存在争议——即是否应该将其整合进两份图谱之间随机匹配概率的统计计算中，或者作为单独的一个数字来呈现——几乎所有辩方专家都认同，这对于证据的解释至关重要。哈特尔在李案的证词中说，任何没有考虑误差的统计计算都"毫无意义"。[59]在与布鲁斯·布多尔休战之前，埃里克·兰德尔在合众国诉波特一案中作为法庭证人作证说："为精确的人口频率而担忧简直是疯狂的，在科学上是不可接受的，对于人群中一种基因型的频率，它可能是百万分之一、十万分之一或万分之一，但没有对一个实验室处理样本的准确性和熟练度的准确数据,情况则完全不同……DNA 证据在科学上的可接受性取决于检测的实验室的熟练程度,这样人们就可以知道错误率可能是多少,或者至少对错误率有一个上限。"[60]因为这个证词,审理波特案的法庭是美国少数几个认为实验室操作记录必须伴随着随机匹配概率的法院之一。[61]

这一要求的主要问题是,当时(或今天,就这件事而言)没有一种共同接受的方法来估计 DNA 测试中的错误频率。尽管第一份 NRC 报告提倡测算错误率,但委员会能做的最好事情是建议任何有效的能力测试都应该尽可能地模拟实际的法医案例工作。它没有提供具体的建议来确保测试的真实性,至少部分是因为没有对测量 DNA 鉴定错误率的最佳方法进行研究。在 1996 年的 NRC 报告中,新委员会放弃了 NRC 第一委员会对测量错误率的承诺。他们得出结论,错误率的测量基本上是不可能的,并且"在证据收集、样品处理、实验室程序和案例审查中一丝不苟的小心谨慎可以将发生错误的机率降至最低"。[62]

伊利诺伊大学芝加哥校区(University of Illinois, Chicago, UIC)的约瑟夫·L. 彼得森(Joseph L. Peterson)和 R. E. 甘斯伦(R. E. Gaenssien)进行了第一项严肃的研究,以评估开发一个全国性的由外部机构提供的水平盲测项目的可能性。[63]UIC 是遵照合同进行的这项研究,因为 FBI 在《1994 年的 DNA 鉴定法》中接受了国会的指令,调查这样一个项目的可行性。在成立了一个由包括 FBI 高级官员、学者和辩护律师在内的所有利益相关方成员组成的跨党派国家法医 DNA 审查小组(National forensic DNA Review Panel, NFDRP)后,该小组在 UIC 召开了几次会议,对全国各地的刑侦实验室和辩护律师进行调查,并开发了一种能力盲测,该测试已经在自愿参加该项目可行性研究的几个实验室中成功进行。[64]

NFDRP 的讨论精确地捕捉到了关于能力测试的不同观点。来自辩护律师群体的很多成员认为,检测错误的最佳方法是外部主导的能力盲测。在这种测试中,实验室收到外部机构发送的看上去来自实际案例（或具有已知结果的实际案例）的样品，但它不会有迹象表明这是能力测试。理想情况下，实验室将对证据样本进行测试，然后将结果返回给外部机构。只有在调查完成后，实验室才会发现它已经被测试过。通过进行大量的外部能力测试，该流程的支持者认为他们可以将错误发生的频率汇总起来，最初是在全国整体水平上，最终是精确到每一个实验室。

在反对外部能力盲测的提议时，大多数法医科学家和他们的盟友认为，不可能创建一个真正的外部盲测，因为实验室技术人员在检测案件证据时与警探密切合作。[65]例如，在时间和预算有限的情况下，法医技术人员通常会询问犯罪现场调查人员哪份证据最有可能包含犯罪嫌疑人的遗传物质，而不是测试每一个来自犯罪现场的样本。他们还会询问关于哪些人的图谱有可能被检测出和哪些人是本案主要嫌疑人的信息。换句话说，他们不会在没有其他信息的情况下分析犯罪证据。为了创建一个真实的外部水平盲测，进行测试的组织不仅必须制造一套准确完整的犯罪现场样品，还必须编造一个故事，找到一个愿意将案件提交给实验室并回答实验室可能对证据提出任何问题的执法机构。

反对者还认为，一般用于验证的数据已经在同行评议的期刊上发表，证明了该技术的可靠性。[66]TWGDAM规定的两年一次的内部能力测试不仅是为了确保不发生错误，如果错误确实发生了，它们的原因很快会被确定，任何问题都会得到解决。最后，反对者也反对为全国所有的实验室设定一个总体错误率，因为这可能会错误地使好的实验室看起来很糟糕，反之亦然。[67]能力盲测的反对者的结论是，DNA鉴定的错误是如此罕见，以至于一个昂贵而耗时的能力测试方案是多余的，是对有限资源的浪费。当然，辩护团体反驳说这种说法是可笑的，因为没有进行过潜在错误率的研究。在他们看来，检方认为，缺乏错误的证据就是不收集错误发生频率数据的充分理由。

在小组成员经过对调查和能力测试结果的充分讨论和分析后，

UIC团队下发了最终的建议。[68]该报告下结论说，尽管水平盲测的确是可能的，但是它存在太多的问题，无法大规模使用。大多数小组成员不清楚这样一个昂贵的项目是否会在DNA鉴定方面带来改进，以证明投资是值得的。最终，威廉·汤普森是唯一一投票支持外部水平盲测的小组成员。[69]该小组普遍认为，还没有足够的时间来评定FBI的咨询委员会的认证系统和质量保证准则。它下结论说，对有争议或已完成的案件进行外部审计可能是确保DNA鉴定技术可靠性的更好方法。尽管对选择哪个案件进行审计的标准存在一些分歧，但所有与会者一致认为，审计从最初的犯罪证据处理到匹配统计数据解释，是检查整个DNA鉴定过程的一个好方法。UIC报告同意1996年NRC报告的结论，指出水平盲测的目的不是估计错误率（从实用的角度来看，这是不可能的），而是指出该领域潜在问题的方向，以便实验室负责人和员工能够解决这些问题。最后，专家组一致认为，只要有可能，所有证据样本的一部分都应留待日后由辩方重新分析或审查。

1994年12月中旬，当辛普森一案的律师们正在为出庭做准备时，控方和辩方就DNA证据的可采信性是应该在审前听证会上讨论还是直接在陪审团面前讨论产生了分歧。辩方希望将他们对DNA证据可采信性的质疑纳入审判的主要部分，以加快审判，并确保陪审团从审判开始就能听到他们对检方证据的最强烈批评。[70]伊藤法官站在检方一边，拒绝了这一请求。他要求于1995年1月5日开始审前可采信性听证会。这一决定导致辩护团队改变了策略，鉴于审判受到公众关注，不再举行如卡斯特罗案和李案中的那种可采信性听证会符合他们的最大利益。他们的决定反映了一种务实的努力，既减少了陪审团在等待审判开始时会收到的负面新闻数量，也如新闻报道所称减少了辛普森为自己辩护的花费。[71]

根据一些说法，辩方也开始相信伊藤法官最终裁定本案中的DNA证据不可采信的可能性很小。辛普森一案开审时，只有很少的司法管辖区裁定DNA证据不可采信。事实上，截至1995年6月，已经叙述过的大多数案件的上诉均被驳回，DNA证据被裁定为是可以采信的。[72]

由于可采信性听证会不太可能召开，辛普森的DNA律师们放弃了过去对他们来说非常有效的策略。在为期9个月的审判中，对他们在卡斯特罗案和李案中强调的DNA鉴定系统性问题的讨论明显减少。群体亚结构和上限原则让位于可能产生误导性DNA图谱的操作和偶然事件，即便当时人们也已假设DNA图谱是一种非常有效和成熟的技术。他们试图探寻DNA鉴定技术在人工操作和制度方面的问题，相对来说这没有触及该系统的技术核心。他们最终的论点是，DNA鉴定确实能够产生有效和可靠的结果，但在这个过程的每一步都存在潜在的人为错误。具有讽刺意味的是，尽管谢克、纽菲尔德和汤普森以前曾认为人为错误的可能性是该技术系统的固有部分，但现在他们试图将DNA鉴定技术变成一个黑盒，只有在犯罪学家和实验室技术人员犯错误时才会产生错误。谢克借用计算机科学的一个比喻，并在法庭上无数次重复"垃圾进，垃圾出"这句话，换句话说，当你的输入有致命缺陷时，不要责怪技术。

辩护小组日复一日地传唤证人，最著名的是亨利·C.李（Henry C. Lee），他在辛普森审判时是康涅狄格州的首席刑侦学家，以及约翰·C.格德斯（John C. Gerdes），他是丹佛一家名为免疫学协会（Immunological Associates）的私营医疗诊断公司的临床主任。他们攻击了证据的收集、处理、存储和分析过程。两位证人都指责刑侦学家丹尼斯·冯和他的实习生安德里亚·马佐拉在犯罪现场的草率做法，包括没有在储存前适当干燥犯罪现场样本。他们还作证说，LAPD的DNA检测设施是该国最破旧的实验室之一，也是一个未能遵循普遍接受操作指南的实验室。李和格德斯试图使检察官相信，辛普森案的参考血样受犯罪现场样本污染的机会很多。在交叉质询中，山内承认他在自己的工作区洒了少量辛普森的血，然后在没有清洗仪器或更换手套的情况下，处理了那个带血的手套和其他带有犯罪现场中血滴的样品。[73]尽管控方称,控制措施的使用排除了这起事故中的任何潜在污染,但辩方认为,这些控制措施没有得到适当执行。[74]辩方证人甚至提供了证词,表明来自妮可·布朗·辛普森和罗纳德·戈德曼的参考血液样本被 O. J. 辛普森的血液污染。[75]总的来说,辩方认为,LAPD SID 的刑侦专家们在正确处理证据方面受到的训练很差,且不了解当使用 PCR 技术时,哪怕是微量的来自一个样品的 DNA 都能污染另一个样品。当辩方不攻击冯和山内时,他们忙于对 LAPD 为何要陷害辛普森做出可信的解释。除了针对富尔曼的种族主义和他表达的对种族间关系的鄙视外,他们还提出很多警探都知道辛普森先前与妮可的家庭纠纷。

DNA 力量

最终,辩方的工作与其说是在陪审团的头脑中灌输对 DNA 鉴定技术科学性的怀疑,不如说是说服他们不要相信处理犯罪现场的不诚实的警察和在 LAPD 实验室拙劣地为 DNA 测试准备样本的技术人员。对该策略最广为人知的总结如下,谢克反复要犯罪学家冯(原文是:"在哪里,冯先生?")指出在双重谋杀案发生后的早晨拍摄的照片和视频中指出位于邦迪大道的犯罪现场后门和辛普森袜子上的血迹位置。如辩方顾问威廉·C. 汤普森在一篇分析辛普森案中 DNA 证据的文章中所说,"该案有许多科学问题,但它们与 DNA 测试背后的基础科学或 DNA 分析技术的实验室程序细节关系不大,而与样本在到达 DNA 实验室之前可能发生的交叉污染有关"。[76]被辩护团队穷追不舍的唯一系统性问题是,对辛普森的图谱和犯罪现场发现的证据之间匹配的罕见性的统计计算结果不应该被采信,因为它们没有加入针对因错误或人为干扰而导致虚假结果可能性的校正因子。[77]

即使是在 20 世纪 80 年代末和 90 年代初发表了一些描述 DNA 鉴定之争的最具争议文章的《纽约时报》,也为缺乏对 DNA 鉴定基本技术的挑战而感到惊讶。在一篇题为《DNA 力量》的社论中,时报写下如下的文字：

> 尽管辛普森一案的陪审团人数不断减少，对关键证人的诚实程度也不断有新的看法，这几周来最重要的进展是对 DNA 血液测试技术的尊重。即使在这场激烈交锋中的谋杀案审判中，DNA 测试的基本理论和潜力也没有受到严重质疑。事实上，辩方通常并不质疑科学的有效性，而是指控血液证据在进行 DNA 分析之前被制造阴谋的警察不当处理或者篡改。[78]

然而，正如汤普森指出的那样，辩方采取这一策略的一个关键原因是，检方已经向另外两个实验室发送了样本进行重复测试，以验证结果。因为这两个机构多次犯同样错误的可能性微乎其微，辩方不得不在审判的更早阶段提前关注证据问题。[79]如果所有的 DNA 测试都是由山内在 LAPD 的设施中进行的，人们可以想象辩护工作会呈现出一种完全不同的特征，也许就会包括举行他们已经决定不再争取的可受理性听证会。

最终，奥伦塔尔·詹姆斯·辛普森在所有指控上均被宣告无罪，在全国各地的黑人社区掀起了一场声势浩大的庆祝活动，这却让其他人挠头，不知道怎么会有人认为辛普森没有犯下谋杀罪。正如最终判决表明的那样，辩方非常成功地对案件中的 DNA 证据提出了质疑，以至于非遗传学证据的力量，包括与辛普森拥有的一双罕见鞋子相匹配的血脚印，都被消解了。陪审团最终进行了不到四个小时的审议，然后于 1995 年 10 月 2 日宣布辛普森无罪。尽管批评者指责辩护团队混淆视听使陪审团成员感到不知所措，辛普森的辩护团队辩称，是检方未能反驳他们的指控，最终影响了案件中的陪审员。交叉污染的可能性太大，植入证据的可能性太大，而防止此类问题发生的指导方针太少。[80]

辛普森一案在许多方面都是在美国为最后一次对 DNA 鉴定技术

挑战中的胜利庆祝。尽管该案中的证据受到了猛烈的批评,但谢克和纽菲尔德对该技术本身及其在这一特定案件中使用进行了明确的区分。正如谢克在 2003 年的一次采访中所说:

  就法医科学而言,(对辛普森审判来说)尚有一线希望,因为我们从未攻击 DNA 技术的有效性,因为它是一种有效的技术,是一种革命性的技术。O. J. 辛普森案的问题在于收集证据的方式。他们把 19 世纪的证据采集方法用于 21 世纪的检测技术,它不仅有可能,而是确实会产生被污染的结果。所以最终,证据的收集和处理是我们攻击辛普森一案中所产生东西的方式。[81]

因此,尽管还有一些人持续对 DNA 证据表示怀疑,到辛普森审判结束时,谢克和纽菲尔德似乎因对围绕 DNA 鉴定的有效性和可靠性的所有重要问题都已经被暴露而感到满意。事实上,在采访中,他们得意地指出,辛普森审判提高了刑侦实验室的问题意识,从根本上改变了从犯罪现场收集和处理生物证据的方式。[82]

清白专案(the Innocence Project)

辛普森审判后,谢克和纽菲尔德与检察官达成了公开和解,在过去的五年中,他们曾在法庭上、国会大厅和过去五年的会议上面对面交锋。用谢克的话说:"我们以前的对手,即那些 DNA 专家,如圣地亚哥德检察官伍迪·克拉克和阿拉梅达县这里的检察官洛克·哈蒙。最终,在审判结束后,我们都成了朋友。事实上,我们彼此认识,在此之前很友好,在审判后,我们成了盟友。"[83]纽菲尔德告诉我说,他和谢克,现在也和约翰·希克斯关系很好。希克斯在 FBI 的 DNA 分析小组建立期间是 FBI 的实验室主任,现在领导着纽约州的法医科学工作。

考虑到他们的任务已经超出了保护他们的客户免受不可靠证据的

侵害，他们的这种转变就解释通了。1992年，他们创立了"清白专案"（the Innocence Project, IP），一个位于纽约市卡多佐法学院（Cardozo School of Law）的非盈利性法律诊所（供法学生做兼职法律服务工作以获取学分的机构，译者注），谢克也在该学校担任教授。这个非营利法律诊所的建立是为了使数千名因错误定罪而在美国监狱系统中饱受折磨的人获得自由。然而，为了在这项艰巨的任务中取得成功，他们需要一种如此可信和有说服力的证据，以使检察官和执法人员不会不同意他们的意见。他们在DNA中发现了这个能说出真相的人。

当O.J.辛普森谋杀案的审判逐渐进入美国人的集体历史记忆中时，谢克和纽菲尔德正忙于给DNA证据注入一种神秘的力量。谢克和纽菲尔德在他们2000年的书《事实上无罪》（Actual Innocence）中和吉姆·德威尔（Jim Dwyer）合作描述了清白专案。如他们在书中所说：

> 现在，错误定罪上的罩布被揭开，清晰的线条连接着一个俄克拉荷马的富商和一个马里兰的渔夫。有时，目击者犯错误，告发者说瞎话，供认是被迫的或是编造的。种族主义战胜了真相。实验室的检测被幕后操纵，辩护律师睡着了，检察官们说谎。DNA检测对司法就如同望远镜对星星：不是生化课，不是用玻璃放大镜展示奇观，而是一种真实观看事物的方法。这是一台用于展示真相的机器。证据会说，有可能数以千计的无辜者还呆在监狱中。[84]

撇开他们对法医样本性质的担忧不谈；至少在一段时间内，他们对实验室错误的恐惧消失了；他们对DNA证据的总体怀疑也消失了。《事实上无罪》甚至没有提及谢克和纽菲尔德在卡斯特罗案和李案中关于挑战DNA证据的先前经历——这是一个删节版的历史，DNA在这里作为胜利的英雄出现。当我问纽菲尔德，他和谢克为什么没有讨论有关先前曾提到的有关该技术的问题时，他说："这是一本不同的书，就是这样。没有人在隐瞒什么，显然，我们的作品就在那里，这就是一本不同的书。这本书不是一本关于 DNA 的书。这是关于犯罪司法系统出了什么错误和如何解决它的书。"[85]

谢克和纽菲尔德长期以来一直认为,尽管 DNA 证据在以定罪为目的时仍存在问题,但它却可以可靠地实现排除,因为这不需要群体遗传学或统计学。换句话说,虽然需要计算两个完全相同图谱之间随机匹配的概率,以便明确地说这些样本来自同一个人,但不匹配不需要解释。然而,这种观点忽略了非常现实的问题,如污染、通常储存于非理想条件下样本中的 DNA 降解,以及保存链问题(即在过程中的每一阶段谁来接手样本)。不过,因为他们在接手案件之前仔细审查了每个案件的情况,清白专案很少需要公开讨论 DNA 证据的问题。事实上,清白专案只在 DNA 证据能确凿证明实际上无罪时才接手案件,它对这一点毫不掩饰。[86]

在过去的 15 年里,清白专案在规模和声望上都有所增长。迄今为止,已有近 200 人由于它的努力而被无罪释放。[87]该项目目前居于全国的清白工作关系网(Innocence Network)的中心,该关系网是由一群法学院、传媒学院和公设辩护人办公室组成的,它们均致力于将无辜的囚犯从监狱中释放出来。该项目还将它的任务扩大到立法领域,并游说州和地方一级的政治家,要求他们立法保护被定罪的重罪犯寻求定罪后救济的权利,并要求执法官员在这些案件中遵守要求。整个的体系依赖于将 DNA 鉴定作为法医证据的黄金标准的可信性。因此,这很明显就是为何谢克和纽菲尔德不愿意如他们在 20 世纪 80 年代晚期和 90 年代早期那样公然挑战这项技术的原因。

STR 分析:棺材板上的钉子

正当围绕基于 RFLP 的 DNA 鉴定的争论接近尾声时,下一代 DNA 鉴定技术正在被开发出来:短串联重复序列分析(STR)。尽管 STR 技术最初在 20 世纪 90 年代早期在美国由托马斯·卡斯基发明出来,但是它们在欧洲的应用更快一步。今天,几乎美国所有的 DNA 鉴定实验室都在进行 STR 检测。像 RFLPs 一样，STR 也基于长度多态性。然而，顾名思义，短串联重复序列中的重复单元比 RFLP 分析的序列短得多（分别是 2—6 个碱基对和 10—100 个碱基对）。RFLP 检测和 STR 检测的另一个关键区别是利用 PCR 仅对目标基因座进行鉴定和分离，而不是用限制性酶将样品切割成不同的条带。

使用基于 PCR 的 STR 检测有多个主要优点。首先，如前所述，该过程产生目标基因座的几百万个拷贝，因此只需从犯罪现场回收极少量的生物材料，分析就能有效进行。基于 PCR 系统的第二个优点是，分析过程中不会降解 DNA，所以可以同时检测来自含有生物证据的同一个微量样本的多个 STR 区域。这一特性为 STR 测试提供了第三个优势：用于识别特定目标区域的探针可以合并到单独一个分析试剂盒中。这个过程通常被称为"多重操作"或"多重 PCR"，它需要对不同探针系统进行大量的优化工作，需要大量的工作使其完善。[88]这些试剂盒大大简化了法医技术人员的工作，因为他或她可以简单地将 DNA 添加到装满进行 PCR 反应所需的所有化学物质、酶和分子的试管中。最后一个优点，由于各种技术的发展，如毛细管电泳（DNA 可以通过在细管中，而不是平板凝胶中电泳进行分析）和荧光染料，加上计算技术的急剧发展，STR 分析可以高度自动化。所有这些特征的结果是，STR 分析可以在一天内产生结果，而基于 RFLP 的最快处理需要几天时间。

像以前的 DNA 鉴定一样，STR 分析从犯罪现场样本中分离出 DNA 开始。分离样本之后，DNA 要进行 PCR 反应。该反应是一个由酶催化的过程，一遍又一遍地复制基因组的特定区域。这个过程需要在各种化学物质、酶和分子存在的情况下，用精确的温度加热和冷却 DNA 大约三十个周期。PCR 反应混合物最重要的组成部分是两个"引物"，或短核苷酸序列，它们与目标区域某一边界的 DNA 序列互补。这些引物结合到基因组中需要扩增的目标区域，并吸引真正用于复制 DNA 的热稳定酶。这些引物用有色染料标记，用于在分析 PCR 反应结果时测量每个位点的长度。这种酶被称为 Taq 聚合酶，它利用反应混合物中存在的核苷酸（A、C、T 和 G）来复制两个引物之间的 DNA。除了这些组分，还要向混合物中加入各种盐和水以稳定反应。

PCR 反应的第一个步骤包括 DNA 的变性，或者说将其分离成单链分子。这是通过将 DNA 加热到大约 94℃的高温来实现的。分离之后，反应混合物被冷却到大约 60℃，那时，引物与和它们互补的 DNA 序列结合。如上所述，在同一反应中可以分析几个不同的区域。接下来，混合物被加热到大约 72℃，此时 Taq 聚合酶定位在引物上并复制它们之间的 DNA 区域，形成原始 DNA 分子的双链拷贝。在这个过程完成后，温度再次升高到 94℃。这个大约需要五分钟能完成的循环将被重复 29 次。

在重复的 PCR 反应循环结束时，仅从几个原始的 DNA 分子中就产生了几亿个目标区域的拷贝。过程的下一步是分析结果。今天，几乎所有的主要刑侦实验室都使用私营公司出售的自动化仪器来做这件事。这种仪器最常见的版本被称为"基因分析仪"，由一家名为应用生物系统（Applied Biosystems）公司制造。[89]与 RFLP 分析一样，PCR 反应产物通过电泳分离。然而，在这种情况下，PCR 产物通过一个小毛细管。毛细管在携带着一种粘性材料的电流的作用下，使 DNA 碎片从中通过。[90]尽管是一个不完美的类比，人们可以将毛细管设想成只有一个泳道的用于 RFLP 检测的凝胶。[91]较小的片段比较大的片段移动得更快，因此通过毛细管的速度更快。当片段靠近管子的末端时，它们会通过激光束，这使得与它们结合的染料发出荧光，并发出独特的颜色。当每个 DNA 片段通过这个检测窗口时，机器的摄像头会记录时间、颜色和光强。这一信息被记录为毛细管电泳图谱上的一系列峰，看起来有点像特艺集团（Technicolor）的彩色心率监视器。基于这一信息，一个专门的计算机程序将用来解释数据。应用生物系统的机器采用了一种叫做基因扫描（GeneScan）的软件程序。在数据解释过程的最后一步，基因扫描程序处理过的毛细管电泳图谱得出的数据被导入另一个名为基因分型者（Genotyper）的程序，它最终将分辨出单个等位基因。需要记住的是，计算机程序必须从不总是完美的数据中区分十几个STR基因座的大量等位基因。众多的技术问题可能导致数据解释上的错误和偶尔的波峰辨认错误，其中大多数涉及出现在真正峰之前、之后或之间的较小峰。[92]虽然这些错误的峰在单一的DNA样品中相对容易分辨，但在混合物中就麻烦得多，这种情况经常发生在强奸案中。除了这些问题，还有一系列其他问题需要在数据解释过程中进行人工干预。[93]

由于操作的复杂性，尽管该过程已经高度自动化，人为的干预和判断有时候还是必要的。特别是在特定犯罪现场的样本来自多于一个人和DNA降解的情况下。然而，目前，判定两份图谱是否匹配还没有被广泛接受或在全国范围内认可的标准。如同DNA鉴定和法医科学的其他领域，目前只有指南和建议。

因此，两个不同实验室的分析师在对诸如一个峰是真实的等位基因还是技术上造成的假象，或一个等位基因的缺失是由于DNA降解造成的还是意味着两份图谱不匹配之类的问题上会有不同的结论。另外，有关一份图谱在缺乏多少等位基因时还能用于和另一份匹配的问题上，也没有严格的标准——司法系统必须依靠DNA分析师通过案件中的事实来做出他或她最接近的判断。根据很多辩护律师的说法（最著名的是威廉·汤普森），这些判断并非是客观的，而是根据检察官或者执法人员想要的结果。[94]虽然这种说法并不完全准确，因为法医界已经进行了大量的研究来处理这些问题，并提出了许多解决方案，但事实是，大多数方法都没有受到像早期涉及RFLP的案件（如卡斯特罗案和施瓦茨案）中那样的广泛的法律界审查。可能并不出人意料的是，只有通过尽可能消除对DNA鉴定中明显人为干预来减少个人偏见的影响，计算机编程者正努力开发专业系统软件来自动识别等位基因。[95]

目前，有几十种STR标记可供使用，但FBI已经为它的DNA数据库选取了其中的 13 种，其中 8 种与欧洲的标准系统相同。这样一来，所有在美国境内进行的 DNA 分析最少含有这 13 个基因座。然而，在很多情况下，更多的基因座将被使用，以加强身份辨认能力。这 13 个基因座已经被分析得很透彻，所有的人口数据都可以在国家标准与技术研究院的短串联重复 DNA 网上数据库中获得或进行查询。[96]由于辩方对基于 RFLP 的 DNA 鉴定的挑战，FBI 和它的盟友做了**出乎寻常**（原文如此）的努力，保证选中的 STR 基因座不会受到特定人群中异常高水平的亚结构的影响，并且是相对独立遗传的。当出现存在亚结构或非独立遗传的证据时，按照第二份 NRC 报告中的建议设定的修正因子将被引入到乘积原则中。尽管与 RFLP 基因座相比，在给定的 STR 基因座中通常没有那么多等位基因，但它们的基因座数量之多意味着群体遗传学问题不像基于 RFLP 的鉴定那样令人担忧。根据一项计算，当所有 13 个基因座与乘积法则结合使用时，在不相关的个体中，未调整后的随机匹配平均概率小于万亿分之一。由于在开发 STR 技术时已经对群体遗传学问题特别注意，加之第二份 NRC 报告中规定的用于可能的亚结构的统计学修正，DNA 鉴定中的群体遗传学问题已经不再是主要被考虑的问题。

在 STR 系统最初被引入法律体系时，用来开发试剂盒的 STR 系统被一些私营公司，诸如应用生物系统公司和珀金·埃尔默（Perkin Elmer）公司，认定为私有财产，并受到商业机密赔偿规则的保护（需要注意的是，生命密码公司和细胞标记公司目前都是兰花生物科学（Orchid Biosciences）公司的一部分，它们用这些系统进行 DNA 检测，却没有参与它们的开发）。在早期的几个案件中，如加州人民诉博金案（*People v. Bokin*, 1999, 未报道）、佛蒙特州诉芬宁案（*State v. Pfenning*, 2000），和科罗拉多州人民诉史莱克案（*People v. Shreck*, 2000），辩方律师认为这些试剂盒没有经过公司外部的科学家或法医学界的充分验证。这种验证目前是不可能的，因为公司将引物序列和其他信息对外界保密。尽管芬宁案和史莱克案的法官最初接受了这个论点，科罗拉多州最高法院在一年后推翻了后者的决定。[97]自从这个判决后，全国各地的法院都驳回了引物序列需要公开才能进行合理的验证这种要求。在这些案件中，法官认为，使用该技术的刑侦实验室每次使用该技术时都会对其进行验证，远超私营公司为将其STR试剂盒推向市场时所做的初步工作。正如明尼苏达州的一名法官用一个非常过时的类比说的那样，STR技术"就像一台A型福特汽车。数以千计的车主会说它非常好驾驶，尽管亨利·福特不能或不愿意解释它"。[98]

最近，刑侦实验室用来处理和分析DNA图谱的机器已经成为密不透风的黑匣子，受到严格保密的计算机算法和自动化系统的保护，免受辩方的审查。法医实验室之外的人几乎不可能查看使用上述方法制作的DNA图谱数据，因为创建专属软件的公司只会将必要的计算机程序与他们的DNA分析仪捆绑销售。这个组合非常昂贵，远远超过了大多数辩护律师和顾问的预算（打开证据展示过程中收到的数据文件所需的程序要花费几千美元）。尽管一些法律顾问，如西蒙·福特和怀特州立大学的生物学家丹·克拉内购买过这些程序，但因为分析耗时耗财，定期把DNA数据送到他们那里对大多数辩护律师来说还是担负不起。为了解决这个问题，克拉内和汤普森、福特以及两位生物信息学专家贾维斯·杜姆（Travis Doom）和迈克尔·雷默（Michael Raymer）共同开办了一家名为法医生物信息学（Forensic Bioinformatics）公司，以低廉的价格为辩护律师提供这种专业技术。该公司使用了一种专门定制的计算机软件，可以对DNA证据进行基本的审查，并标记出可能的问题。[99]

信任问题

如哈佛大学肯尼迪政府学院的戴维·拉泽尔（David Lazer）在他于2004年编纂的文集《DNA和刑事司法系统：司法技术》的序言中所评论的：

较早的一卷关于 DNA 在刑事司法系统中使用的文集题目是《法庭上的 DNA》……DNA 技术已经不再受质疑；事实上，它已经被巧妙地融合进了法庭之中。当然，这并不意味着在刑事诉讼中，围绕 DNA 技术的使用已经没有了争议。现在突出的是，关于 DNA 技术最主要的争议是围绕着该系统的能力，而不是该技术的可靠性本身。事实上，DNA 技术的精确性，是在现行刑事司法系统的审判中展现出的能力。[100]

通过"系统能力"一词，拉泽尔指出一种明显的矛盾情况：谢克和纽菲尔德完全愿意在辛普森审判中挑战 DNA 证据的可靠性，但是他们在使用 DNA 证据帮着被定罪的人脱罪时，就好像它完全没有问题一样。拉泽尔解决这个难题的方法是宣称谢克和纽菲尔德对 DNA 鉴定技术完全信任，但却对使用这个技术给人定罪的刑事司法系统不怎么信任。在他们眼中，这个系统是被有种族偏见、薪水不足的辩护律师和有问题的执法行为推动的。[101]

拉泽尔继续说，辛普森案是一个"关于对科技信任和对系统信任之间相对关系最好的事例……O. J. 辛普森案的基础是信任问题：不是对 DNA 技术的信任，而是对这个系统的信任。洛杉矶市警察局是否妥善处理了来自辛普森的样本？他们是否可能参与陷害辛普森的阴谋？总之，这个技术不能根治对这个系统的不信任"。[102]这个"陷害"的说辞暗示了一种观点，即谢克和纽菲尔德信任 DNA 鉴定技术，而不是使用它的警察。然而，这种说法只能在事后解读辛普森案的意义时才能被接受。正如同《排除 DNA 证据的动议》中清楚指出的那样，辛普森的辩护团队计划辩称，由于尚未解决的技术争议，本案的证据不应被接受。撤回对可采性质疑的决定不是因为对该技术可靠性的基本信念，而是因为该审判每天要向全国各地的千家万户直播的特殊情况。因此，他们批判这个系统而不审查 DNA 技术核心的策略不应被认为是一个对该技术完全可信的先见表示。相反，谢克和纽菲尔德对 DNA 证据的信任只能从他们为清白专案工作的环境下理解。

他们新出现的对 DNA 证据的信任可以和威廉·汤普森的观点形成有意义的对比。汤普森是他们请来的协理律师，帮助他们起草动议并就 DNA 测试结果的解释对证人进行交叉质询。在汤普森看来，辛普森审判显示出**仍然有另一个问题**（原文如此）影响着 DNA 证据的有效性和可靠性——即在检测以前如何处理样品。在审判后，谢克和纽菲尔德开始宣称处理犯罪现场的证据是需要被解决的**最后一个问题**（原文如此）。对于汤普森和一个虽然直言不讳但是逐渐缩小的 DNA 证据批评者群体来说，有三个关键问题还未得到解决。首先是需要一个 FBI 之外的机构来监管 DNA 鉴定实验室并对其设定标准。其次，与所有主要顾问团、小组和委员会的调查结果完全相反的是，持续不断的实验室、人员和数据错误解释方面的问题损害了结果的可信性。最后，除非为 DNA 实验室和技术人员开发一个有意义的水平盲测方案，否则无法估计误差率。最近，由于做 STR 分析的试剂盒生产而导致的 DNA 鉴定工作重新私有化问题引发了新的忧虑，这些忧虑仍需被解决。

两个因素限制了把批评者的信息传递出去的能力，一个是精彩纷呈的辛普森案使媒体不堪重负，对 DNA 的缺陷缺乏兴趣，再有就是缺乏如数年前那样能把他们的信息传递出去的重磅专家。毫无疑问，谢克和纽菲尔德将 DNA 证据作为法医学黄金标准的决定一定会在辩方挑战 DNA 证据时阻碍他们。只有时间才能证明，对 DNA 证据的有效性和可靠性仍持怀疑态度的少数人是否是对的。他们认为今天系统性的问题和二十年前当 DNA 鉴定技术被引入司法系统时一样严重。

注释

1. National Research Council, *The Evaluation of Forensic DNA Evidence* (Washington, DC: National Academy Press, 1996), 122 (hereafter cited

as *NRC 1996*).
2. 同上。
3. 同上，第 4 章。
4. *State v. Pierce*, 597 N.E.2d 107, 115 (Ohio, 1992).
5. 有关道伯特案更多信息，见 Margaret Berger, "Expert Testimony: The Supreme Court's Rules," *Issues in Science and Technology* 16, no. 4 (2000): 57–63.
6. *Daubert v. Merrell Dow*, 509 U.S. 579, 592–593.
7. 同上，第 593 页。
8. 同上，第 594 页。
9. 同上。
10. 同上。
11. Lloyd Dixon and Brian Gill, *Changes in the Standards for Admitting Expert Evidence in Federal Civil Cases since the Daubert Decision* (Santa Monica, CA: RAND Institute for Civil Justice, 2001).
12. Project on Scientific Knowledge and Public Policy, "Daubert: The Most Influential Supreme Court Ruling You've Never Heard Of," report, Tellus Institute, Boston, June 2003.
13. *United States v. Bonds*, 12 F.3d 540 (Sixth Circuit, 1993), 562.
14. 同上，第 564-565 页。
15. *United States v. Bonds*, 553.
16. 例如，见 *United States. v. Bonds*; Wesley, California cases, *Comm v. Langanin* (MA 1994); *State v. Copeland* (WA 1999 922 P.2D 1304); and Minnesota cases. 也见 Barry Scheck, "DNA and Daubert," *Cardozo Law Review* 15 (1994): 1959.
17. 有关道伯特案如何使司法审查更严格的分析，见 Scheck, "DNA and Daubert," 1959–1997.
18. 这些地区在如下案件中认为乘积原则不可采信，*State v. Bible*, 856

P.2d 1152 (Arizona, 1993); *State v. Vandebogart*, 616 A.2d 485 (New Hampshire, 1992); *State v. Cauthron*, 846 P.2d 502 (Washington State, 1993); *United States v. Porter*, 618 A.2d 629 (Washington, DC, 1992).

19. Johnnie Cochran, "Closing Arguments in *People v. Simpson*," transcript, 28 September 1995, 47793–48036, http://walraven.org/simpson/sep28.html (5 May 2003).

20. *Court TV* Crime Library, "Hit the Road Jack," http://www.crimelibrary.com/notorious_murders/famous/simpson/jack_6.html (8 February 2006).

21. Henry C. Lee and Frank Tirnady, *Blood Evidence: How DNA Is Revolutionizing the Way We Solve Crimes* (Cambridge, Mass.: Perseus Publishing, 2003), 265, quoting *US News and World Report* list.

22. 用于检测 DQ-α 基因序列多态性的试剂盒和五个"多标记"基因都是由珀金·埃尔默生物技术公司分别于 1991 年和 1993 年开发的。

23. 有关 DQ-α 和"多标记"基因的较全面介绍，见 Donald E. Riley, "DNA Testing: An Introduction for Non-Scientists, An Illustrated Explanation," http://www.scientific.org/tutorials/articles/riley/riley.html.

24. Eric S. Lander, "DNA Fingerprinting Dispute Laid to Rest," *Nature* 371, no. 6500 (1994): 735–738.

25. 特别参见 Gina Kolata, "Two Chief Rivals in the Battle Over DNA Evidence Now Agree on Its Use," *New York Times*, 27 October 1994; and R[ichard] C. Lewontin, "Forensic DNA Typing Dispute," *Nature* 372, no. 6205 (1994): 398.

26. Lewontin, "Forensic DNA Typing Dispute Laid to Rest."

27. Eric Lander, interview with author, 5 May 2003.

28. Lander, "DNA Fingerprinting Dispute Laid to Rest," 735.

29. 同上。

30. 同上。
31. 同上，第 738 页。在他们看来，联邦调查局已经采用了足够的保守保障措施，例如在计算等位基因匹配概率时，将包含少于 5 个等位基因的箱组合在一起，以及在计算具有单个等位基因的特征频率时，使用 2p 而不是 p2。（原文如此，疑为 p^2，译者注）。
32. 同上。
33. U.S. Federal Bureau of Investigation, *VNTR Population Data: A Worldwide Study*, 3 vols. (Washington, DC: Federal Bureau of Investigation, 1993). 两篇公开发表的论文总结了该报告的主要内容。B[ruce] Budowle et al., "The Assessment of Frequency Estimates of Hae Ⅲ-Generated VNTR Profiles in Various Reference Databases," *Journal of Forensic Science* 39 (1994): 319–352; B[ruce] Budowle et al., "Evaluation of Hinf Ⅰ-Generated VNTR Profile Frequencies Determined Using Various Ethnic Databases," *Journal of Forensic Science* 39 (1994): 988–1008.
34. FBI, *VNTR Population Data: A Worldwide Study*, vol. 1, 1–2.
35. 同上。
36. D[aniel] L. Hartl, "Forensic DNA Typing Dispute," *Nature* 372, no. 6505 (1994): 398-399.
37. 同上，第 398 页。
38. B[ruce] Budowle et al., "A Reassessment of Frequency Estimates of PvuII-Generated VNTR Profiles in a Finnish, an Italian, and a General U.S. Caucasian Database: No Evidence for Ethnic Subgroups Affecting Forensic Estimates," *American Journal of Human Genetics* 55 (1994): 533–539.
39. Hartl, "Forensic DNA Typing Dispute," 398–399.
40. 同上，第 399 页。
41. Lander, "DNA Fingerprinting Dispute Laid to Rest," 735.

42. *NRC 1992*, 51.
43. *NRC 1992*, 52.
44. Daniel Hartl, interview with author, 4 April 2003.
45. *State v. Carlson*, 267 N.W.2d 170 (1978), *State v. Boyd*, 331 N.W.2d 480 (1983), and *State v. Kim*, 398 N.W.2d 544 (1987).
46. 转引自 *State v. Kim*, 547.
47. Dan Hartl, testimony in *People of Minnesota v. Bloom*, 14 (Minn. Sup., 1994), Simpson MSS, Box 1.
48. 同上，第 9-10 页。
49. 同上，第 30 页。
50. 同上，第 38 页。
51. 同上，第 68-71 页。
52. 同上，第 76 页。
53. 同上，第 124 页。
54. Barry C. Scheck, Peter J. Neufeld, and William C. Thompson, "Motion to Exclude DNA Evidence," in *People of California v. Orenthal James Simpson*, Case No. BA097211, L.A. County Superior Court, 4 October 1994, personal collection of Richard Lewontin. 检察官针对辨方的动议写下三份反对意见。Gil Garceti, Lisa Kahn, and Rockne Harmon, "People's Opposition to the Defendant's Motion to Exclude DNA RFLP Evidence," in *California v. Orenthal James Simpson*, 1 November 1994, personal collection of Richard Lewontin. 有关动议的分析，见 Michael Lynch, "The Discursive Production of Uncertainty: The O.J. Simpson 'Dream Team' and the Sociology of Knowledge Machine," *Social Studies of Science* 28, no. 5–6 (1998): 829–868.
55. Scheck, "Motion to Exclude DNA Evidence," 16.
56. 同上，第 52 页。

57. *State v. Streich*, 658 A.2d 38 (Vermont, 1995).
58. 该观点在如下著作中提出：National Research Council, *DNA Technology in Forensic Science* (Washington, DC: National Academy Press, 1992), 88; Richard Lempert, "Some Caveats Concerning DNA as Criminal Identification Evidence: With Thanks to the Reverend Bayes," *Cardozo Law Review* 13 (1991): 303–341; Jonathan Koehler, "On Conveying the Probative Value of DNA Evidence: Frequencies, Likelihood Ratios, and Error Rates," *University of Colorado Law Review* 67 (1996): 859–886; Jonathan Koehler, "Error and Exaggeration in the Presentation of DNA Evidence," *Jurimetrics Journal* 34 (1993): 21–39; Michael Saks and Jonathan Koehler, "What DNA 'Fingerprinting' Can Teach the Law about the Rest of Forensic Science," *Cardozo Law Review* 13 (1991): 361–372; Judith McKenna, Joe Cecil, and Pamela Coukos, "Reference Guide on Forensic DNA Evidence," in *Reference Manual on Scientific Evidence*, ed. Federal Judicial Center (Washington, DC: Federal Justice Center, 1994), 275–489; William C. Thompson, "Accepting Lower Standards: The National Research Council's Second Report on Forensic DNA Evidence," *Jurimetrics Journal* 37 (1997): 405–424; William C. Thompson, "Subjective Interpretation, Laboratory Error and the Value of Forensic DNA Evidence: Three Case Studies," *Genetica* 96 (1995): 153–168.
59. Daniel Hartl, "Expert's Report," in *United States v. Yee, et al.*, 4, personal collection of Richard C. Lewontin.
60. Eric Lander, testimony as a court's witness in *United States v. Porter*, (D.C. Superior Court, 1991, No. 91-CO-1277), 46; judgment in Porter can be found at 618 A.2d 629 (1992).
61. *United States v. Porter*, 618 A.2d 629 (1992).

62. *NRC 1996,* 86–87; quotation, 87.
63. Joseph L. Peterson and R. E. Gaensslen, *Developing Criteria for Model External DNA Proficiency Testing: Final Report* (Chicago: University of Illinois at Chicago, 2001).
64. 同上。
65. 有关真实的盲测中的一些问题，见 Peterson, *Developing Criteria*, 95.
66. 例如，见 John Hick's comments at the third National Forensic DNA Review Panel meeting, which was convened to evaluate various proficiency testing schemes in the wake of the DNA Identification Act of 1994; 其论点总结见 Peterson, *Developing Criteria*, 149.
67. *NRC 1996*,86.
68. 见 Peterson, *Developing Criteria*，关于执行部分的总结。
69. William C. Thompson, personal communication, 1 February 2006.
70. David Margolick, "Simpson Lawyers Ask to Forgo DNA Hearing," *New York Times,* 14 December 1994.
71. David Margolick, "Simpson Defense Drops DNA Challenge," *New York Times*, 5 January 1995; William C. Thompson, personal communication, 21 March 2006.
72. 有关司法机关对 DNA 证据采信的总结，见 *NRC 1996,* tables 6.1 and 6.2, 205–209.
73. Official Transcript, "Examination of Colin Yamauchi," *People v. Simpson*, No. BA097211, 1995 WL 324772, 11. (L.A. Cty. Sup., 30 May 1995).
74. William C. Thompson, "DNA Evidence in the OJ Simpson Trial," *University of Colorado Law Review* 67, no. 4 (1996): 833.
75. 同上。
76. 同上，第 841 页。
77. 有关概率运算中错误率计算的重要性，见 Koehler, "On Conveying

the Probative Value of DNA Evidence," 859–886. 另外有关此事的意见可参见 *NRC 1996*.
78. "The Power of DNA Evidence," editorial, *New York Times*, 28 May 1995, 10.
79. Thompson, "DNA Evidence in the OJ Simpson Trial," 844.
80. 同上。
81. Barry Scheck, interview with Harry Kriesler as part of "Conversations with History Series at UC-Berkeley," University of California, Berkeley, *DNA and the Criminal Justice System*, 25 July 2003, http://globetrotter.berkeley.edu/people3/Scheck/scheck-con3.html.
82. 上文即是此例。
83. 同上。
84. Barry Scheck, Peter J. Neufeld, and Jim Dwyer, *Actual Innocence: Five Days to Execution and Other Dispatches from the Wrongly Convicted* (New York: Doubleday, 2000), xv.
85. Peter Neufeld, interview with author, 27 February 2002.
86. 见 first paragraph of the Innocence Project, http://www.innocenceproject.org/.
87. 同上。
88. 不同的探针系统具有不同的杂交特性，因此会在不同的温度下与目标序列结合。此外，还必须注意多重反应中使用的各种引物在序列上不可有明显的相似性，而且用相同颜色的染料标记的基因座在大小上也应有足够大的差异，以免导致分析测试结果的计算机程序误判。
89. 有关基因分析者的不同模式方面的信息，可以在应用生物系统公司网站获取，http://www.appliedbiosystems.com。
90. 老式仪器每次只能通过单根毛细管处理一个样品，而新式仪器则可以通过多根毛细管加快处理速度。例如，ABI Prism 3100 有 16

根毛细管，而 3700 有 96 根。见 John M. Butler, *Forensic DNA Typing: Biology, Technology, and Genetics of STR Markers*, 2d ed. (New York: Elsevier Academic Press, 2005), 358–361.
91. 需要注意的是，STR 分析也可以使用与 RFLP 检测类似的聚酰胺凝胶。样品在凝胶上运行后，解释过程涉及的基本技术与毛细管运行系统相同。日立（Hitachi）公司生产的 FMBIO 是目前使用最广泛的凝胶 STR 定标扫描仪。
92. 有关错误来源的更多信息，见 Butler, *Forensic DNA Typing*.
93. Butler, *Forensic DNA Typing*. William C. Thompson et al., "Evaluating Forensic DNA Evidence: Essential Elements of a Competent Defense Review," *Champion* 27, no. 3 (2003): 16–25.
94. Thompson, "Evaluating Forensic DNA Evidence."
95. Butler, *Forensic DNA Typing*, 424–425.
96. 可于美国国家标准与技术研究院获取，Chemical Science and Technology Laboratory, "Short Tandem Repeat DNA Internet Database," http://www.cstl.nist.gov/div831/strbase/.
97. In Re: *People v. Shreck*, 22 P.3d 68 (Col. Sup., 2001). 更多相关信息，见 Kim Herd and Adrianne Day, American Prosecutors Research Institute, "An Update on STR Admissibility," *Silent Witness* 5, no. 3 (2000), http://www.ndaa.org/publications/newsletters/
98. *State v. Dishmon* (Minnesota 2000, unreported), 15.
99. 有关法医生物信息公司的更多信息，见 http://www.bioforensics.com/index.html.
100. David Lazer, "Introduction: DNA and the Criminal Justice System," in *DNA and the Criminal Justice System*, ed. David Lazer (Cambridge: MIT Press, 2004), 3–4.
101. 同上，第 4 页。
102. 同上。

第九章　历史的遗产

1998年10月30日，一名叫约西亚·萨顿（Josiah Sutton）的16岁高中生和他的一个朋友因涉嫌残忍地绑架和强奸一名叫普莉希拉·斯图尔特（Priscilla Stewart）的当地妇女而被休斯敦警察局（Houston Police Department，HPD）逮捕。[1]事发几天后，这名女子在开车时认出了正在街上行走的这两名年轻男子。当她打电话给警察报告他们的位置时，她说他们戴着和强奸犯一样的帽子。尽管萨顿和他的朋友与斯图尔特女士先前描述袭击她的人的体态特征几乎无相似之处（除了肤色），他们仍然被要求提交血液和唾液样本，以便与留在犯罪现场的生物样本相比较。虽然他的朋友被证明没有任何不当行为，但休斯敦警察局的刑侦实验室发现萨顿的DNA与强奸犯的DNA完全匹配。几乎完全基于这一DNA证据，萨顿被判有罪并被判处25年监禁。

萨顿在德克萨斯州的监狱里经历了四年半的煎熬，在那里他目睹了以前无法想象的残酷无情的行为，然后他被释放了。用来判定他有罪的DNA证据被发现是伪造的——实验室故意地将本可以表明他无罪的检测结果进行伪造，直到它可以显示萨顿为两名强奸犯之一为止。尽管约西亚·萨顿确实拥有一些与该案的一名强奸犯相同的等位基因，但他也拥有一些在任何一位强奸犯的图谱中没有出现的等位基因。根据加州大学尔湾分校的教授和辩护律师威廉·汤普森的说法，萨顿和强奸犯共有的等位基因组合可以在随机挑出的大约十五分之一非裔美国男性中发现。然而，在审判时，HPD刑侦实验室的一个雇员作证说，萨顿的图谱与其中一个强奸犯的完全匹配，随机匹配概率为六十九万四千分之一。

该案件导致了对休斯敦刑侦实验室的操作程序、流程和质量控制机制中严重缺陷的持续调查。除了萨顿以外，另一位名叫罗纳德·坎特雷尔（Ronald Cantrell）的人也被释放出狱，因为发现他当时的定罪也是基于有问题的 DNA 测试。从那以后，在对以前结案的案件中的生物证据重新进行测试过程中，又发现很多 DNA 测试和对萨顿的检测一样存在严重质量问题。对其中一些案件，律师们正在为被定罪的被告寻求脱罪。这次丑闻后不久，HPD 的 DNA 实验室被关闭。截至 2007 年 3 月，在对它的调查没有完成之前，它还处于关闭状态。迄今为止，对实验室存在的问题的独立调查已经发现了很多问题，其中，在 HPD 分析的 43 起涉及 DNA 的案件中，"它工作的可靠性，刑侦实验室分析结果的有效性，以及分析员报告结论的正确性存在重大疑问"。[2]

萨顿案中有缺陷的 DNA 证据并不是靠 TWGDAM 建议的内部审计、ASCLD 认证过程中的调查，或是按照国会法案设立的 DNA 顾问委员会的建议发现的。这套系统曾因防止错误发生并确保 DNA 证据的有效性和可靠性受到高度赞扬，但是它却在休斯敦警察局这里不起作用。错误是怎么被发现的呢？在得到 HPD 刑侦实验室正在制造假证的讯息后，地方电视台 KHOU 展开了行动，决定进行调查。在拿到法庭记录和刑侦实验室记录后，记者们向威廉·汤普森寻求帮助，来解读他们拿到的文件。在给 KHOU 写的一份内容翔实的书面报告和接受 KHOU 的采访中，汤普森抨击 HPD 的刑侦实验室没有运行质量控制步骤，没有记录他们的工作，公然忽略了可以证明无罪的证据，并且在报告 DNA 测试结果时采取了一种无法向陪审团准确传达信息的方法。总之，汤普森将其称为他见到过的最糟糕的实验室工作。[3]

在一起广受关注的发生在弗吉尼亚的案件中，与被定罪的死刑犯小厄尔·华盛顿（Earl Washington Jr.）的脱罪的相关调查发现了位于里士满的州法医科学中心实验室部门在 2000 年审查华盛顿于 1983 年被判定犯下的强奸和谋杀罪时，犯下了很多错误。根据 ASCLD/LAB

的审计结果,弗吉尼亚州立实验室在做基于 PCR 的 DNA 鉴定时,没有遵守已经被业界接受的步骤(做了 33 个 PCR 循环,而不是 30 个,且修改了用于反应的混合物的成分);错误解释了测验结果,导致了从受害者尸体上得到的阴道提取物样本中,受害者的 DNA 被错误地排除;并做出了很多现有数据并不能支持的结论。[4]该报告还下结论说,该实验室自己用于发现错误的机制在这个案件中失效了,因为技术审查者没有在实验过程和最后结果中发现这些错误。[5]

虽然在弗吉尼亚州立实验室发现的零星错误(希望如此)和休斯敦的系统性渎职相比无疑是微不足道的,但它们仍然表明法律环境下法医科学的一些内在问题。ASCLD/LAB 报告发现至少部分偏离操作流程和误读结果是由上面的政治压力造成的。根据做这些分析的科学家的说法:"非确凿的结果是不允许的。"州长想知道华盛顿的 DNA 是否是在犯罪现场被发现的,他认为提供这个信息是必须的。[6]

在一次罕见地明确承认 DNA 证据错误的声明中,彼得·纽菲尔德说:

> 这家自称是全国最好的 DNA 实验室,该实验室使用两种不同的 DNA 检测方法,两次在一起涉及死刑的案件中产生了错误的检测结果。审计报告显示,不仅该实验室最资深的 DNA 分析师(负责该州许多死刑案件的 DNA 测试)犯了严重错误,而且该实验室中检测这些错误的系统完全失败了。这次审计提供了令人信服的证据,证明刑侦实验室不能自我监督,只有在法律要求下接受独立的专家监督后,我们才能相信,适当的管控已经到位。[7]

在给 ASCLD 审计的回复中,法医科学部门主任保罗·费拉拉(Paul Ferrara)接受了报告的结论,但是贬低了它们总体的重要性。他提到,在调查 5 年前检测的一个案件中,仅有一个子样本上存在错误,而且在这段时间里,已经引入了很多政策以防止这次被发现的这类错误再次发生。此外，他提出，即使已经犯了这些错误，进行DNA测试的分析师也已经精确地把厄尔·华盛顿从犯罪现场发现的DNA从可能来源者中排除出去。[8]

不幸的是，休斯敦和弗吉尼亚的事件表示DNA鉴定可能出错并非是孤立的实例。相关的问题已经在西雅图的刑侦实验室被发现，在那里，DNA污染和其他错误至少在23起案件中被发现。[9]在北卡罗莱纳州DNA调查局团队最近因被《温斯顿-萨勒姆日报》（Winston-Salem Journal）曝光而饱受批评。[10]尽管ASCLD/LAB的审计报告澄清该实验室在这个引起调查的特定案件中并没有犯错误，它敦促该州改进其收集、处理和存储生物证据的方式。[11]根据一直追踪刑侦实验室中DNA证据错误的威廉·汤普森的说法，交叉污染和错误标记样本的问题已经在宾夕法尼亚、内华达和加利福尼亚州被记录在案。[12]此外，伊利诺伊州警方最近终止了与博德科技集团（Bode Technology Group）的合同，理由是它实验室的低质量工作和大量的错误。博德科技集团是一家私营公司，警方曾雇佣它来帮助完成该州积压的DNA检测工作。[13]2004年11月，世界上最大的私营DNA检测实验室之一的细胞标记公司解雇了一名在至少20起案件中伪造对照组数据的分析师。[14]2006年5月，美国陆军报告称，他们正调查参与全国500多起军事犯罪调查的一位民间DNA分析员的工作。[15]

FBI的监察长办公室（Office of the Inspector General OIG）最近发布了一份长达200页措辞严厉的报告，该报告审查了FBI自身的操作流程和实验室操作中的漏洞。[16]这次审查的动机是，该局一位名叫杰奎琳·布莱克（Jacqueline Blake）的科学家在2000年3月至2002年4月的两年多时间里，一直在她的DNA分析中遗漏阴性对照测试以及伪造实验室记录，却没有被发现。布莱克的渎职行为，导致在对她的工作进行调查和返工中浪费了数千小时，还导致从国家DNA数据库中暂时删除了29份图谱。[17]这个事件最让人震惊的地方是，布莱克不是通过任何为确保DNA证据的有效性和可靠性而引入的官方机制被抓到的，她的欺骗行为是偶然被她的一个同事发现的。一天深夜，她的同事发现布莱克电脑上显示的测试结果与用正确步骤处理对照样品时是不一致的。[18]除了试图搞清楚布莱克在这样长时间内如此明目张胆的学术不端行为是如何不被抓到的，OIG 还努力"评估（FBI 的 DNA 分析）流程是否容易以其他方式被错误使用或违反"。[19]尽管 OIG 的调查发现，FBI 的流程和步骤总体上是健全的，除了布莱克之外的所有分析员似乎都在遵守它们，但调查的结论是，在 FBI 的 172 个流程中有 31 个"极为容易被无意或故意违反"。[20]报告还指出，因为 FBI 的指导方针并没有触及很多问题，所以个人操作方法仍是千差万别。[21]尽管这些差别中的一部分能"至少在某种程度上缓解"，但报告中指出的漏洞带来的后果，却是缺乏指导方针使 FBI 的 DNA 分析部门"更容易受雇员犯下的错误或他们无意间违反流程的影响"。[22]

虽然这些问题确实困扰着关心司法或科学的人，但真正的问题是这些错误具有的某种意义。它们仅仅是人们在涉及人类的任何尝试中必然会出现的那种孤立的错误，还是作为一个科学、政治和法律交叉的复杂技术系统 DNA 分析的根本缺陷造成的结果？此外，为什么所有这些错误都被记者和如十字军般意志坚定的辩护律师发现了，而不是被法医科学家及他们严格的质量控制和质量保证程序发现呢？大多数错误是在证据进入法庭之前就被发现的吗？而且上面提到的问题只是躲过了检查漏洞的极小部分吗？或者，上述问题只是已经到达庭审阶段的众多错误中的极小部分吗？这些最近的错误是否代表了 DNA 证据质量不可避免的恶化？因为它不再是公众关注的焦点。或者，借用汤普森的话说："这是否表明一直存在但迄今为止一直成功隐藏下来的问题现在出现了并被认可呢？"[23]

首先，没有定期对案件审计或能力测试提供确凿的经验证据，确切的回答这些问题是不可能的。然而，我们能做的是检查历史记录，寻找可能的解释：尽管关于 DNA 证据的有效性和可靠性的争论已经解决了近十年了，为什么错误还继续出现？根据我的分析，尽管在过去20年里DNA证据的质量有了显著的提高，但一些历史因素阻止了它继续提高，这始于20世纪90年代早期围绕DNA证据的争论被限制在统计学和群体遗传学的范围。这种不幸的情况掩盖或淡化了其他关键问题、最显著的错误和对测试结果的解释。因此，全国各地的法官都敏锐地意识到与DNA鉴定相关的群体遗传学问题，并将这些问题的解决作为可采信性的主要标准。从1992年开始，所有其他问题都被认为只影响陪审员对DNA证据的重视程度，而不影响是否应该引入DNA证据。因此，FBI和他们的盟友受到对法律上可采信性顾虑的强烈驱使，不得不处理群体遗传学问题，以便使用DNA证据。

其次，FBI在成员组成上和在职责范围上控制为DNA鉴定设定标准的专家委员会（即TWGDAM和DNA咨询委员会）的能力，深刻影响了法医界积极处理错误等问题的意愿。第二NRC委员会对这两个专家机构的顺从态度意味着，他们简单地否定了第一NRC委员会的观点，即错误率必须以某种方式加以估计，并将其纳入陪审员对随机匹配概率的评估。不过，公平地说，估计错误时有一个不可避免的问题——这比在种族亚群体中研究等位基因频率之类的问题要困难得多（当然，前提是在相关亚群体上是统一意见）。在群体遗传学的争论中，辩方专家对法医DNA鉴定提出了一个直接的挑战：走到现实世界去，在不同亚群体中测量用来构建DNA图谱基因的等位基因频率。如果你发现等位基因在这些人群中是随机分布的（也就是说，特定等位基因在一起的情况不会比你所期待的两个互相独立的基因在一起的情况更常见），那么使用乘积规则是可以的。然而，如果你发现特定等位基因的频率出乎意料的高或低，或者不同的等位基因组合在一起出现的频率比你预期的要高，那么就需要进行某种统计修正。不幸的是，一种有效而实用的修正测量错误方法还没有被开发出来，而且能否做到这一点似乎值得怀疑，因为错误发生的机会是不断变化的，这取决于许多偶然因素——制度、单个审查员和证据层面。等位基因频率可以在一段时间内被假设为是稳定的，但是错误率却不会像这样稳定。

第三遵循法医学的传统，这些委员会和小组提出的指导方针大部分是自愿接受的。因为调查犯罪中的偶发事件，法医实验室规则有一定程度的灵活性是必要的，但是自愿性制度鼓励了这样一种情况，即最好的实验室（有很多）会严格遵守指导方针，而最差的实验室则会肆意忽视这些指导方针。只需要想想1995年左右洛杉矶警察局的刑侦实验室以及最近的休斯敦就可以理解自愿遵守标准和指导的危险性。尽管 ASCLD/LAB 的认证体系和 FBI 要求把样本提交给 CODIS 的质量控制步骤可能还需要很长一段时间才能确保大多数实验室遵守规则，美国一些最大城市的刑侦实验室与法医学公认的做法相差之远让人觉得可悲。这实在是毫无道理。

第四与 DNA 分析相关的大部分问题，无论是真实的还是意料中的，往往都是由辩护律师揭露出来的。即使是最狂热的 DNA 证据支持者也承认，辩护方强有力的审查是该系统确保证据有效和可靠的方法之一。然而，各种各样的原因经常阻止辩护团体充分完成他们的工作，其中包括法官不愿下发收集证据的命令，很难找到可靠的科学家在采信性听证会上作证，刑侦实验室保守它的秘密，私营实验室以商业机密为由不交出它的产品，长期缺乏对贫穷的辩护方的资助等。不过，也许最重要的是，想挑战科学证据的辩护律师必须自己具有科学知识，还要与一批高度值得信赖且愿意为他们作证的科学家发展良好的关系。这需要双方持续的投入。当在20世纪90年代早期最初挑战 DNA 的辩护律师界和科学界成员转而关注其他问题时，没有在法庭或公众眼中和他们具有同等地位和影响力的人来取代他们。尽管如威廉·汤普森和丹·克拉内等人还在指出 DNA 鉴定中的不足，但他们却不能像谢克、纽菲尔德、哈特尔和列万廷等人那样吸引注意力。当谢克和纽菲尔德深入参与对弗吉尼亚的小厄尔·华盛顿案中实验室错误进行的调查时，他们已经不再积极地批判 DNA 证据。

尽管随着时间的推移，人们不可避免地会转向其他问题，但如果辩护群体能像在群体遗传学争论中那样抓住错误向 FBI 施压，那么目前全国范围内的 DNA 证据问题可能不会如此严重。从 1989 年到 1994 年围绕 DNA 证据的争论无论造成多大分裂或者多么降低工作效率，它们仍然在 DNA 鉴定制度中促进了很多技术上和社会上的积极变革。从一开始，辩方的挑战就迫使私营公司对自己的工作更加负责，并鼓励公共机构在为刑事司法系统开发 DNA 鉴定方面发挥积极作用。他们还为法医界的领军人物逐渐深入参与管理 DNA 图谱的制作和使用铺平了道路。最初辩方在法庭上阐明的问题和开发 DNA 数据库的决定一起促进了 FBI 为 DNA 图谱的制作制定严格的标准，以便它们可以在不同司法管辖区之间进行有意义的比较。因此，流程、探针、试剂、质量控制程序和质量保证项目在全国范围内被标准化并广为接受。

　　DNA 鉴定工作从私人实验室转到公共实验室的过程，至少在一定程度上是由初期辩方发起的挑战而促进的。这使得 DNA 鉴定的操作在某种程度上更容易受到辩方的审查（FBI 为进行自我批评式的审查，因而放弃了保护其 DNA 分析部门免于向法庭提交相关信息的政策）。这还在一小段时间内阻止了凭借商业秘密的概念阻止 DNA 鉴定系统接受辩方检查的行为。自从 STR 分析出现之后，一旦 DNA 从犯罪现场样本中被提取出，大部分的鉴定过程就变得高度自动化。法医实验室现在使用应用生物系统公司、珀金·埃尔默公司和普洛麦格（Promega）公司基于公开的标记系统开发的试剂盒、设备和分析工具。就像我们在厄尔·华盛顿案中看到的那样，尽管 PCR 反应的条件是可操纵的，但可以想象的是，整个鉴定过程的完成只需要极少**明显**的人为影响。DNA 样本只是被加入到预混合试剂的反应管中进行 PCR 扩增，然后放入一台使用毛细管电泳来识别特定标记等位基因并测量它长度的机器中，接着，这些信息被输入到一个计算机程序中，该程序将解读光谱信息，得出组成图谱的等位基因长度。虽然探针和人口数据现在都不再保密（事实上，大多数可以在 NIST 的网站上免费获得），PCR 试剂盒的具体设计和解释用于 DNA 图谱分析的计算机程序输出的数据算法,却被销售这些产品的公司和它们在全国各地法医实验室客户当作商业机密高度保护起来。[24]这样,辩护律师要想挑战鉴定机器所产生数据的解读方式,就必须找到能拥有用于读取原始数据软件的人。这一步至关重要,因为建立一个 STR 图谱需要分析师进行判断,而这个过程中很多潜在的问题都可能出现。

建立一个可靠的 DNA 分析系统无疑是一个伟大的成就。该技术在刑事司法体系中的价值是无可争辩的。数以千计的罪犯因为这个技术被绳之以法,无数无辜的人甚至不用上法庭就被证明没有任何过错。不断增长的 DNA 数据库帮助了许多案件的调查,甚至有可能从一开始就阻止了一些人犯罪。与此同时,辩护律师使用 DNA 鉴定技术,使全国各地的监狱释放了近 200 名被错误判罪的人。

然而,倘若从这个过程中得出结论说,DNA 鉴定已经发展到我们不再需要担心它的有效性和可靠性的阶段,那将是错误的。我们今天所拥有的技术系统可能不是最好的一个,但却是法律系统所认定的在刑事司法系统中足够有效和可靠的一个。换句话说,就 DNA 鉴定,我们还没有走到历史的尽头。持续存在的重大错误、缺乏可靠的能力测试方案,以及在如何解释混在一起的图谱这个问题上仍然存在分歧,这都表明我们还有很多工作要做。

在写这本书时,我的目标并不是针对我所发现的问题提出现成的解决方案。历史充分证明,只有经过长期的协商和渐进的改变,才能成功地完善 DNA 鉴定等复杂的技术系统。相反,我的意图要有限得多。首先,我强调在制定解决这些问题所需的法医学规则、行为准则和标准时,广泛地将各利益相关方包括进来是很重要的。由于法医界的既得利益和抵抗外部干预的文化,它不应该独自做出这些选择。我还证明了对个别实验室进行更直接的管理和监督的必要性。在目前的情况下,法医界的领导们只是发布一些每个实验室不需要完全遵守的指导方针。虽然被使用 DNA 联合索引系统(Combined DNA Index System,CODIS)的群体接纳的前提要求和诸多授权机制在一定程度上缓解了这个问题，但是这里还有很多自由发挥的空间，特别是涉及到解读模棱两可测试结果的时候。

此外，我已经明确表示，法医界必须要更愿意承认，操作中的错误是一个潜在的严重问题，需要系统地解决。将这种思维制度化的一种方法是在所有实验室中使用错误日志，如同DNA咨询委员会的《第14号质量保证标准》中推荐（但不是要求）的那样。另一种方法是成立一个由轮值成员组成的全国委员会，当DNA技术（和其他法医技术）发生错误时，该委员会可以被要求去调查原因。

也许在技术发展的这个阶段最重要的是，确保在特定案件中结果的有效性的最佳方法是提供资源和法律机制，使辩护律师能够在特定案件中对DNA测试进行评估和质疑。特别重要的是，通过证据显示机制，要获得关于DNA鉴定所有方面的信息，包括原始数据和支付给少数拥有解读这些信息的软件程序人的报酬。对于一种新引入的DNA分析方法，证据显示时的材料也要包括验证程序的数据、技术人员操作流程和记录本。历史已经证明，辩方对法医证据强有力的审查可以揭示一些问题，但它们却被法医科学家和检察官有意识地不予理会或者忽视了。

重要的是，还要认识到，宣称DNA鉴定技术是不完美的并不等同于说它不可靠、无效或不可接受。我们共同关注的重点并不是争论DNA鉴定是否是不可能犯错的，而是要开发出方法，来保证当问题发生时（无论它们是与错误、造假、实验室流程还是数据解释相关），有很高的发现它们的概率。目前，这种机制是专门应对特定事件的、自愿采取的并且并不总是有效。

正如他们在解决关于群体遗传学和分子生物学问题中所展示的那样，只要法律界和学术界的关注和批评能被认真对待，DNA鉴定界肯定能应对这一挑战。如果他们没有留心那些关注DNA测试中问题的辩护律师和学者的警告，那么休斯敦的丑闻、弗吉尼亚DNA实验室的错误以及杰奎琳·布莱克的结局只能是不断增长的冰山一角。

最后，我已经明确指出，这项技术的发展不是被一种科学方法或任何固有的逻辑引导——从实验室到法庭的途经并非是线性的和符合理性的。相反，这项技术本身、优良的技术标准以及使 DNA 证据被法律系统采信所需的专业知识，都是在十年的时间里共同发展起来的。如果这本书的读者只记得书中的一个内容，那就是开发在司法系统中使用的 DNA 鉴定技术既与正确开展科学工作有关又与改变社会行为相关。

注释

1. 有关约西亚·萨顿案的简介，见 The Innocence Project, "Case Summary: Josiah Sutton," Benjamin N. Cardozo School of Law, Yeshiva University, 2001, http://www.innocenceproject.org/case/display_profile.php?id=145.
2. Office of the Independent Investigator for the Houston Police Department Crime Laboratory and Property Room, "Independent Investigator Issues Fifth Report on Houston Police Department Crime Lab," 11 May 2006, http://www.hpdlabinvestigation.org/pressrelease/060511pressrelease.pdf.
3. University of California, Irvine, "As Texas Convict Is Exonerated, DNA Expert Offers Inside Look at the Case Overhauling Justice System," 7 April 2003, http://today.uci.edu/news/ release_detail.asp?key=987.
4. ASCLD-LAB, "ASCLD-LAB Limited Scope Interim Inspection Report: Commonwealth of Virginia Division of Forensic Science Central Laboratory," 9 April 2005, http://www.dfs.virginia.gov/services/forensicBiology/externalReviews.cfm.
5. 同上，第 17 页。
6. 同上，第 14 页。

7. Innocence Project, "Historic Audit of Virginia Crime Lab Errors in Earl Washington Jr.'s Capital Case," 6 May 2005, http://www.innocenceproject.org/docs/VACrimeLabPress-Release.pdf.
8. Commonwealth of Virginia, Department of Forensic Science, "DFS Responses to ASCLD-LAB DNA Audit Report," undated, http://www.dfs.virginia.gov/services/foresicBiology/esternalReviewDFSResponse.pdf
9. *Seattle Post-Intelligencer* Special Reports, "Errors in Evidence," 2004, http://www.hpdlabinvestigation.org/pressrelease/060511pressrelease.pdf.
10. 见 See Phoebe Zerwick, "DNA Mislabeled in Murder Case," *Winston-Salem Journal*, 28 August 2005, and related stores, "Crime and Science," *Winston-Salem Journal*, http://www.journalnow.com/servlet/Satellite?pagename=WSJ%2FMGArticle%2FWSJ_Basic-Article&c=MGArticle&cid=1031784716491
11. Phoebe Zerwick, "N.C. Told to Refine Handling, Storing of Crime Evidence," *Winston-Salem Journal* 19 November 2005, http://www.journalnow.com/servlet/Satellite?pagename=WSJ/MGArticle/ WSJ_BasicArticle&c=MGArticle&cid=1128768250886.
12. William C. Thompson, "Tarnish on the Gold Standard: Recent Problems in Forensic DNA Testing," *Champion* (January/February 2006): 14–20.
13. Gretchen Ruethling, "Illinois State Police Cancels Forensic Lab's Contract, Citing Errors," *New York Times*, 20 August 2005.
14. Laura Cadiz, "Md.-Based DNA Lab Fires Analyst over Falsified Tests," *Baltimore Sun*, 18 November 2004.
15. Tim McGlone, "Nearly 500 Military DNA Cases under Investigation," *Virginian-Pilot,* 17 May 2006.

16. U.S. Dept. of Justice, Office of the Inspector General, *The FBI DNA Laboratory, A Review of Protocol and Practice Vulnerabilities* (Washington, DC: Office of the Inspector General, 2004), ii. 在报告公布的时候，已经有 20 起案件被重新处理。
17. 同上。
18. 同上。
19. 同上，第 3 页。
20. 同上。
21. 同上，第 vi 页。根据科技哲学学者迈克尔·林奇和凯瑟琳·约尔丹的说法，这些对现有规程的背离或即兴发挥是实际科技工作的正常组成部分。
22. 同上。
23. Thompson, "Tarnish on the Gold Standard."
24. 见 Jennifer N. Mellon, "Manufacturing Convictions: Why Defendants Are Entitled to the Data Underlying Forensic DNA Kits," *Duke Law Journal* 51 (2001): 1097–1137.

参考文献

主要引用案卷

Commonwealth of Massachusetts v. Robert W. Curnin, 565 N.E.2d 440 (Supreme Judicial Court Massachusetts, 1991).

Commonwealth of Massachusetts v. Thomas J. Lanigan, 641 N.E.2d 1342 (Supreme Judicial Court Massachusetts, 1994).

Daubert v. Merrell Dow 509 U.S. 579 (U.S. Supreme Court, 1993).

Fernando Martinez v. State of Florida, 549 S0.2d 694 (Florida Court Appeals, 1989).

Frank Hopkins v. State of Indiana, 597 N.E.2d 1297 (Supreme Court of Indiana, 1991).

Frye v. United States of America, 293 F. 1013 (D.C. Circuit Court, 1923).

General Electric v. Joiner, 522 U.S. 136 (U.S. Supreme Court, 1997).

In re Silicone Gel Breast Implant Products Liability Litigation, 174 F. Supp. 2d 1242 (Northern District of Alabama, 2001).

In the Matter of Baby Girl S, an infant, 532 N.Y.S.2d 634 (Surrogates Court of New York, 1988).

James Robert Caldwell v. The State of Georgia, 393 S.E.2d 436 (Supreme Court of Georgia, 1990).

Kenneth S. Cobey v. State of Maryland, 559 A.2d 391 (Court of Appeals, 1989).

Kumho Tire v. Carmichael, 119 S. Ct. 1167 (U.S. Supreme Court, 1999).

People of California v. Brown, 40 Cal.3d 512 (California, 1985).

People of California v. Jeffrey Allen Wallace, 17 Cal.Rptr.2d 721 (California

Court of Appeals, 1st District, 1993).
People of California v. Lynda Patricia Axell, 1Cal.Rptr.2d 411 (California Court of Appeals, 2nd District, 1991).
People of California v. Orenthal James Simpson (Los Angeles County Superior Court, 1995).
People of California v. Pizarro, 12 Cal.Rptr.2d 436 (California, 1992).
People of California v. Ralph Edwards Barney and Kevin O'Neal Howard, 10 Cal.Rptr.2d 731 (California Court of Appeals, 1st District, 1992).
People of California v. Reilly, 196 Cal. App. 3d (California Court of Appeals, San Diego, 1987).
People of Illinois v. Flemming and Watson (Cook County Court, 1990, consolidated, unpublished).
People of Illinois v. Robert E. Stremmel II, 630 N.E.2d 1301 (Appeals Court Illinois, 1994).
People of New York v. George Wesley and Cameron Bailey, 533 N.Y.S.2d 643 (Albany County Court, 1988).
People of New York v. Joseph Castro, 545 N.Y.S.2d 985 (Bronx County Supreme Court, 1989).
People of New York v. Roderick Keene, 591 N.Y.S.2d 733 (Queens County Supreme Court, 1992).
State of Delaware v. Steven B. Pennell, 584 A.2d 513 (Delaware Supreme Court, 1989).
State of Kansas v. Washington, 622 P.2d 986 (Kansas, 1979).
State of Michigan v. Young, 308 N.W.2d 194 (Michigan, 1981).
State of Minnesota v. Boyd, 331 N.W.2d 480 (Supreme Court of Minnesota, 1983).
State of Minnesota v. Carlson, 276 N.W.2d 170 (Supreme Court of Minnesota, 1978).

参考文献 • 315 •

State of Minnesota v. Daryl Duane Alt, 504 N.W.2d 38 (Court of Appeals, 1993).

State of Minnesota v. Joon Kyu Kim, 398 N.W.2d 544 (Supreme Court of Minnesota, 1987).

State of Minnesota v. Larry Lee Jobe, 486 N.W.2d 407 (Supreme Court of Minnesota, 1992).

State of Minnesota v. Thomas Robert Schwartz, 447 N.W.2d 422 (Supreme Court of Minnesota, 1989).

State of Minnesota v. Troy Bradley Bloom, 516 N.W.2d 159 (Supreme Court of Minnesota, 1994).

State of New Hampshire v. Vandebogart, 616 A.2d 843 (New Hampshire, 1992).

State of Washington v. Richard C. Cauthorn, 846 P.2d 502 (Supreme Court of Washington, 1993).

Timothy Spencer v. Commonwealth of Virginia, 384 S.E.2d 253 (1989).

Tommie Lee Andrews v. State of Florida, 533 S0.2d 841 (Florida Court Appeals, 1988); appeal of: *State of Florida v. Tommie Lee Andrews*, unpublished (Orange County Circuit Court, 1987).

United States of America v. John Ray Bonds, Mark Verdi, and Steven Wayne Yee, 12 F.2d 540
(U.S. Court of Appeals, 6th Circuit, 1993).

United States of America v. Kevin E. Porter, 618 A.2d 629 (D.C. Court of Appeals, 1992).

United States of America v. Matthew Sylvester Two Bulls, 918 F.2d 56 (U.S. 8th Circuit Court of Appeals, 1990).

United States of America v. Randolph Jakobetz, 747 F.Supp. 250 (U.S. District Court— Vermont, 1990).

United States of America v. Stephen Wayne Yee, et al., 134 F.R.D. 161 (U.S.

District Court for Northern District of Ohio, 1991 [adopting Magistrate's Report]).

采访记录

Adams, Dwight（FBI 实验室主任），电话采访，2002 年 7 月 9 日。

Amos, Bill（剑桥大学），于英国剑桥接受作者采访，2001 年 6 月 22 日。

Baird, Michael（生命密码公司），电话采访，2002 年 2 月 19 日。

———. 由索罗·哈尔丰（Saul Halfon）和亚瑟·戴姆里奇（Arthur Daemmrich）于康涅狄格州斯塔姆福德采访，1994 年 7 月 14 日（记录存于康奈尔 DNA 分型技术档案馆）。

———. 由亚瑟·戴姆里奇电话采访，1995 年 3 月 21 日（记录存于康奈尔 DNA 分型技术档案馆）。

Balazs, Ivan（生命密码公司），电话采访，2002 年 2 月 13 日。

Balding, David（帝国理工学院），于英国伦敦接受作者采访，2001 年 6 月 26 日。

Bashinski, Jan（加州司法部法医服务局退休局长），电话采访，2002 年 2 月 7 日。

Blomberg, Bonnie（迈阿密大学医学院），电话采访，2002 年 5 月 28 日。

Borowsky, Richard（纽约大学医学院），2022 年 9 月 19 日发给作者的电邮。

Carlile, Alex（英国上议院前议员），电话采访，2001 年 11 月 18 日。

Chakraborty, Ranajit（辛辛那提大学医学院基因组信息中心），电话采访，2002 年 6 月 11 日。

Coleman, Howard（基因词组公司，Genelex Corporation），电话采访，2001 年 4 月 23 日。

Cooke, Graham（出庭律师），于英国伦敦接受作者采访，2001 年 9 月 10 日。

Cooke, Howard（英国医学研究委员会），电话采访，2002 年 2 月 20 日。

Cotton, Robin（细胞标记公司），于马里兰州日耳曼敦接受作者采访，2002 年 1 月 23 日.

———. 由阿瑟·戴姆里奇于马里兰州日耳曼敦采访，1994 年 6 月 20 日（记录存于康奈尔 DNA 分型技术档案馆）.

———. 由阿瑟·戴姆里奇电话采访，1995 年 3 月 17 日（记录存于康奈尔 DNA 分型技术档案馆）.

Deadman, Harold（联邦调查局 DNA 分析单位前工作人员），电话采访，2003 年 3 月 27 日.

Donnelly, Peter（牛津大学），于牛津接受作者采访，2001 年 6 月 25 日.

Evett, Ian（法医科学服务局），电话采访，2001 年 10 月 24 日.

Fedor, Thomas（血清学研究院），电话采访，2001 年 5 月 21 日.

Ferrara, Paul（弗吉尼亚州司法局），于弗吉尼亚州里士满接受作者采访，2003 年 11 月 10 日.

Flaherty, Lorraine（纽约州卫生局华兹沃斯中心），电话采访，2002 年 4 月 25 日.

Freeman, Mike（律师，亨内平县前检察官），电话采访，2002 年 2 月 11 日.

Garner, Daniel D.（美国司法部，细胞标记诊疗公司前雇员），于华盛顿特区接受作者采访，2002 年 1 月 24 日.

———.（细胞标记诊疗公司），由亚瑟·戴姆里奇采访，1994 年 6 月 20 日（记录存于康奈尔 DNA 分型技术档案馆）.

Geisser, Seymour（明尼苏达大学统计学系），于明尼阿波利斯接受作者采访，2002 年 1 月 18 日.

Gill, Peter（法医科学服务局），于英国伯明翰接受作者采访，2001 年 6 月 25 日.

Hadkiss, Chris（法医科学服务局），于英国伦敦接受作者非正式采访，2001 年 6 月；电话采访，2002 年 6 月 26 日.

———. 由迈克尔·林奇（Michael Lynch），鲁斯·麦克奈利（Ruth

McNally），和帕特·戴利（Pat Daly）采访，1996年5月11日（记录由迈克尔·林奇保存于康奈尔大学）。

Harmon, Rockne（阿拉米达县检察官办公室），于加州奥克兰接受作者采访，2003年7月7日。

Hartl, Daniel（哈佛大学有机体体与发育生物学系），于马萨诸塞州剑桥接受作者采访，2003年4月4日。

Hicks, John（FBI实验室前主任，现为纽约州司法部法医服务局主任），电话采访，2003年3月21日。

Iverson, Jim（明尼苏达州罪犯拘押局局长），于明尼苏达州圣保罗接受作者采访，2002年1月16日。

Jeffreys, Sir Alec（莱斯特大学），于英国莱斯特接受作者采访，2001年9月13日。

———．由迈克尔·林奇于英国莱斯特采访，1996年6月8日（记录存于康奈尔DNA分型技术档案馆）。

Jonakait, Randy（纽约法学院），电话采访，2002年11月28日。

Kahn, Phyllis（明尼苏达州众议院），电话采访，2002年2月6日。

Keith, Sandy（明尼苏达州最高法院前法官），电话采访，2002年2月20日。

Kidd, Ken（耶鲁大学），电话采访，2002年5月30日。

Kuo, Margaret（奥兰治县前治安官和验尸官），电话采访，2002年10月20日。

Lander, Eric（怀特黑德学院），电话采访，2003年5月5日。

Lewontin, Richard C.（哈佛大学有机体与发育生物学系），于马萨诸塞州剑桥接受作者采访，2003年3月5日。

Lincoln, Patrick（英国法医科学学院），于伦敦接受作者采访，2001年9月10日。

Mueller, Laurence（加利福尼亚大学尔湾分校），电话采访，2002年2月19日。

Neufeld, Peter（辩护律师，"清白专案"共同发起人），于纽约市布鲁克林接受作者采访，2002年2月27日.

Nichols, Richard（伦敦大学威廉玛丽学院），于英国伦敦接受作者采访，2001年9月4日.

Patel, Dinesh（法医科学服务局），于英国伦敦接受作者采访，2001年9月7日.

Petrillo, Michael（生命密码公司），索罗·哈尔和亚瑟·戴姆里奇于康涅狄格州斯塔姆福德采访，1994年7月14日（记录存于康奈尔DNA分型技术档案馆）.

Poklemba, John J.（纽约州司法服务局前委员），电话采访，2002年4月22日.

Pownall, Orlando（出庭律师，女王顾问），电话采访，2001年10月24日.

Presley, Laurence（联邦调查局DNA分析单位前负责人，现于国家医疗服务实验室工作），电话采访，2003年3月31日.

Redding, Steve（亨内平县副检察官），电话采访，2001年12月14日.

Reeder, Dennis J.（美国国家标准与技术研究院），由亚瑟·戴姆里奇于马里兰州盖瑟堡采访，1995年1月4日（记录存于康奈尔DNA分型技术档案馆）.

Roberts, Richard（新英格兰生物实验室公司），电话采访，2002年4月25日.

Rutnik, Douglas（律师），2022年9月24日发给作者的电邮.

Scheck, Barry（卡多佐法学院），2001年12月5日发给作者的电邮.

Sensabaugh, George（加利福尼亚大学伯克利分校），在英国考文垂接受作者电话采访，2022年10月30日，11月6日，11月9日.

Shaler, Robert（纽约市首席法医办公室），电话采访，2002年10月24日.

Steventon, Beverly（考文垂大学法学院），于英国考文垂接受作者采访，2001 年 9 月 6 日.

Stolorow, Mark（细胞标记诊疗公司），电话采访，2002 年 12 月 6 日.

Sullivan, Patrick（Hennepin County Defender's Office），电话采访，8 August 2001.

Thompson, William C.（加利福尼亚大学尔湾分校），于尔湾市接受作者采访，2002 年 2 月 28 日和 3 月 1 日；简短电话采访，2001 年 4 月 23 日.

Uhrig, Hal（律师），电话采访，2002 年 6 月.

Van de Kamp, John（律师，加利福尼亚州前总检察官），电话采访，2002 年 6 月 2 日.

Weaver, Charlie（明尼苏达州公共安全部委员），电话采访，2002 年 2 月 11 日.

Weir, Bruce（北卡罗莱纳州立大学遗传学与统计学系），电话采访，2002 年 6 月 1 日.

White, Ray（犹他大学），电话采访，2003 年 4 月 2 日.

Wraxall, Brian（血清学研究所），电话采访，2002 年 10 月 29 日.

York, Sheona（出庭律师），2001 年 11 月 19 日发给作者的电邮.

已出版资料

Adams, Dwight E. "Validation of the Procedure for DNA Analysis: A Summary." *Crime Laboratory Digest* 15, no. 4 (1988): 85–87.

Adams, Dwight E., Lawrence A. Presley, Bruce Budowle, Alan M. Giusti, F. Samuel Baechtel, and others. "Deoxyribonucleic Acid (DNA) Analysis by Restriction Length Fragment Polymorphisms of Blood and Other Bodily Fluid Stains Subjected to Contamination and Environmental Insults." *Journal of Forensic Sciences* 36, no. 5 (1991): 1284–1298.

Anderson, Alun. "DNA Fingerprinting on Trial." *Nature* 342, no. 6252

(1989): 844.

———. "Judge Backs Technique." *Nature* 340, no. 6235 (1989): 582.

Applied Biosystems. http://www.appliedbiosystems.com, 17 August 2006.

Arlington National Cemetery. "The Vietnam Unknown Controversy." http://www.arlingtoncemetery.com/ vietnam.htm, 16 August 2006.

ASCLD/LAB. "ASCLD/LAB Limited Scope Interim Inspection Report: Commonwealth of Virginia Division of Forensic Science Central Laboratory." 9 April 2005. http://www.dfs.virginia.gov/services/forensicBiology/externalReviews.cfm. Accessed 8 March 2006.

Ashcroft, John. "Attorney General Ashcroft Announces DNA Initiatives." U.S. Department of Justice. 4 March 2002. http://www.usdoj.gov/archive/ag/speeches/2002/30402newsconferncednainitiative.htm.Accessed 14 August 2006.

Baird, Michael, Ivan Balazs, Alan Giusti, L. Miyazaki, L. Nicholas, K. Wexler, E. Kanter, J. Glassberg, F. Allen, P. Rubinstein, and others. "Allele Frequency Distribution of Two Highly Polymorphic DNA Sequences in Three Ethnic Groups and Its Application to the Determination of Paternity." *American Journal of Human Genetics* 39 (1986): 489–501.

Balazs, Ivan, Michael Baird, Mindy Clyne, and Ellie Meade. "Human Population Genetic Studies of Five Hypervariable DNA Loci." *American Journal of Human Genetics* 44 (1989): 182–190.

Balazs, Ivan, K. Wexler, Alan M. Giusti, and Michael Baird. "The Use of Restriction Fragment Length Polymorphisms for the Determination of Paternity." Paper presented at the American Society of Human Genetics. Toronto, 1984.

Ballantyne, Jack, George Sensabaugh, and Jan Witkowski, eds. *DNA Technology and Forensic Science.* Vol. 32, *Branbury Report.* Cold

Spring Harbor, N.Y.: Cold Spring Harbor Laboratory Press, 1989.

Barber, George H., and Mira Gur-Arie. *New York's DNA Data Bank and Commission on Forensic Science*. New York: Matthew Bender, 1994.

Beeler, Laurel, and William R. Wiebe. "DNA Identification Tests and the Courts." *Washington Law Review* 63 (1988): 881–955.

Berger, Margaret A. "Expert Testimony: The Supreme Court's Rules." *Issues in Science and Technology* 16, no. 4 (2000): 57–63.

Broad, William, and Nicholas Wade. *Betrayers of the Truth*. New York: Simon and Schuster, 1982.

Brownlee, Shannon. "Courtroom Genetics." *U.S. News and World Report*, 27 January 1992, 60–61.

Budowle, Bruce, and John Stafford (Legal Counsel). "Response to 'Population Genetic Problems in the Forensic Use of DNA Profiles' (Submitted in the Case of United States v. Yee)." *Crime Laboratory Digest* 18, no. 3 (1991): 109–112.

Budowle, Bruce, and K. L. Monson. "Clarification of Additional Issues Regarding Statistics and Population Substructure Effects on Forensic DNA Profile Frequency Estimates." Paper presented at the Sixth International Symposium on Human Identification, Scottsdale, Arizona, 1995. http://www.promega.com/geneticidproc/ussymp6proc/budow.htm. Accessed 1 September 2006.

Budowle, Bruce, Keith L. Monson, Alan M. Giusti, and B. L. Brown. "The Assessment of Frequency Estimates of Hae III -Generated VNTR Profiles in Various Reference Databases." *Journal of Forensic Science* 39 (1994): 319–352.

Budowle, Bruce, Keith L. Monson, Alan M. Giusti, and B. L. Brown. "Evaluation of Hinf I -Generated VNTR Profile Frequencies Determined Using Various Ethnic Databases." *Journal of Forensic*

Science 39 (1994): 988–1008.

Budowle, Bruce, F. Samuel Baechtel, Ron M. Fourney, Dwight E. Adams, Lawrence A. Presley, Harold Deadman, and Keith L. Monson. "Fixed-Bin Analysis for Statistical Evaluation of Continuous Distributions of Allelic Data from VNTR Loci for Use in Forensic Comparisons." *American Journal of Human Genetics* 48 (1991): 841–855.

Budowle, Bruce, John S. Waye, Gary G. Shutler, and F. Samuel Baechtel. "Hae III —A Suitable Restriction Endonuclease for Restriction Fragment Length Polymorphism Analysis of Biological Evidence Samples." *Journal of Forensic Sciences* 35, no. 3 (1990): 530–536.

Budowle, Bruce, Harold Deadman, Randall Murch, and F. Samuel Baechtel. "An Introduction to the Methods of DNA Analysis under Investigation in the FBI Laboratory." *Crime Laboratory Digest* 15, no. 1 (1988): 8–21.

Budowle Bruce, Keith L. Monson, K. Anoe, F. Samuel Baechtel, and D. Bergman. "A Preliminary Report on Binned General Population Data on Six Vntr Loci in Caucasians, Blacks, and Hispanics from the United States." *Crime Laboratory Digest* 18, no. 1 (1991): 10–26.

Budowle, Bruce, Keith L. Monson, and Alan M. Giusti. "A Reassessment of Frequency Estimates of PvuII-Generated VNTR Profiles in a Finnish, an Italian, and a General U.S. Caucasian Database: No Evidence for Ethnic Subgroups Affecting Forensic Estimates." *American Journal of Human Genetics* 55 (1994): 533–539.

Bureau of National Affairs. "DA Faults Lifecodes' DNA Test, Withdraws Results, Drops Case." *BNA Criminal Practices Manual* 4 (1990): 3–6.

———. "Geneticist, Defense Lawyers Debate Merits of DNA Typing." *BNA Criminal Practices Manual* 3 (1989): 259–262.

———."Landmark DNA Law Stalled." *BNA Criminal Practices Manual* 4

(1990): 491–492.

———. "New York Law Would Regulate Forensic DNA Testing Labs." *BNA Criminal Practices Manual* 4 (1990): 315–318.

———. "Rugged Cross-Examination Exposes Flawed DNA Tests." *BNA Criminal Practices Manual* 4 (1990): 31–38.

Butler, John M. *Forensic DNA Typing: Biology, Technology, and Genetics of STR Markers*. 2nd ed. New York: Elsevier Academic Press, 2005.

Cadiz, Laura. "Md.-based DNA Lab Fires Analyst over Falsified Tests." *Baltimore Sun*, 18 November 2004.

California Association of Crime Laboratory Directors (CACLD). "DNA Committee Report 2." CACLD, 1987.

Cardwell, Diane. "New York State Draws Nearer to Collecting DNA in all Crimes, Big and Small." *New York Times*, 4 May 2006.

Caskey, C. Thomas. "Comments on DNA-Based Forensic Analysis." *American Journal of Human Genetics* 49 (1991): 893–895.

Castonguay, Roger T. "Message from the Assistant Director in Charge of the FBI Laboratory." *Crime Laboratory Digest* 15, Supplement (1988): 1–2.

CBS This Morning. Transcript. 5 February 1990. Lexis-Nexis Academic Universe. Charkraborty, Ranajit, and Kenneth K. Kidd. "The Utility of DNA Typing in Forensic Work." *Science* 254, no. 5039 (1991): 1735–1739.

Charkraborty, Ranajit, and Stephen P. Daiger. "Polymorphisms at VNTR Loci Suggest Homogeneity of the White Population of Utah." *Human Biology* 63, no. 5 (1991): 571–587. Cochran, Johnnie. "Closing Arguments in *People v. Simpson*." Transcript. 28 September 1995, 47793–48036. http://walraven.org/simpson/sep28.html. Accessed 5 May 2003.

Cohen, Joel E. "The Ceiling Principle Is Not Always Conservative in Assigning Genotype Frequencies for Forensic DNA Testing." *American Journal of Human Genetics* 51 (1992):1165–1168.

Cole, Simon. "More Than Zero: Accounting for Error in Latent Fingerprint Identification." *Journal of Criminal Law and Criminology* 95, no. 3 (2005): 985–1078.

———. "Grandfathering Evidence: Fingerprint Admissibility Rulings from Jennings to Llera Plaza and Back Again." *American Criminal Law Review* 41 (2004): 1189–1276.

———. *Suspect Identities: A History of Fingerprinting and Criminal Identification*. Cambridge: Harvard University Press, 2001.

Commonwealth of Virginia. Department of Forensic Science. "DFS Responses to ASCLD-LAB DNA Audit Report." Undated. http://www.dfs.virginia.gov/services/foresicBiology/esternalReviewDFSResponse.pdf. Accessed 8 March 2006.

Court TV. Crime Library. "Hit the Road Jack." http://www.crimelibrary.com/notorious_murders/famous/ simpson/jack_6.html. Accessed 8 February 2006.

Dawson, Jim. "Attacker of Woman at Ramp Left 'DNA Fingerprints' at Scene." *(Minneapolis) Star Tribune*, 21 June 1988.

Derksen, Linda. *Agency and Structure in the History of DNA Profiling: The Stabilization and Standardization of a New Technology*. Ph.D. diss., University of California, San Diego, 2003.

———. "Towards a Sociology of Measurement: The Meaning of Measurement Error in the Case of DNA Profiling." *Social Studies of Science* 30, no. 6 (2000): 803–845.

Devlin, Bernie, Neil Risch, and Kathryn Roeder. "No Excess of Homozygosity at Loci Used for DNA Fingerprinting." *Science* 249, no.

4975 (1990): 1416–1420.

———. "Statistical Evaluation of DNA Fingerprinting: A Critique of the NRC's Report." *Science* 259, no. 5096 (1993): 748–749.

Dixon, Lloyd, and Brian Gill. *Changes in the Standards for Admitting Expert Evidence in Federal Civil Cases Since the Daubert Decision.* Santa Monica, CA: RAND Institute for Civil Justice, 2001.

"DNA Fingerprinting: DNA Probes Control Immigration." *Nature* 319 (1986): 171.

DNA Print Genomics. "Forensics." http://www.dnaprint.com/welcome/productsandservices/forensics/. Accessed 15 June 2006.

Epstein, Charles J. "Editorial: The Forensic Applications of Molecular Genetics—The *Journal*'s Responsibilities." *American Journal of Human Genetics* 49 (1991): 697–698.

"Errors in Evidence." Special Report. *Seattle Post-Intelligencer.* 2004. http://www.hpd-labinvestigation.org/pressrelease/060511pressrelease.pdf. Accessed 9 March 2006.

Federal News Service. "National Research Council Press Conference Transcript." 1 April 1992, Lexis-Nexis Academic Universe.

Flannery, Irene M. "Frye or Frye Not: Should the Reliability of DNA Evidence Be a Question of Weight or Admissibility?" *American Criminal Law Review* 30 (1992): 161–186.

Fleming, Thomas M. "Admissibility of DNA Identification Evidence." *A.L.R. 4th* 84 (1991): 313.

Forensic Bioinformatics. http://www.bioforensics.com/index.html. Accessed 17 August 2006.

Geisser, Seymour N. "Statistics, Litigation, and Conduct Unbecoming." In *Statistical Science in the Courtroom*, ed. Joseph L. Gastwirth. New York: Springer-Verlag, 2000.

Gest, Ted. "Convicted By Their Own Genes: DNA Fingerprinting Is Facing a Major Legal Challenge from Defense Attorneys and Civil Libertarians." *U.S. News and World Report*, 31 October 1988, 74.

Giannelli, Paul. "The Admissibility of Novel Scientific Evidence: Frye v. United States, a Half-Century Later." *Columbia Law Review* 80 (1980):1150–1197.

———. "Frye v. United States: Background Paper Prepared for the National Conference of Lawyers and Scientists." *Federal Rules Decisions* 99 (1983): 188–201.

Gieryn, Thomas F. *Cultural Boundaries of Science: Credibility on the Line.* Chicago: University of Chicago Press, 1999.

Giordano, Mary Ann. "DNA Test Pose New Dilemma for Courts." *Manhattan Lawyer*, 3 January 1989, 1.

Giusti, Alan M., Michael Baird, S. Pasquale, Ivan Balazs, and J. Glassberg. "Application of Deoxyribonucleic Acid (DNA) Polymorphisms to the Analysis of DNA Recovered from Sperm." *Journal of Forensic Sciences* 31, no. 2 (1986): 409–417.

Hartl, Daniel L. *Basic Genetics.* Boston: Jones and Bartlett Publishers, 1991.

———. "Forensic DNA Typing Dispute." *Nature* 372, no. 6505 (1994): 398–399.

Hartl, Daniel L., and Richard C. Lewontin. "DNA Fingerprinting Report (Letter to the Editor)." *Science* 260 (1993): 473–474.

Herd, Kim, and Adrianne Day. American Prosecutors Research Institute. "An Update on STR Admissibility." *Silent Witness* 5, no. 3 (2000). http://www.ndaa.org/publications/newsletters/silent_witness_volume_5_number_3_2000.html. Accessed 17 August 2006.

Hicks, John W. "DNA Profiling: A Tool for Law Enforcement." *FBI Law*

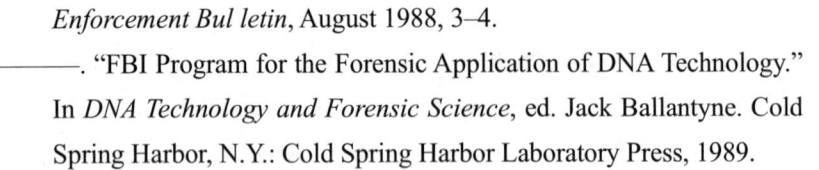

Enforcement Bul letin, August 1988, 3–4.

———. "FBI Program for the Forensic Application of DNA Technology." In *DNA Technology and Forensic Science*, ed. Jack Ballantyne. Cold Spring Harbor, N.Y.: Cold Spring Harbor Laboratory Press, 1989.

Hilgartner, Stephen. *Science on Stage: Expert Advice as Public Drama*. Stanford: Stanford University Press, 2000.

Hopkin, Karen. "Eric S. Lander, Ph.D." Howard Hughes Medical Institute. http://www.hhmi.org/lectures/2002/lander.html. Accessed February 2003.

Humes, Edward. "DNA War." *L.A. Times Magazine*, 29 November 1992, 29.

Innocence Project. "About the Innocence Project." Benjamin N. Cardozo School of Law. Yeshiva University. http://www.innocenceproject.org/about/index.php.Accessed 16 August 2006.

———. "Case Summary: Josiah Sutton," Benjamin N. Cardozo School of Law. Yeshiva University. 2001. http://www.innocenceproject.org/case/display_profile.php?id=145.Accessed 8 March 2006.

———. "Historic Audit of Virginia Crime Lab Errors in Earl Washington Jr.'s Capital Case." Benjamin N. Cardozo School of Law. Yeshiva University. 6 May 2005. http://www.innocenceproject.org/docs/VACrimeLabPressRelease.pdf.Accessed 14 March 2006.

———. Homepage of Benjamin N. Cardozo School of Law. Yeshiva University. http://www.innocenceproject.org/. Accessed 1 March 2006.

Jasanoff, Sheila. "Contested Boundaries in Policy-Relevant Science." *Social Studies of Science* 17 (1987): 195–230.

———. *Science at the Bar: Law, Science, and Technology in America*. Cambridge: Harvard University Press, 1995.

———. "The Eye of Everyman: Witnessing DNA in the Simpson Trial." *Social Studies of Science* 28 (1998): 713–740.

Jeffreys, Alec J., Victoria Wilson, and Swee Lay Thein. "Hypervariable 'Minisatellite' Regions in Human DNA." *Nature* 314 (1985): 67–73.

———. "Individual-Specific 'Fingerprints' of Human DNA." *Nature* 316 (1985): 76–79.

Jordan, Kathleen, and Michael Lynch. "The Dissemination, Standardization, and Routinization of Molecular Biological Technique." *Social Studies of Science* 28 (1998): 773–800. Kalmijn, Matthijs. "Intermarriage and Homogamy: Causes, Patterns, Trends." *Annual Review of Sociology* 24 (1998): 395–421.

Evan Kanter, Michael Baird, Robert Shaler, and Ivan Balazs. "Analysis of Restriction Fragment Length Polymorphisms in Deoxyribonucleic Acid (DNA) Recovered from Dried Bloodstains." *Journal of Forensic Sciences* 31, no. 2 (1986): 403–408.

Kaye, David H. "DNA Evidence: Probability, Population Genetics, and the Courts." *Harvard Journal of Law and Technology* 7 (1993): 101–117.

Kirby, Lorne T. *DNA Fingerprinting: An Introduction.* New York: Stockton Press, 1990. Koehler, Jonathan. "Error and Exaggeration in the Presentation of DNA Evidence." *Jurimetrics Journal* 34 (1993): 21–39.

———. "On Conveying the Probative Value of DNA Evidence: Frequencies, Likelihood Ratios, and Error Rates." *University of Colorado Law Review* 67 (1996): 859–886.

Kolata, Gina. "Critic of 'Genetic Fingerprinting' Tests Tells of Pressure to Withdraw Paper." *New York Times*, 20 December 1991.

———. "Chief Says Panel Backs Courts' Use of a Genetic Test; Times Account in Error; Report Urges Strict Standards, but No Moratorium on DNA Fingerprinting for Now." *New York Times*, 15 April 1992.

——. "Two Chief Rivals in the Battle over DNA Evidence Now Agree on Its Use." *New York Times*, 27 October 1994.

——. "US Panel Seeking Restriction on Use of DNA in Courts; Lab Standards Faulted; Judges Are Asked to Bar Genetic 'Fingerprinting' until Basis in Science Is Stronger." *New York Times*, 14 April 1992.

Krane, D. E., R. W. Allen, S. A. Sawyer, D. A. Petrov, and Daniel L. Hartl. "Genetic Differences at Four DNA Typing Loci in Finnish, Italian, and Mixed Caucasian Populations." *PNAS* 89 (1992): 10583–10587.

Labaton, Stephen. "DNA Fingerprinting Showdown Expected in Ohio." *New York Times*, 22 June 1990.

Lander, Eric S. "DNA Fingerprinting on Trial." *Nature* 339, no. 6225 (1989): 501–505.

——. "DNA Fingerprinting: The NRC Report (Letter to the Editor)." *Science* 260, no. 5112 (1993): 1221.

——. "Invited Editorial: Research on DNA Typing Catching up with Courtroom Application [Plus Responses from Numerous Individuals and Lander's Reply]." *American Journal of Human Genetics* 48 (1991): 819–823.

——. "Lander Reply." *American Journal of Human Genetics* 49 (1991): 899–903. Lander, Eric S., and Bruce Budowle. "DNA Fingerprinting Dispute Laid to Rest." *Nature* 371, no. 6500 (1994): 735–738.

Latour, Bruno. *Science in Action*. Cambridge: Harvard University Press, 1987.

Law, John. "Technology, Closure and Heterogeneous Engineering: The Case of Portuguese Expansion." In *The Social Construction of Technological Systems*, ed. Wiebe Bijker, Trevor Pinch, and Thomas P. Hughes. Cambridge: MIT Press, 1987.

Lazer, David. "Introduction: DNA and the Criminal Justice System." In *DNA and the Criminal Justice System*, ed. David Lazer. Cambridge: MIT Press, 2004.

Lee, Henry C., and Frank Tirnady. *Blood Evidence: How DNA Is Revolutionizing the Way We Solve Crimes*. Cambridge, Mass.: Perseus Publishing, 2003.

Lempert, Richard. "DNA, Science and the Law: Two Cheers for the Ceiling Principle." *Jurimetrics Journal* 34 (1993): 41–57.

———. "Some Caveats Concerning DNA as Criminal Identification Evidence: With Thanks to the Reverend Bayes." *Cardozo Law Review* 13 (1991): 303–341.

Lewin, Roger. "DNA Typing on the Witness Stand." *Science* 244, no. 4908 (1989): 1033–1035.

Lewis, Ricki. "DNA Fingerprints: Witness for the Prosecution." *Discover*, June 1988, 44–52.

Lewontin, Richard C. "Forensic DNA Typing Dispute." *Nature* 372, no. 6205 (1994): 398.

Lewontin, Richard C., and Daniel L. Hartl. "Population Genetics in Forensic DNA Typing." *Science* 254, no. 5039 (1991): 1745–1750.

Loevinger, Lee. "Law and Science as Rival Systems." *University of Florida Law Review* 19 (1967): 530–551.

Lynch, Michael. "The Discursive Production of Uncertainty: The OJ Simpson 'Dream Team' and the Sociology of Knowledge Machine." *Social Studies of Science* 28, no. 5–6 (1998): 829–868.

———. "God's Signature: DNA Profiling, The New Gold Standard in Forensic Science." *Endeavour* 42, no. 2 (2003): 93–97.

Manor, Robert. "DNA 'Fingerprinting' Questioned; Geneticist Says Test May Be Less Reliable Than First Believed." *St. Louis Post-Dispatch*,

15 October 1989.

Margolick, David. "Simpson Defense Drops DNA Challenge." *New York Times*, 5 January 1995.

———. "Simpson Lawyers Ask to Forgo DNA Hearing." *New York Times*, 14 December 1994.

Marx, Jean L. "DNA Fingerprinting Takes the Witness Stand." *Science* 240, no. 4859 (1988): 1616–1618.

McElfresh, K. C. "DNA Fingerprinting (Letter to the Editor)." *Science* 246, no. 4927 (1989): 192.

McFadden, Robert D. "Reliability of DNA Testing Challenged by Judge's Ruling." *New York Times*, 15 August 1989.

McGlone, Tim. "Nearly 500 Military DNA Cases under Investigation." *Virginian-Pilot*, 17 May 2006.

McKenna, Judith, Joe Cecil, and Pamela Coukos. "Reference Guide on Forensic DNA Evidence." In *Reference Manual on Scientific Evidence*, ed. Federal Judicial Center. Washington, DC: Federal Justice Center, 1994.

Morton, N. E. "DNA in Court." *European Journal of Human Genetics* 1 (1993): 172–178. Moss, Debra Cassens. "DNA—The New Fingerprints." *ABA Journal* 1988, 66–70.

Murch, Randall. "Summary of the [FBI] DNA Technology Seminar." *Crime Laboratory Digest* 15, no. 3 (1988): 79–85.

National Institute of Standards and Technology. Chemical Science and Technology Laboratory. "Short Tandem Repeat DNA Internet Database." http://www.cstl.nist.gov/ div831/strbase/. Accessed 17 August 2006.

National Research Council. *DNA Technology in Forensic Science*. Washington, D.C.: National Academy Press, 1992.

———. *The Evaluation of Forensic DNA Evidence*. Washington, DC: National Academy Press, 1996.

Neufeld, Peter J., and Neville Coleman. "When Science Takes the Witness Stand." *Scientific American* 262, no. 5 (1990): 46–53.

Neufeld, Peter J., and Barry Scheck. "Factors Affecting the Fallibility of DNA Profiling: Is There Less Than Meets the Eye?" *Expert Evidence Reporter* 1, no. 4 (1989): 93–97.

Norman, Colin. "Caution Urged on DNA Fingerprinting." *Science* 245, no. 4919 (1989): 699.

Office of the Independent Investigator for the Houston Police Department Crime Laboratory and Property Room. "Independent Investigator Issues Fifth Report on Houston Police Department Crime Lab." 11 May 2006. http://www.hpdlabinvestigation.org/press-release/060511 pressrelease.pdf. Accessed 11 May 2006.

Parloff, Roger. "How Barry Scheck and Peter Neufeld Tripped up the DNA Experts." *American Lawyer*, December 1989, 50–56.

Pearsall, Anthony. "DNA Printing: The Unexamined 'Witness' in Criminal Trials." *California Law Review* 77 (1989): 665–703.

Peterson, Joseph L., and R. E. Gaensslen. *Developing Criteria for Model External DNA Proficiency Testing: Final Report*. Chicago: University of Illinois at Chicago, 2001.

"The Power of DNA Evidence." Editorial. *New York Times*, 28 May 1995, 10.

Project on Scientific Knowledge and Public Policy. "Daubert: The Most Influential Supreme Court Ruling You've Never Heard Of." Report. June 2003. Boston: Tellus Institute.

"Quantum Chemical Corp Reports Earnings for Qtr to Dec 31." *New York Times*, 30 January 1988. http://query.nytimes.com/gst/fullpage.

html?res=9E05EFD71726E630 BC4953DFBE6E958A. Accessed 14 August 2006.

"Quashing the DNA Debate." Editorial. *Sacramento (CA) Bee*, 28 December 1991.

Riley, Donald E. "DNA Testing: An Introduction for Non-Scientists, An Illustrated Explanation." http://www.scientific.org/tutorials/articles/riley/riley.html. Accessed 8 February 2006.

Roberts, Leslie. "DNA Fingerprinting: Academy Reports." *Science* 256, no. 5055 (1992): 300–301.

———. "Fight Erupts over DNA Fingerprinting." *Science* 254, no. 5039 (1991): 1721–1723.

———. "Hired Guns or True Believers?" *Science* 257 (1992): 735.

———. "Prosecutor v. Scientist: A Cat and Mouse Relationship." *Science* 257 (1992): 733.

———. "Science in Court: A Culture Clash." *Science* 257, no. 5071 (1992): 732–736.

———. "Was Science Fair to Its Authors?" *Science* 254 (1991): 1722.

Ruethling, Gretchen. "Illinois State Police Cancels Forensic Lab's Contract, Citing Errors." *New York Times*, 20 August 2005.

Saks, Michael J., and Jonathan Koehler. "The Coming Paradigm Shift in Forensic Identification Science." *Science* 309, no. 5736 (2005): 892–895.

———. "What DNA 'Fingerprinting' Can Teach the Law about the Rest of Forensic Science." *Cardozo Law Review* 13 (1991): 361–372.

Scheck, Barry. "DNA and Daubert." *Cardozo Law Review* 15 (1994): 1959–1997.

———. Interview with Harry Kriesler as part of "Conversations with History Series at UC-Berkeley." *DNA and the Criminal Justice System*.

25 July 2003. http://globetrotter.berkeley.edu/people3/Scheck/scheckcon3.html. Accessed 17 August 2006.

Scheck, Barry, Peter J. Neufeld, and Jim Dwyer. *Actual Innocence: Five Days to Execution and Other Dispatches from the Wrongly Convicted*. New York: Doubleday, 2000.

———. "DNA Task Force Report." *Champion*, June 1991, 13–21.

Schmeck, Harold M. "DNA Findings Are Disputed by Scientists." *New York Times*, 25 May 1989.

Scott, Janny. "Chemists Told of Advances in 'Genetic Fingerprinting.'" *Los Angeles Times*, 8 November 1987, 2.

Sessions, William S. "Invited Editorial." *Journal of Forensic Science* 34, no. 5 (1989): 1051.

Seton, Craig. "Life for Sex Killer Who Sent Decoy to Take Genetic Test." *Times* (London), 23 January 1988.

Shackelford, Jerry. "DNA Test Error Admitted in Lapp Case." *Fort Worth Journal-Gazette*, 23 November 1988.

———. "Procedure Varied in Lapp DNA Test." *Fort Worth Journal-Gazette*, 24 November 1988.

Shapin, Steven, and Simon Schaffer. *Leviathan and the Air-Pump: Hobbes, Boyle, and the Experimental Life*. Princeton: Princeton University Press, 1985.

Silcock, Brian. "Genes Tell Tales." *Sunday Times* (London), 3 November 1985.

Southern, E. M. "Detection of Specific Sequences among DNA Fragments Separated By Gel Electrophoresis." *Journal of Molecular Biology* 98, no. 3 (1975): 503–517.

Thompson, Larry. "A Smudge on DNA Fingerprinting?; N.Y. Case Raises Questions about Quality Standards, Due Process." *Washington Post*,

26 June 1989.

Thompson, William C. "Accepting Lower Standards: The National Research Council's Second Report on Forensic DNA Evidence." *Jurimetrics Journal* 37 (1997): 405–424.

———. "DNA Evidence in the OJ Simpson Trial." *University of Colorado Law Review* 67, no. 4 (1996): 827–857.

———. "Evaluating the Admissibility of New Genetic Identification Tests: Lessons from the 'DNA War.'" *Journal of Criminal Law and Criminology* 84, no. 1 (1993): 22–104.

———."Subjective Interpretation, Laboratory Error and the Value of Forensic DNA Evidence: Three Case Studies." *Genetica* 96 (1995): 153–168.

———. "Tarnish on the Gold Standard: Recent Problems in Forensic DNA Testing." *Champion*, January/February (2006): 14–20.

Thompson, William C., and Simon Ford. "DNA Typing: Acceptance and Weight of the New Genetic Identification Tests." *Virginia Law Review* 75 (1989): 45–108.

———. "DNA Typing: Promising Forensic Technique Needs Additional Validation." *Trial*, September 1988, 56–64.

Thompson, William C., Simon Ford, Travis Doom, Michael Raymer, and Dan E. Krane. "Evaluating Forensic DNA Evidence: Essential Elements of a Competent Defense Review." *Champion* 27, no. 3 (2003): 16–25.

University of California–Irvine. "As Texas Convict Is Exonerated, DNA Expert Offers Inside Look at the Case Overhauling Justice System." 7 April 2003. http://today.uci. edu/news/release_detail.asp?key=987. Accessed 8 March 2006.

U.S. Congress. Office of Technology Assessment. *Genetic Witness:*

Forensic Uses of DNA Tests. Washington, D.C.: GPO, 1990.

———. "The OTA Legacy: 1972–1995." http://www.wws.princeton.edu/~ota/. Accessed 2 June 2006.

U.S. Department of Justice. Office of the Inspector General. *The FBI DNA Laboratory, A Review of Protocol and Practice Vulnerabilities.* Washington, DC: Office of the Inspector General, 2004.

U.S. Federal Bureau of Investigation. *Combined DNA Index System.* "Measuring Success." http://www.fbi.gov/hq/lab/codis/success.htm. Accessed 15 June 2006.

———. "FBI's Response to the Report by the Committee on DNA Technology in Forensic Science." Quantico, Va.: Federal Bureau of Investigation, 1992.

———. *VNTR Population Data: A Worldwide Study.* 3 vols. Quantico, Va.: Federal Bureau of Investigation, 1993.

U.S. House Committee on Judiciary. Subcommittee on Civil and Constitutional Rights. *FBI Oversight and Authorization Request for Fiscal Year 1990 (DNA Identification).* 101st Cong., 1st sess. Washington, DC: GPO, 1990.

U.S. Senate Committee on the Judiciary. U.S. House Committee on the Judiciary. Subcommittee on Civil and Constitutional Rights. *Forensic DNA Analysis.* 102nd Cong., 1st sess., (1991), House Serial 30/Senate Serial J-102–147. Washington, DC: GPO, 1992.

———. Subcommittee on Constitution. *DNA Identification.* 101st Cong., 1st sess., House Serial 30/Senate Serial J-101–147. Washington, DC: GPO, 1992.

Veitch, Andrew. "Son Rejoins Mother as Genetic Test Ends Immigration Dispute/Ghanian Boy Allowed to Join Family in Britain." *Guardian* (London), 31 October 1985.

Walgate, Robert. "Futures: You and Nobody Else: Focus on the Technique of Genetic Fingerprinting." *Guardian* (London), 8 November 1985.

Whitehead Institute, "Lander Biography." http://www.wi.mit.edu/news/genome/lander. html. Accessed February 2003.

Wong, Zilla, Victoria Wilson, Ila Patel, S. Povey, and Alec J. Jeffreys. "Characterization of a Panel of Highly Variable Minisatellites Cloned from Human DNA." *Annals of Human Genetics* 51 (1987): 269–288.

Wooley, James R. "A Response to Lander: The Courtroom Perspective." *American Journal of Human Genetics* 49 (1991): 892–893.

Wooley, James R., and Rockne Harmon. "Forensic DNA Brouhaha: Science or Debate." *American Journal of Human Genetics* 51 (1992): 1164–1165.

Wynne, Brian. "Establishing the Rules of Laws: Constructing Expert Authority." In *Expert Evidence: Interpreting Science in the Law*, ed. Brian Wynne and Roger Smith. New York: Routledge, 1989.

Zack, Margaret. "Hennepin County Drops DNA Test of Murder Suspect." *(Minneapolis) Star Tribune*, 11 January 1990.

Zerwick, Phoebe. "DNA Mislabeled in Murder Case." *Winston-Salem Journal*, 28 August 2005.

———. "N.C. Told to Refine Handling, Storing of Crime Evidence." *Winston-Salem Journal*, 19 November 2005.